培训师
成长进阶手记

潘　勇◎著

中国铁道出版社有限公司
CHINA RAILWAY PUBLISHING HOUSE CO., LTD.

图书在版编目（CIP）数据

培训师成长进阶手记 / 潘勇著． -- 北京 ： 中国铁道
出版社有限公司，2025.6. -- ISBN 978-7-113-32160-4

Ⅰ．F272.92

中国国家版本馆 CIP 数据核字第 2025BG9425 号

书　　名：培训师成长进阶手记
　　　　　PEIXUNSHI CHENGZHANG JINJIE SHOUJI

作　　者：潘　勇

责任编辑：杨　旭　　　　编辑部电话：（010）51873274　　电子邮箱：823401342@qq.com
封面设计：宿　萌
责任校对：刘　畅
责任印制：赵星辰

出版发行：中国铁道出版社有限公司（100054，北京市西城区右安门西街 8 号）
网　　址：https://www.tdpress.com
印　　刷：北京联兴盛业印刷股份有限公司
版　　次：2025 年 6 月第 1 版　　2025 年 6 月第 1 次印刷
开　　本：710 mm×1 000 mm　1/16　印张：20　字数：370 千
书　　号：ISBN 978-7-113-32160-4
定　　价：88.00 元

欢迎翻开这本为梦想成为培训师的您精心打造的书籍。在正式进入本书的核心内容之前，我想与您一同分享这本书的创作背景、结构框架与亮点，以及它将如何为您的职业道路增添价值。

一、创作背景

作为一名写作的铁杆爱好者，我热衷于在各大平台分享关于培训师成长的洞见。在网络上，我经常收到来自各行各业、不同背景人士的咨询，他们对于如何成为一名优秀的培训师充满了热情和好奇。这些咨询者中，既有寻求职业转型的职场人，又有刚刚步入职场的新人。他们共同的困惑和需求促使我思考，激发了我将多年的培训经验和心得结集成书的想法。于是，这本书便应运而生，它不仅是一本关于培训师职业的指南，更是一份实用的实战手册，旨在系统而全面地解答他们的疑问。

二、结构框架与亮点

本书共分为七个章节，每个章节都围绕培训师成长的关键环节展开，以下是本书的主要内容概览：

第一章，培训师行业分析：深入剖析培训师行业的全貌，揭示其兴起的社会动因及面临的挑战，为读者提供行业背景与现状的全新情况。

第二章，培训师职业解读：从多方面对培训师职业进行深入剖析，探讨培训师的收入来源、日常工作、必备特质与核心技能。

第三章，课程开发能力打造：详细介绍课程开发的创新与实效，包括课题设计、工作经验提炼、素材搜集等关键环节。

第四章，培训授课技巧：涵盖培训前的准备工作、培训师台风呈现技巧、授课方法及课后评估等多个维度。

第五章，培训管理能力提升：深入探讨培训需求精准定位、培训方案撰写技巧、培训现场布置技巧等管理层面的内容。

第六章，实战技巧：分享线上训练营操作、线上案例研讨会组织等实用技巧，助力培训师提升实战能力。

第七章，转型成为培训师：聚焦应用实践及价值转换，分享了具体转型成为培训师赢得培训师职位的具体方法。

本书的亮点在于它不仅提供了理论知识，更注重实战技能的传授。每一章节都配有实际案例分析，让读者能够将理论与实际工作相结合，更快地掌握成为优秀培训师的精髓。

三、读者对象

本书旨在为以下读者提供价值：

·希望转型成为培训师的职场人士。

·刚刚步入培训行业的新手。

·希望提升自身培训技能的在职培训师。

·对培训师职业感兴趣的学生和教育工作者。

无论您是培训领域的初学者还是进阶者，本书都能成为您的指路明灯。它不仅能帮助您构建坚实的理论基础，更能通过丰富的实战案例提升您的实际操作能力。

在您开始这段学习旅程之际，我衷心希望这本书能成为您的良师益友，助您在成为培训师的道路上越走越宽广。愿您的阅读之旅充满收获与喜悦。

潘勇

2024 年 12 月 11 日

目录

第一篇

培训师行业全景

本篇深入剖析了培训师行业的全貌，从行业背景与现状入手，揭示了其兴起的社会动因及面临的挑战。培训师行业，因社会对学习的热切需求与企业人才培养的重视而蓬勃发展。

本篇细致分析了该行业的多个维度：在职业名称上，明晰了企业培训师、商业讲师与内训师之间的异同；在分类上，概述了证书类、语言类、企业类等主流类型；在职业路径上，展现了多元化的成长方向。同时，预测了行业趋势，如 AI（人工智能）科技的融合、分工细化催生的新职位、线上培训的普及、培训师在营销中的新定位、内训师的竞争压力，以及科技对培训效果与版权课程的深远影响。

此外，还深入探讨了培训师的职业特性，包括收入结构、工作流程、必备特质与核心技能。特别强调了优秀培训师需精通的看、听、问、说、写、学、行七项能力，并对行业证书进行了全面解读，指引培训师如何理性看待与获取证书。

通过此番全景式扫描，期待为培训师的职业成长与策略规划奠定坚实基础，助力其在变革中稳健前行。

第一章　培训师行业分析

在当今这个瞬息万变的时代，学习已经成为个人与企业发展不可或缺的核心动力。从个人职业生涯的晋升到企业核心竞争力的构建，都离不开持续的学习与培训。培训师，作为知识的传播者与技能的塑造者，正站在时代的风口浪尖，引领着学习的新风尚。本章将深度剖析培训师行业的现状、挑战与机遇，从培训师的职业名称、分类到发展方向，全方位揭示这一行业的内在逻辑与发展趋势。

第一节　培训师行业深度分析

学习是一个永恒的话题，活到老学到老。任何企业和个人的发展离不开学习。你可以拒绝学习，但是你的竞争对手不会。培训是顺应了社会的发展趋势，培训业的迅猛发展为更多个人和企业的发展提供了更多充电机会。培训为社会的发展注入新鲜的"血液"，其低投入高回报也一直深受投资者的追捧。培训师的发展也是在这样的基础上开始的，在讲台上获得掌声和鲜花，受到大家的爱戴，这样的情形对于每个培训师来说并不陌生。

近些年来，人力资源管理在我国得到了较快的发展，企业对人才的重视达到了一个前所未有的高度。培养优秀人才成为企业提高竞争力的一项重要工作，培训也是在这样的基础上开始得到发展的。随着社会分工越来越精细化，各行各业的竞争加剧，企业之间的竞争已经从资金、技术的竞争上升到知识、人才的竞争。越来越多的企业领导者意识到，企业长期发展的核心竞争力来源于员工素质的不断提升，对培训也越来越重视。随着企业培训需求的不断增强，培训服务机构看到了广阔的市场前景和巨大的市场潜力。因此，培训服务机构也渐渐地多了起来。而个人为了适应知识和技能的不断更新，以及应对职场的竞争压力，从而获得职业生涯的发展，也必须坚持持续学习和接受培训。

培训师由于其工作性质，可以接触到夏多前沿知识，便于对自身不断进行充电，并能把所学的分享给更多的人。随着企业对人才素质要求的不断提高，企业培训师的市场还将逐年扩大，其缺口将在一段时间内持续存在，职业前景一片光明。

一、培训师领域常用的三个职业名称

我们先来了解培训师的几个职业名称。企业培训师、内训师、商业讲师这三个职业名称大同小异，但又有所不同。想做这一行，首先要弄清几者之间的关系，才能更利于自己做抉择。三个职业名称，具体如图 1-1 所示。

企业培训师　　　　内训师　　　　商业讲师

图 1-1　培训师领域常厈的三个职业名称

1. 企业培训师

企业培训师是专注于为企业提供培训服务的专业人员。他们深入企业内部，根据企业的战略规划、业务需求及员工现状，制定系统的培训方案。这些方案旨在提升员工的专业技能、管理能力、团队协作等方面的素质，以助力企业达成发展目标。企业培训师不仅要具备扎实的专业知识，还需要熟悉企业的运营管理流程，能够将培训内容与企业实际业务紧密结合，使培训成果能够切实转化为员工的工作能力，进而提升企业的整体绩效。

2. 内训师

内训师更多是指在单位内部从事培训工作的人，这个岗位有 90% 都属于兼职，也就是各部门的人兼职给企业员工上课，全职的很少，一般只会出现在有企业大学或设立了专门的培训部门的单位。

3. 商业讲师

商业讲师就是指通过商业授课获得收入的人。该行业里一般有多种商业讲师，根据渠道可以分为线上、线下商业讲师。线上比如通过荔枝微课、千聊、喜马拉雅、

YY 教育等平台进行授课来获得收入，只要你准备好课程可以马上入手，至于有多少人买单那就要看课程品质了。线下的商业讲师是传统的，比如给培训机构、企业、学校等授课来获得课酬收入。

二、培训师的分类

目前培训师的分类主要有三类，分别是：

1. 证书类培训师

比如职业培训师、企业人力资源师、婚姻家庭咨询师等各类证书类培训师。此类培训师多数是大学老师或行业专家，基本上是以兼职为主。此类培训师最核心的技能就是能预测题型，最好有考评员相关的证书。

2. 语言类培训师

比如英语、日语、韩语等各类语种的培训师，这一类培训师以专职为主，也有兼职的，很多机构会请专门的培训师。对这一类培训师的要求是语言读写能力强，而且要有高级别的证书。

3. 企业类培训师

这是目前商业讲师的主流，也是门槛相对来说较低的一种，而这类培训师又分为很多种，比如管理类、营销类、生产类、财务类、人力资源类、综合素养类等。

当然培训师分类不限于以上三种，但是这三种是目前市场的主流。

三、培训师的三个职业发展方向

结合当下很多培训师的实际情况，主要是集中在三个方面：

1. 所授课程方向

多个课程→某个领域的课程→版权课程

2. 课程行业发展方向

各大行业课程→锁定某个大的行业→一个行业的某个细分领域

3. 业务发展的方向

单纯授课→授课＋咨询＋顾问→授课＋咨询＋顾问＋出版书籍、音像→投资人。整体来说，做培训师是一件可以让人非常有成就感、价值感的事情，也能获得较高的收入。至于选择是兼职还是专职做，取决于个人的实际情况。

第二节　培训师行业发展趋势

年少时不懂趋势，所以吃了不少苦，走了不少弯路。一个能把握趋势的人才能创造出一个更精彩的未来。

对于培训师这一职业，未来发展的趋势会怎样呢？这一职业会不会被 AI 科技完全取代？

其实我也不是时空穿梭者，能百分百预见未来，但凭借对事物发展的规律来分析，还是可以对未来的发展做一些探究。具体发展趋势如图 1-2 所示。

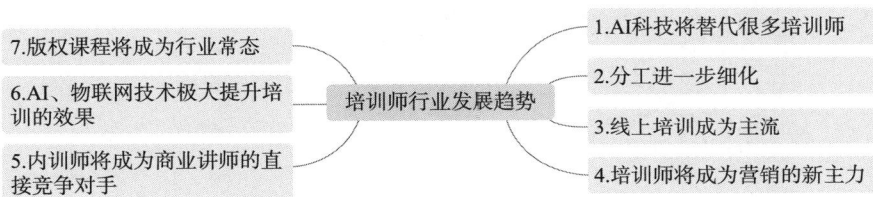

图 1-2　培训师行业发展趋势

1. AI 科技将替代很多培训师

AI 是探索、开发旨在模拟、增强及扩展人类智能的理论框架、方法学、技术手段及其应用系统的新兴技术领域。人工智能不是人的智能，但能像人那样思考，也可能超过人的智能。

随着 AI 科技的不断发展，机器人已经慢慢渗透到工作生活的多个方面，之前到大商场，看到机器人都感觉是个稀奇的物件，如今一眼望去，电梯口、楼梯口到处都是。不少保洁、咨询、流水线等场景的工种已经被机器人慢慢所取代。

有的培训师可能会产生疑问，AI 科技跟我们有多大的关系呢？其实关系非常大，因为 AI 技术也可以取代很多培训师，尤其是讲产品知识、企业文化、政策制度、通用性培训等常规性的培训师，被取代的可能性最大。

为什么这么说呢？一切皆因此类培训标准化程度高。

AI 技术在培训领域，有着得天独厚的优势，它能声情并茂，让学员有多感官体验，更重要的是其知识储备量丰富，状态稳定，而且成本远远比人工低。一个产品培训师按照每月 8000 元来算，加上其他办公、社会保险、福利，一年至少需要十几万元，而且每年还要安排很多休息时间，这样的开支自然比 AI 技术做培训要高得多。

如果是 AI 机器人培训，完全可以通过线上线下同步进行，解决目前培训人数少，人员分散，时间不好安排的培训难题。

目前市面上产品类的培训师可不少，所以说，这一类培训师应趁早做专业知识技能储备，让自己更有价值，去尝试讲产品课程外技术含量更高的课程，否则被淘汰也只是时间早晚的问题。

一些常规的时间管理、会议管理、沟通技巧等培训也是可以进行标准化的，只要把模拟培训师讲课的一套操作用程序固化，完全可以达到预期的培训效果。

有人会认为这有点杞人忧天之感，也有人会觉得 AI 的普及离我们还很远，殊不知，任何一项技术的普及都是前期缓慢进行，一旦到了某个点就会快速发展，等回过神时已经被淘汰掉了。

2. 分工进一步细化

我在还未走出大山前，曾听父亲描述过未来的生活，其中就有一条：

有专门生产饭菜的公司，人们可以随时购买，家里不用再做饭。

如今盒饭早已成为标准化的商品，可以在商店随时购买，而在饭盒下方加点水就能让饭菜瞬间变热；如今外卖行业已发展成熟。这一切都源于专业化分工带来的好处，做饭的就只管做饭，不用操心经营，有平台进行销售，有外卖员担任服务员的角色，也可以通过努力获得比在酒店酒楼更高的工资。

对于培训师行业，专业化分工的趋势也是势不可挡，未来的分工会细到每一个工序都有专业的工种。未来将围绕培训领域衍生出三个新的职业，如图 1-3 所示。

课程素材师　　　课程设计师　　　行动转化师

图 1-3　培训师领域将衍生出的三个新职业

（1）课程素材师

培训师的核心产品是课程，而课程的关键是内容，内容又是由各类课程素材组成。每个培训师花在素材上的时间并不短，对于单位时间成本高的培训师来说，这实在是不划算。

在此背景下，肯定会有专门的人来从事该项工作，从事这一类职业的人统称为课程素材师。

课程素材师除了不断搜集整理加工各类素材外，还会生产出不少的课程素材，比如拍摄各种培训所需要的照片、视频。目前培训情景剧就很受培训师的喜欢，已有少部分人开始尝试培训情景剧的拍摄。少就代表机会和市场，谁能看到其中的商业机会，谁就能获得这一领域的财富。

试想想，有了课程素材师，他们有图片、音频、视频、故事、案例、游戏、工具等，只需要付一定的费用即可拥有，有谁不愿意去花这个钱呢？就像现在大家习惯为网盘、各大网站付费购买会员服务一样。

有了素材，培训师的工作效率将大大提升，原本需要三天研发一门课，未来可能只需要半天即可研发完毕。

（2）课程设计师

培训最核心的还是课程，课程就好比一个企业的产品，没有过硬的产品，哪怕营销再厉害也难以长久发展下去。素材是课程的有效组成部分，但素材不等于课程，课程就是融入目标，配以一定的课程素材，运用特定的专业技术开发出来的一个产品。

课程设计师即课程设计人员的职业统称，在未来可能会拥有极高的市场价值。在人才培养这场大戏里，课程设计师就类似写剧本的人，而培训师就相当于演员，培训组织者则担当导演的角色。

有的人对授课这件事有天赋，站在台上就能侃侃而谈，而有的人哪怕学再多也讲不好，因为每个人都有擅长的事情。所以，对于那些不擅长授课的人，课程设计师就是最好的工种，他们可以把归纳总结能力发挥到极致，研发出有市场竞争力的课程。对于培训师来说，好的课程就是赢得良好口碑的保障。

目前企业培训的成本过于高昂，所以很多企业想购买一些标准化的产品，比如说购买一套新员工培训课程，里面全部配有讲师手册、工具资料包，然后让内训师进行消化吸收，再去讲给新员工听，这就可以极大程度的降低培训成本。

而对于现有的商业讲师来说，购买完善的课程也可以让自己减少课程开发的时间，拿出更多的时间用于授课，这样就可以让价值最大化。

由此可见，课程设计师将慢慢成为培训主角，因为在任何一个时代，都离不开优质的产品，内容为王的时代，谁能研发课程，谁就拥有核心技术，谁就能站稳市场。

（3）行动转化师

企业一直头疼的是培训后没有效果，至于为什么没有效果，倒不是说现场培训效果不好，而是培训后很难落地。再好的培训，没有行动落地，不到一个月的时间，学员就会忘得差不多了。

并不是说企业不重视训后的落地，而是没人做支撑，往往一个培训组织者肩负的工作就很杂乱，根本腾不出更多时间来做训后的落地工作，或者来说，也不知道如何将项目进行落地操作。

对于培训师来说，企业付的只是培训的钱，自然也不愿意花太多时间在训后，更何况培训效果跟多重因素相关联，比如政策、氛围、行业趋势等。

痛点一直存在，正所谓有痛点就有市场机会点。既然没有人做训后的落地，那就势必会催生出行动转化师这一职业。从字面上不难理解，行动转化师就是负责对培训进行后期的落地执行，确保培训效果的最大化，比如说开展训后行动计划、作业支撑、训后考核、大赛评选等工作。

有了专业的行动转化师，培训的效果会得到极大的改善，而为了节约经费，企业有可能只会安排内训师授课，然后请行动转化师负责落地，这样就可以节约高额的培训费。

随着市场的不断发展，行动转化师将不断侵蚀培训师的市场，正所谓既然你不做，总有人会去做，既然他人做了，自然也会从你手里分掉一杯羹。

3. 线上培训成为主流

蒸汽机的发明直接推动了第一次工业革命；发电机和其他电力技术发明的出现，促进了第二次工业革命的到来；以互联网为代表的信息技术迅速发展极大地改变了人们的生活，人类社会进入信息时代。3G技术推动了移动互联网的发展，4G技术则推动了网络视频的发展，而5G将直接推动物联网、人工智能技术的发展。

每一次社会大的变革都是建立在技术基础上，无疑，随着5G等通信技术的不断深入发展，培训这一领域也将发生天翻地覆的变化。

随着技术的不断改革创新，人们已经习惯了通过线上学习来为自己充电。就拿我自己来说，之前我习惯通过阅读文章，参加线下培训来学习，可因为活在这个屏幕充斥一切的时代，我想解放一下双眼，所以喜欢上了听书来学习，因为听书这种形式比直接看书更具有可操作性。比如跑步、走路、出勤路上、洗澡等场合都可以听，就这一个习惯，可以每年听 100 多本书。

培训也更是如此，通过线上学习帮我节约了大量的时间，为什么说线上培训可以节约大量时间，很关键的一个原因，那就是：线上培训全是精品干货，1 小时相当于线下 3 小时。

线下培训有大量的互动环节，这些都是需要占用时间的，所以线上培训 3 个小时的内容就和线下 6 小时的内容相差无几。再者省去了往返去培训现场的时间，这样的便捷也是线下培训无法比拟的。

除此之外，线上培训可以反复学习，随时随地学习，这样的优势也是很多人选择线上培训的重要原因。由于一些客观因素的出现，直接推动了全民线上学习。之前对线上学习持有怀疑的人，也通过尝试后发现了线上学习的优势所在，渐渐地从拒绝到接受，再到喜欢。

技术的不断发展，势必推动线上培训的更新升级，越来越多的企业，个人都将把线上学习作为学习的主要途径。大环境的变化自然也会促使更多的培训从线下转为线上，从以线下为主到以线上为主。

当下正是培训师这一领域发展的十字路口，接纳线上培训理念的培训师会拥有一个更精彩的未来，而故步自封，拒绝线上培训的培训师，发展之路只会越走越窄。

4. 培训师将成为营销的新主力

我服务的顾问单位有一个不成文的规定，那就是整个营销团队，不能讲课的不能升职。因为该公司的营销主要以招商培训会形式开展。

所谓的招商培训会就是前期由营销人员到各大建材市场采取扫街、电话联系、转介绍等各种形式，把所有潜在客户邀请到会议室，然后销售人员从行业发展趋势、门店销售技巧、产品知识、营销政策等方面逐一展开，最后的环节就是招商签约，此时的销售人员摇身一变成为培训师。

通过这种形式进行营销，比之前单纯的一对一开发客户效果好多了，因为在特定的氛围下更利于成交。于是乎，整个营销团队就是不断地召开一场场招商会，有时我也会去招商会现场串讲。看着一个个的区域市场被开发出来，作为这批营销人员的总教练，我也是由衷的感到欣慰。昔日手把手地教他们成为内训师，一次次的点评指导，总算是出师了。

顾问单位将所有营销人员培养成内训师的这一大胆尝试，取得了丰硕的回报，每年几千万元的纯利润让股东们甚是高兴，于是每年都会开展内训师提升培训，甚至连内训师授课都会邀请我去现场做指导。如今培训授课已经成为营销团队的必备技能，不管是什么岗位都要会讲课，每月都会安排培训授课任务。

由此可见，培训是营销最好的抓手，是提升公司附加值的好方法。目前的市场早已不像几十年前那样，有个好产品就会供不应求，因为产品的同质化如今已经成了常态。一个新产品出来后，很快就会有其他新产品接连上市，大家的功能诉求点都大同小异，所以真正比拼的就是服务和专业。假如厂家通过培训解决客户的疑问，树立品牌形象，展示专业能力，那么就能营销客户，达成成就。比如A厂家的营销人员可以帮助经销商开展二级市场的招商培训会，可以帮助所有的门店进行销售技巧的培训，这将无形中成为客户选择合作的有力理由。

信息时代的高速发展，让培训变得更便捷，比如直播就是当下最流行的一种培训方式，直播可以把培训和营销融为一体。有人的地方就有营销，有营销的地方就可以培训。培训师是顾问式营销的一种高阶玩法，并不是所有的人都会，但会培训的人一定会更有市场竞争优势。

招商培训会势必也会成为越来越多的企业开展营销的手段，这也预示着将有更多的培训师投入这一领域。培训不再是单纯的福利，也不仅仅只是提升员工能力的手段。培训师若能直接创造业绩，才有机会赢得公司真正的价值认可，拥有更高的话语权。相信未来会有越来越多的公司，要求所有营销人员都掌握培训这项技能，成为培训师，因为培训就是营销，就是服务，就是利润的代名词。

5. 内训师将成为商业讲师的直接竞争对手

未来，打败你的可能不是同行竞争，而是跨界打劫。

上述这句话对于很多职场人并不陌生，而未来也势必会影响到商业讲师领域，说得更直白一些，那就是有越来越多的商业讲师会被淘汰掉，因为内训师会逐渐扩展商业培训市场的份额。

这些年，内训师就如一阵风，早已经吹遍了大江南北，哪怕只有几十人的小公司也组建了自己的内训师团队。越来越多的企业甚至强行要求每个管理者都必须成为内训师，培训成了一项考核指标。我曾接触过很多企业，授课没有达到一定的课时，是没有升职机会的。

巨大的内训师市场就如一只睡着了的雄狮，目前根本没有发挥更多的价值出来，只要这个市场真正激发出来了，那将释放出巨大的培训师团队，创造出海量的培训市场份额。比如，上游厂家的内训师直接为下游提供商业培训，乙方直接为甲方提供培训服务，类似一家大的人力资源外包公司，顺带把客户的商业培训也接了；软件公司顺带把所有客户的培训也包了，那这个时候，属于商业讲师的市场又还会有多少呢？

有的人可能会说，要完全撬动内训师市场，那要等到什么时候，这种思维就是典型的没有考虑到跨界打劫，有谁能想到，出租车市场在短短几年就被打车软件抢占了大部分市场。

内训师进行商业获利，也是非常有利于内训师本人，因为长时间不讲课，专业技能就会变得陌生，而更可怕的就是一直给内部人士讲课，找不到成就感和价值感，成长空间有限。若引进商业培训，既解决了商业回报的问题，又解决了价值、成长的问题，属于一举多得。对于企业来说，内训师能帮企业更好地开拓客户、维护客户，能直接创造利润，这何乐而不为呢？而对于受训企业来说，培训费比市场低，培训老师又很懂行业，还能跟合作方紧密合作。这种一举多得的好事，总有一天会被市场点燃，一旦点燃就会引起熊熊大火，最终受影响最大的一定是商业讲师。

6. AI、物联网技术极大提升培训的效果

科技改变未来。每一次科技的普及总是能淘汰掉一群人，又能成就一群人。AI、物联网技术作为未来科技的主力军，势必将直接影响到培训领域，也必定会提升培训的效果，成为众多培训师所青睐的科技。

我们可以设想一下未来培训方面的场景，或许能更直观地了解到科技在培训领域带来的改变。

一家大型重工机械公司为了提升销售业绩，特意从外部选聘了一位讲工业品销售的培训师，这次培训的主题是商务谈判，来参训的都是公司各区域的销售人员。跟之前的培训不一样的地方是这次采用了 AI 技术，为了更直接地了解搭载有物联网技术的新款打桩机到底有哪些卖点，培训师要求所有人此时戴上 AI 眼镜。

戴上 AI 眼镜后，销售人员们就好比置身于工厂，然后培训师就好比产品解说员，让大家不断用手去触碰产品，并告知如何通过打桩机身上的按钮调出使用视频及常见问题解决对策。为了更好地让大家感受到打桩机的使用，现在培训师又

邀请所有人员进行现场打桩操作，而学员耳边也传来打桩机发出的声音。

这种操作，哪怕在真实的现场也操作不了，可在 AI 技术里却能轻松完成。通过如此直观的参与及实操，每位销售人员很快掌握了产品的卖点，包括如何高质量的介绍产品。

进行了产品知识的培训后，培训师开始进入到商务谈判分享的环节。戴上 AI 眼镜后，一个个真实的商务场合出现在大家眼中。第一个场景是在一个工地上进行初步接洽；第二个场景是在一个茶楼进行深度洽谈；第三个场景是在一个酒楼的包厢里洽谈合作的最关键部分。大家很快进入了角色，培训师会适时把大家又拉回到现实中来。

最精彩的是谈判的具体应用，首先是培训师要求大家戴上 AI 眼镜，作为一个旁观者亲身参与一个谈判场景，因为用了不专业的谈判方法，致使谈判失败，没有达到预期效果。这个场景体验完后，培训师要求大家把眼镜取下，然后分享总结失败的原因。培训师在讲了谈判的方法策略后，要求全部人员继续戴上眼镜，分甲乙双方，抽选了两个人作为双方的主谈判人，这一次的场景设定在一个会议室进行洽谈。

此时的培训室，只见双方唇枪舌剑，最终还是双方妥协达成了合作。

除此之外，AI 技术还可被用于安全消防、门店销售、设备技术等培训场景中，因为有了亲身参与，融入特定的场景，所以培训会非常接地气，生动又实用。比如在门店销售中，因为门店是要正常营业的，不可能安排一批人到门店去培训，更何况扮演的顾客大家也会觉得有点演戏的感觉，但融合 AI 技术就可以完美解决这一系列问题，大家都模拟进入了门店，而且该场景里会有各种各样的顾客来门店，这样的话就可以让学员真正进入沉浸式的培训状态，就好比在真实的门店，有一个贴身教练在辅导一样。

至于物联网技术，应用于培训的场景那就更多了，比如产品培训，一个电饭煲，触碰一下按钮即可调出关于该产品的系列视频学习资料，让学员可以有很直观的体验感，这比单纯通过 PPT（幻灯片）来培训要生动得多。

7. 版权课程将成为行业常态

《管子·牧民》文中有一句经典的话被世人广为传颂，那就是"仓廪实，则知礼节；衣食足，则知荣辱。"

这句话所蕴含的真谛大家一看便知。随着社会的不断进步，培训师行业的不断发展，越来越多的人也开始重视起知识产权。在信息化时代，传播速度、传播范围实在是太快，也太广泛了，若不重视则有可能正版的得不到保护。

每一门课程研发出来，就和作者写了一部长篇小说一样，都是倾注了大量的心血。为了维护自己的权益，对研发的课程申请版权认证，不妨是一招安全系数最高的保护措施。

随着最早进入培训行业的那一拨培训师，他们在市场上已经稳定了下来，有了自己的品牌课程，基于如下几个原因，也会有不少人去申请版权：

（1）守护切身利益

比如我的"坚持的力量"这门课已经申请了版权，那么只要有人模仿这门课，我就可以进行法律维权。否则，就会出现《西游记》里真假孙悟空难辨的情况。如果知识产品被侵权，没有证据的话，要想维权是很难的。只有得到了国家知识产权的背书，有了法律的守护，在课程研发等方面再多投入一些时间精力，也不会有后顾之忧了。若辛苦研发的课程，市面上到处都在流传，遇到那些表达能力强的人，说不定比课程研发之人讲得还要好。

随着社会的进步，法律不断完善，越来越多的培训师选择将核心课程申请成为版权课。

（2）提升课程价值

要想申请版权课程，必须按照标准来，通过申请版权从而使得课程更专业。毕竟要得到国家层面的认可，还是需要下点工夫的。有了版权后，就好比前些年，很多企业热衷于申请商标一样，因为这可以凸显产品的价值。就拿版权课来说，有了版权证书，就无形中提高了课程的身价，至少给人感觉，这是一门严谨、系统、专业的课程。

（3）提升个人影响力

培训师的影响力最直接的体现就是头衔，比如社会职务、学历证书和岗位职务，还有出版过的书籍等。若能把版权课程写上去也是很有说服力的，这可以瞬间提升一个人的专业度。

版权课代表了专业，也从另一个角度反映了对知识的尊重。作为知识的传播者——培训师来说，自然更应重视知识产权，若连从事这一行的人都不重视知识产权，那么别人该如何来尊重培训师这一职业呢？基于培训师个人的需求，也因为行业发展的需要，版权课程势必会如雨后春笋一样，被越来越多的人所接受认可。

　　培训师行业不管怎样发展，淘汰的只会是那些居功自傲、止步不前的人，那些不肯持续学习的人。只要坚持学习，不断提升个人能力，拥抱不断变化的世界，那么就不会成为时代的弃儿，而是引领者、推动者。

第二章 培训师职业解读

本章从多方面对培训师职业进行深入剖析。首先，探讨培训师的收入来源与水平，呈现行业收入的多样性及潜力，吸引读者对该职业的关注。接着，详细阐述其日常工作安排，让读者了解培训师工作的具体流程与内容。同时，明确适合从事该职业的特质要求，帮助读者自我判断。还着重强调了优秀培训师必备的七项技能，为从业者提升能力提供指引。最后，深度剖析了行业证书，解读各类证书的意义、价值及应对策略，理性看待考证。

第一节 聊聊培训师的收入

培训师行业以其独特的魅力，吸引着越来越多的人才加入，其中不乏行业精英。那么，培训师的收入来源有哪些呢？

接下来，我们将通过几位不同背景的培训师的亲身经历，来深入探讨这一话题。从年入百万元的自由商业讲师，到专注企业内训的资深培训师，他们的故事不仅揭示了培训师行业的收入状况，更展现了这一职业的多样性和发展潜力。

1号培训师：曾任某企业营销总监。

收入：年入百万元以上。

职业类别：自由商业讲师，有自己的工作室。

收入来源：书籍销售及版税、培训、咨询、顾问。

前段时间有客户需要一个行业培训师，由于该行业的特殊性，很难找到匹配到的老师，最后我才猛然想起十二年前曾经合作的一位培训师，他可是行业的翘楚，还出版了系列书籍。只是有多年未曾联系，于是抱着试一试的态度拨通了之前的号码。想不到电话打通了，一番寒暄过后我也直接切入主题，最终他给我的价格是每天2万元，而给客户的价格一般在每天3万元以上。

关于他每年具体的收入，我是没有办法去了解的，但基于他的情况，从书籍、咨询、培训，全部算下来，百万元以上的年收入应该还是有的。

2号培训师：曾任某大型公司行政人力资源总监。

收入：年入40万元以上。

职业类别：自由商业讲师。

收入来源：培训、咨询、顾问。

他之所以选择离开原单位，首先是因为离家太远，无法照顾到孩子，缺乏对孩子的陪伴让其内心一直很自责；其次是职业遇到瓶颈了，很难再往上升职了；最后是时间不自由，经常加班加点，感觉在用身体换钱。

选择来做自由培训师，当时也是下了很大的决心，因为作为家里的顶梁柱，一旦失去了稳定的工作，家里的经济压力很明显就摆在眼前。好在家人支持，自己也喜欢这个职业，经过了痛苦的煎熬期后。课程也从刚开始的平淡无奇到现在有了良好的口碑，逐渐有一批稳定的合作商了。

2024年他告诉我，现在其他单位的合作价都调整为每天7000元了，对我这样的老朋友，还是按照每天6000元算。我不知道其他合作商每年能给他带来多少收入，但是我们这边每年在5万元左右。根据之前他跟我讲的，他目前主要的收入如下：

一家长期合作机构，每年聘请授课20多天，折算下来是10多万元。

两家顾问单位，大概每月服务费是1.5万元，一年下来在15万元以上。这些顾问服务也是分阶段，并不用每个月去。

然后还兼着做一些咨询项目，其他合作商聘请其授课，这样算下来一年也在10万元左右。

整体算下来，一年40万元还是有，这个收入比之前上班时要高一点。按照他自己的话来说，现在很喜欢这个职业，因为时间自由，成就感、价值感强，每年还能有更多时间用于陪伴家人。

3号培训师：曾任某公司培训主管。

收入：年入50万元以上。

职业类别：自由商业讲师。

收入来源：培训、咨询。

她是我最欣赏的一位培训师，现在专注于金融业培训，是从主讲礼仪切入到培训行业的。她最大的特点是非常爱学习，以至于每次见面感叹其成长速度如雨后春笋一样。通过近十年打拼，她早已成为金融行业的优秀培训师。现在我再想见其一面都很难有时间了，因为她常年在外授课。

她在入行初期，有一次培训，由于年龄小，所以培训前学员直接叫板，让她先讲讲凭什么给他们培训，因为本身这个学员对公司安排的培训就很有意见，所以把火气全撒到她身上。作为一个新人遇到如此大的挑战，当时她都快被气哭了，可不服输的她还是强压着火气，把课程讲完，最终那个挑战她的学员当面给她道歉。

通过一段时间的跌跌撞撞，最终进入了金融行业，然后开始一发不可收拾。有一段时间，经常看她提着一个超大的行李箱出差，那时她负责金融机构部分省份的培训咨询服务，培训课酬每天 4000 元，晚上做咨询和辅导就按照每天 2000 元，一个月下来完成一个省份的培训咨询交付，收入也是在 5 万元以上。出完差回到家休息 10 天左右，陪伴家人，然后又开始下一个省份的培训咨询交付。

由于这些年一直深耕金融行业，课程也早已从之前单纯地做礼仪培训扩展到做营业厅的系列培训。多年的培训，早已经将自己打造成为一名成熟的商业讲师，拥有了稳定的市场，收获了一大批喜爱她的粉丝学员。

以上这三位商业讲师都是跟我有过合作的，甚至有两位起步也是从我这里开始的，看着他们一个个在行业发展得不错，我也为其感到高兴。当然这几位培训师只是行业的部分代表，不能代表整个行业，行业里有的培训师收入比这三位的还高很多，也有不少还苦苦挣扎在生存线上。而我文中提到的三位培训师的收入应该算是这个行业中等的水平。

一位培训师的收入可以由多个部分构成，培训是核心收入来源，此外，还有咨询收入和顾问收入，基本上以这三块为主，甚至有的培训师以咨询和顾问收费为主要收入来源。毕竟培训并非万能，很多问题还需通过咨询项目和长期的顾问服务来根本解决。

打个很简单的比方，培训师为某集团公司开展薪酬设计的培训，但培训只做 3 天，客户觉得课程上得好，于是再让培训师为其服务。假使课酬为每天 7000 元，3 天就是 2.1 万元。做一个薪酬项目为期 4 个月，整体收费可能是 40 万元，培训师带领团队一起交付，对于咨询费这块，培训师自己能拿到手的可能就是 30 万元。

做完项目后,客户可能还想让培训师做人力资源顾问,每个月再付2万元,为期半年,那么单单这一个单位就能为一个培训团队创造44.1万元的收入。

1. 证书类培训师

这类培训师要根据其资历(上课时间长短、是否参与改卷、是否作为考评员等)来算,一般每天课酬为1000元到3000元(8课时)。对于全国著名培训师,尤其是可以押题的培训师,在串讲时的课酬突破万元也是很正常的。此类培训一般是月结、培训结束统一结算,回款相对慢,因为培训周期长。

2. 语言类培训师

这类培训师一般是以专职为主,收入来源于基本工资 + 课程补贴 + 奖金三部分,补贴取决于授课质量、资历,奖金取决于所开班的效益等。这一块没有一个具体的标准,少的一个月拿5000元左右,多的一个月可拿几万元。

3. 企业类培训师

这类培训师是回报最高的一类,一般以天来计算,普通培训师每天课酬3000元到5000元,中等培训师每天课酬6000元到8000元,好一点的培训师每天课酬8000元以上,特别优秀的培训师每天课酬一万多元,甚至几万元,还有更高的十多万元。课酬高低取决于影响力。而且每年都会涨价,只要有了一定影响力的培训师,一年挣个几十万元是问题不大的。

培训师这个行业,由于是一个"金领"职业,每天的课酬就顶的上很多人一个月的工资,正因为其收入高,所以有越来越多的在职人员投身于这个行业。只要能在这个行业沉下心来做,每年20万元以上的收入问题不大,因为年入四五十万元也只是这个行业的中等水平。至于具体能拿多少,还是取决于培训师个人的能力,因为这和做营销的人一样,能拿多少取决于其业绩。

培训师领域,是一个凭借真才实学吃饭的行业,那些靠追求形式,不注重内容打磨的人,终将会被行业所淘汰。

第二节　培训师的日常工作安排

在培训领域,背后有一套复杂而精细的工作流程。从需求洽谈的深度挖掘,到方案撰写的精心构思,再到课程开发的精雕细琢、培训授课的灵活应对,以及学习充电的持续赋能,每一个环节都如同紧密咬合的齿轮,推动着培训师的职业发展。这些环节环环相扣、缺一不可，关乎培训质量、学员满意度和商业价值的实现。说到底，一位培训师除了休息、出差赶路之外，经常在忙着处理的就是以下五件事情，如图 2-1 所示。

| 需求洽谈 | 方案撰写 | 课程开发 | 培训授课 | 学习充电 |

图 2-1　培训师的日常工作安排

1. 需求洽谈

需求洽谈基本上是每一次授课之前必做的一件事，有的甚至还需要到现场进行面对面的洽谈，再次之也会通话交流。洽谈的深度依据项目的大小来定，比如我们之前实施一个"大项目经理"的人才培养系统项目，为期两年，培训金额也是达到七位数以上，所以光需要洽谈部分，我们就面谈了几十人，奔赴几座城市，还做了两次问卷调研，一次电话调研。

需求洽谈直接影响着培训课程设计的方向，倘若这点把握不到位，课程满意度就会大打折扣。一般需求洽谈最主要的目的是弄懂受训对象真正的培训需求。为了弄懂需求，就需要通过面谈沟通、电话沟通、问卷调研、资料阅读查询等手段。一般问题主要是集中在：

为什么要来开展此培训？

培训想达到什么目标？

培训面对的人群、时长、人数、性别、学历是什么？

公司目前的情况、之前有无开展此类培训、组织架构是什么？

培训对象目前存在的问题主要是什么？

简单总结起来就是要从公司情况、学员、培训组织实施三个维度来了解培训需求信息，只有信息了解越精准，才越利于后续方案的撰写、课程的开发、培训授课等各项工作的开展。

2. 方案撰写

需求摸准后，接下来就是方案撰写。这是最核心的一项工作。

以商业讲师为例，这项工作直接决定了甲方是否愿意跟其达成合作，因为需求洽谈也是分阶段的，往往在商务合作达成之前，只会进行初步的洽谈，只有甲方完全确定了合作才会配合进行深度洽谈。

对于培训师来说，方案撰写是最耗费脑力的一项工作，尤其是那些系统培训项目，则需要耗费大量的精力。一般培训方案包括项目介绍、课程框架、课程大纲、培训师简介等内容。

在授课之前，根据需求撰写相对应的课程大纲，这是整个方案里的核心内容。这部分内容不过关，其他的一切都是徒劳。只有课程大纲得到了认可后，才能进入到后期的课程研发环节。

3. 课程开发

课程开发是依据课程大纲来设计，最终要变成一个 PPT 课件。对于经验丰富的培训师，只要大纲出来了，课程开发的工作也完成 70% 左右了。

课程开发是最耗费培训师体力的一项工作，有时一个知识点可能要想好几个小时才能找到突破口，而章节之间的逻辑衔接、故事案例安排、素材的搜集、课程的推演都需要花大量的时间和精力。

我自己在开发课程时，也会遇到卡壳的情况，这个时候往往会到户外走走，边走边想。总之，一定要站在学员的角度来思考，否则就很难研发出真正适合学员的课程。

为了打造一门精品课程出来，有时为了找一段合适的视频素材都需要耗费大半天的时间，而 PPT 如何设计精美也是需要花时间的。可以说，作为商业讲师，这部分所花的时间并不比培训授课少。一堂课效果好与坏，在课程开发环节就决定了。

4. 培训授课

培训授课是一个商业讲师所有工作内容中核心中的核心。培训授课的好坏直接关乎培训效果。有很多商业讲师长年累月在授课，不仅考验脑力，也是对体力的一大挑战。

在培训中，会遇到各种各样的情况，作为培训师也是需要灵活去应对。比如学员反馈不好时，需要临时调整课程内容，这往往对于新入行的人来说就是一个致命的挑战。

那些最终放弃了这一职业的人，往往也是培训效果不尽如人意，因为授课不能获得学员的认可，自然也就没有成就感和价值感，由此也就失去了更多的商业授课机会，从而导致收入也不高。

5. 学习充电

没有授课时，那些优秀的商业讲师最常干的一件事就是学习充电。有的是直接花钱去参加公开课，有的则是通过线上学习、参观考察、阅读专业书籍。每一种方式都是为自己赋能，这也是商业讲师成长快的一个主要原因。选择了做培训师，学习就成了一项工作内容，成了一种投资行为。

有些培训师每年会拿出特定的时间进行学习充电，比如业务的淡季、节假日等。边学习、边总结、边实践，这是培训师学习时的一个职业习惯，因为精彩的内容可以直接纳入自身的课程中去。有的人参加版权课程，则是直接将课程的全部内容进行原封不动的使用。比如一门版权课程需要花费6800元和三天的时间，但把这门课程拿到企业去讲，可能一天不到就挣回学费了。这也是为什么很多培训师喜欢学习的另一个深层次原因，因为学到就是赚到。

一个已经立足行业的培训师，每天的工作其实很充实，甚至有的人日常的状态，要么是在授课，要么是在去授课的路上。至于需求洽谈、课程开发，都交给专业的团队在打理。

第三节　适合做培训师的特质要求

很多人选择做培训师这一职业，很关键的一个因素是因为这个行业的高回报。培训师一天的课酬有时抵得上辛苦一个月的工资，甚至几个月的工资，当然这相对于其他领域，并不算是最高的，可也绝对算得上一个高收入职业了。年入几十万元已经成为这个行业最普遍的现象了，年入上百万元的培训师也不少。

作为这样一个低风险、轻资产、高回报、时间自由、成就感强的职业，越来越多的人想加入。但现实太残酷，至少80%的人倒在了想法阶段。十六年来，一直沉浸该行业，作为一名商业讲师、经纪人、运营人、对培训师这一职业比一般的行业人士有更不一样的感悟。基于写作这一爱好，倒也有不少网友联系我，咨询我关于培训师这一事宜的相关疑问，但至少有95%的人最后都是不了了之，从想到做，那是世间最远的距离。当然还有不少人对于这个职业没有完全搞懂，只是一味偏执的认为自己喜欢，可喜欢并不代表你能做，这种喜欢专业上叫"伪培训师"爱好者。

"我经验不丰富，适合做培训师吗？"

"我没有什么突出的成绩，能做培训师吗？"

"我刚毕业，喜欢培训师这一职业，该怎么办？"

"我现在只是想了解一下，等条件成熟后再考虑来做，我觉得自己还没有准备好。"

"我担心以后没有市场，我觉得底气不足。"

……

类似的问题和想法总是一次次出现在咨询对话中，我只能在得空时给予解答，其实在跟其对话中，我已有一些判断，哪些人可以成为培训师，哪些人只是一时兴起。为了避免更多人来问类似的问题，我索性把这些问题都用文章的形式写了出来，以便最大程度解决培训师爱好者们的疑惑。

就好比创业可以带来很多机会，但并不是所有人都适合。对于培训师这个职业也是一样。那么，到底哪些人才真正适合做培训师呢？结合身边那些已经在行业扎根的培训师的特性来分析，但凡具有如下特质的人才算真正适合，如图 2-2 所示。

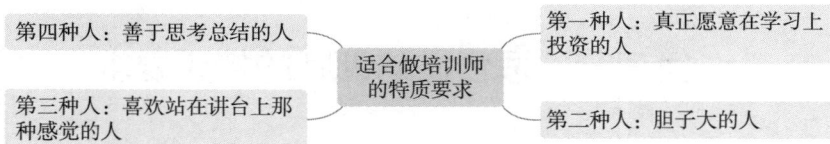

图 2-2　适合做培训师的特质要求

第一种人：真正愿意在学习上投资的人。

作为一个以知识经验为生的职业，如果连学习都不舍得投入，那么基本上在这一行很难长久立足。对于培训师这个职业，学习类的投资是见效最快，回报率最高的。十年前，有个医院的后台管理人员参加了一个培训师班，后面兼职授课每年至少有十多万元的课酬；另一个做礼仪的培训师，之前在单位做培训专员，也想出来讲课，于是参加各类培训，买各类书籍，听网上各类视频课程，一有时间就去听别的老师的沙龙，课程分享，在学习上花费了不少钱和时间，跟这样的培训师合作我是很放心的，因为她能确保不断有新的东西分享出来。身边有很多培训师每年基本上就做三件事：讲课、听课、休息。他们参加各种不同主题的学习，到不同的城市，但凡花钱越多的也是赚钱最多的。

投资无外乎是从物力和精力上来，如果既不愿意花钱，也不愿意花时间，纵使有七十二变的才能，也很难在这个行业立足，哪怕进入了这个行业，也可能不会长久。一个人对学习的态度决定了其是否能成为培训师的关键因素。

第二种人：胆子大的人。

有一句俗语是：饿死胆小的，撑死胆大的。这句话放到培训师这一行业也是适合的。

记得有一次得知一家企业需要一家企业培训师，其课程很偏，市场上找不到适合的培训师。我找到一位有着丰富管理经验但转行不久的培训师，开始他也担心讲不好，我直接让其准备好，算是救急授课，他虽答应但还想推脱推迟，全被我一一挡回去了。我配合他把课程准备好，最后课程进行得很顺利。倘若胆子不大，就会失去一次这样的机会，像这种逼着去授课的情况，那是基于相互的了解，我才愿意给机会。一般情况是，如果培训师不敢去讲，聘请人则更没有底气。在我们的商业合作案例中，只要培训师表现出不自信的感觉，就会被马上否掉，毕竟风险太大。

做一名培训师很多时候需要一种霸气，这样才能自信从容，才能正常发挥甚至超常发挥。只有愿意去尝试的人才能有更多的机会，绝对不是说你担心讲不好而怕错失很多机会，而是你连讲都没有去讲，又怎么知道自己就一定讲不好呢？何况讲不好也是一种经验积累。一个人连试错的机会都不敢，又如何去赢得更多培训机会呢？

第三种人：喜欢站在讲台上那种感觉的人。

我很少去问别人是否喜欢培训这个职业？因为这个问题是一个伪命题，人在不同的时间会有不同的解答。但如果去问站在讲台上是什么的感觉？就大概能判定出培训师这个职业在其心里的真正接受度。只有真正喜欢站在讲台的人，才能觉得讲课是一种享受，是一件其乐无穷的事情，否则很难长时间在行业里留下来。就好比真正喜欢一个人，哪怕随着时间流逝，其容貌不再，依旧能一如既往地喜欢和欣赏。

有的人可能会说，看在钱的份上，我也可以很喜欢讲台。这样想是没有任何问题，可万一遇到了更赚钱的行当，就很难坐怀不乱了，巴不得马上换行业。或者来说，讲课迟迟打不开市场，学员的评价不高，合作伙伴对合作的"不感冒"

等问题，倘若不喜欢则会分分钟跳离这个行业。唯有喜欢方能坚守，才能花时间去学习充电，花精力去备课，哪怕加班加点都乐此不疲。

在我从业的这些年间，遇到了太多的职业诱惑，也遇到了很多的发展瓶颈，一次次在人生的谷底，也一次次熬夜到通宵加班备课，但最后都经受住了考验，那是一种由内而外的发自内心的非常纯粹的喜欢。哪怕再累，只要到了讲台上感觉整个人马上就变了一个人一样，精神抖擞。这就是喜欢的力量，也是唯一可以支撑一个人把培训当作事业的动力。

第四种人：善于思考总结的人。

师者，传道受业解惑。

培训师，说白了就是比常人学得快一些，思考得多一些的人。看书好，学习也好，实践也好，要想把这些零散的经验、信息加工成一门课程，需要超强的归纳总结能力。只有掌握这项技能，才可以游刃有余开展好各培训项目。

智慧的培训师一定是善于归纳总结的人。有经验不算厉害，厉害的是能把这些经验转换为一套标准，然后条理化系统化，进行批量复制人才。在经验丰富的培训师眼中，人生处处皆学问，哪怕吃饭、睡觉、走路、呼吸都可以归纳总结开发成一门课程。

人性中有追求效率与便利的需求，因此催生了很多商业机会。正是基于人们对简化生活、节省时间的需求，所以有了洗衣机、液化灶等众多产品。其实人的思想何尝不是如此啊，正因为想要化繁为简，想要节省时间，所以才催生了培训师这一职业的诞生。培训师可以把工作生活中的点滴进行归纳总结，形成一门门的课程。

在这个快节奏的时代，有太多的人连思考的时间都没有，培训师则举起了归纳总结的这面大旗，在一定程度上也在推动社会的快速发展。如果觉得思考总结是一件很痛苦的事情，那或许真的不适合做培训师。只有那些愿意去不断进行归纳总结的人，才能研发出最接地气、最新颖、最专业化的课程，才能真正立于行业不败之地。

总之，那些放弃培训师这一职业的人，其理由有千千万，但真正沉下来做这行的人，往往具备上述其中一点或多点特质，当然这些特质并非全部，成功还可能源于其他因素。培训师不是一个普通的职业，而是可以帮助他人成长、赋予他人力量，并产生积极影响的角色。

第四节 优秀培训师要掌握的七项技能

在孩子面前，父母就像一本百科全书，在这里可以探寻到很多答案。

在学生面前，老师就像一座知识宝藏，在这里可以学到很多知识。

在职场人面前，培训师就是行业的佼佼者，在他们身上可以找到破解工作难题的方法，突破思维瓶颈，获得加薪晋升、业绩倍增的秘诀。

培训师除了职场人老师的身份外，更代表了一种专业。因此，在学员心中，培训师就是优秀、专业的代名词。只有给学员塑造出这样的感觉，对于培训师分享的内容，学员才愿意去听，去用。

一般培训师和优秀培训师最大的区别就在于横向能力和纵向能力两个方面：横向能力是指优秀的培训师拥有更多的专业技能，而一般培训师只具备基本的培训技能；纵向能力是指优秀的培训师在具体能力表现上更卓越，比如同样是讲课，优秀的培训师可以妙趣生动，入木三分，让人听了有流连忘返之感，而普通的培训师则课程乏味，让人只想打瞌睡。

选择了培训师这一职业，就注定了终生与学习为伴。要想更好地为职场人赋能，就需要让自己变得更优秀。追求卓越优秀，应该是每位培训师的本能。那么作为一名优秀的培训师，到底应该掌握哪些技能呢？具体如图2-3所示。

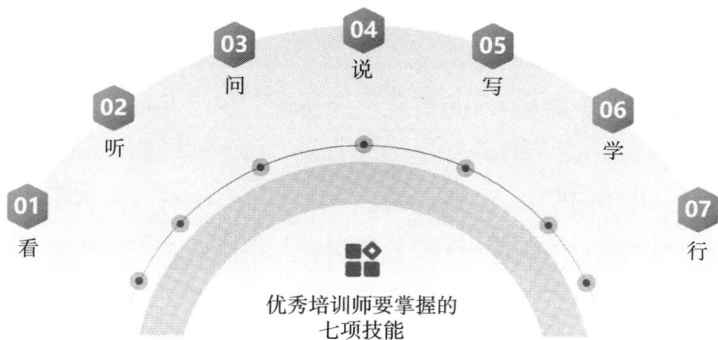

图2-3 优秀培训师要掌握的七项技能

1. 看

王老师正在给一群销售人员做产品知识类的课程培训，可由于大家已经连续参加了2天2晚，疲态尽显，看到这样的场景后，她赶紧调整了课程内容，并将课程讲授的形式改成了比赛形式，也就是让每组派代表上台讲解产品，然后其他组点评打分，王老师作最后总结及点评。用了这种方式后，整个培训氛围一下就调动起来了，原本那些有睡意的销售人员也顿时积极地投入到课程中来了。最后的培训评价中，大家对王老师的满意度最高。

有些门店业绩一直上不去，公司便安排王老师到门店去做赋能。跟其他老师不一样，王老师先乔装打扮了一下，以神秘顾客的身份来到公司门店，看到室内的荧光灯坏了一盏，更为重要的是公司统一配置的宣传海报，店里也只张贴了一部分，并没有按照标准来张贴。除此之外，整个团队士气低迷，导购人员也是无精打采，里面的物品陈列也没有完全按照公司的要求来，地上甚至还有垃圾。从门店出来，王老师似乎找到了问题，也对接下来的培训有了更清晰的思路。

培训之前的一个晚上，王老师特意要求区域经理把培训名单发给她，在查看名单后，了解到里面的年龄结构、性别比例、学历层次、入职年限等信息，王老师对培训的深浅程度有了一个基本的判断，并对课程内容做了适当的修改。

最后培训获得很大的成功，大家的参与度也非常高，连区域经理都很惊讶，因为那些职场老员工这次的表现确实让人很惊喜，王老师把每个人内心的小宇宙都给激发出来了。

看，这是一个优秀培训师最基本的一项技能。要能在训前通过看资料、看现场发现其中的问题；在训中通过观看学员的状态，及时地调整课程内容和授课形式，甚至特别关注某些学员；在训后看学员的表现，看大家的实践程度，便于后续不断的优化课程。

一个用心的培训师一定会把目光更多地放在学员身上，要能察言观色，成为深谙人性的培训师，才能真正走进学员的心中。至于如何修炼"看"这项本领，除了掌握日常培训的技能之外，更需要去不断训练自己看人的本领，比如我之前的一位领导就告诉我一个方法：在坐公共交通工具时，不要一味玩手机，要学着去观察其他人，去揣摩对方可能什么时候下车，是做什么职业，现在心情如何，独自一人还是几个人同行等。当然这个方法不仅适用于公共交通工具上，在路上、商场、公园等场合都可以有意识地去逼着自己去思考。时间一久，就会发现看人的能力越来越强。

我后面甚至还去培养自己快速看物品的本领，比如路过一条小溪，水里面正游过一群鸭，我则快速猜测出一个数字，然后再仔细核对，猜对了就特别开心。猜测多了，估算数据时会越来越精准。

归纳总结起来，培训师可以从三个方面来练就"看"的本领：

（1）看资料

比如讲管理的课程，那就少不了要看企业的组织架构，这可是很有看点的一个资料，在组织架构里可以看出一个企业的管理模式，也能在其中看出问题点。有些要么组织结构过于庞大，有的又过于简单，有的则很不健全。我之前做培训师经纪人时，还会把甲方的公司介绍、产品介绍等相关资料汇总，做成一份调研报告，然后让培训师依据报告来量身定做课程。

（2）看细节

比如甲方发来的资料排版是否专业，措辞是否到位，就能看出公司的文件管理水平；看甲方的卫生，尤其是厕所卫生，就能看出一个公司的整体素养水平；看是否在规定时间开始培训，就可以看出一个公司的会议管理水平；看会场布置，就能看出公司对培训的重视程度，等等。总之，细节才更能反映问题。通过这些细节，便可及时地调整课程。

（3）看表现

比如要求甲方提交训前配套的资料，会务准备工作，对方是否积极，完成的效率，就能窥探出甲方的培训组织能力。通过学员在现场的表现就能看出对内容的接受度，这样就能及时调整内容和授课形式。再比如说现场做了实操演练，若大家整体都按照标准完成了，证明学员基本上都掌握了；若还有很多人没有达标，证明大家还没有听懂课程，这就需要重新再讲，或者换一种方式来讲授。

优秀的培训师练就了看人、看事、看物很"毒"的眼神，能通过表象看到问题，从而调整自己的言行举止。所以说，跟这些培训师打交道时，会感觉到非常的自然、舒服。一个培训师若给人很大的压力，则从侧面反映了培训师的能力还不够。因为能力越高的人，越能让人感觉舒服，甚至让人有一种如沐春风之感。

2. 听

俗话说：聪明者善说，智慧者善听。

培训师要学会听甲方的需求，听学员的提问、分享、表达，听的水平决定了接收到的信息数量及质量。同样一句话，优秀的培训师可以听出里面的问题和商业机会，而普通培训师只能听到表层的信息。

作为一个培训师，一定要熟练掌握3F聆听法则，这也是广泛用于沟通的一个法则，效果非常好。对于经受过专业训练的人，一看他们听的水平就知道能力很强。

所谓的 3F 聆听就是：倾听事实、倾听感情、倾听意图。

（1）倾听事实

倾听事实是指不用自己的想法和固有观念对对方的话进行评判，客观地接受对方谈话中的信息，努力把握对方话语中的客观事实，不带偏见看问题。

比如在调研时，培训主管描述了目前管理者普遍存在的问题，像很多管理者是从基层提拔上来的，连自己的角色定位都没有找准；管理沟通能力普遍欠缺，计划及跟进的能力也不够等，这些信息便是管理中的现实问题，也是最容易获得的一种需求信息，属于倾听里面最表层的信息。

（2）倾听感情

倾听感情是指在倾听事实的同时，通过语音、语调乃至肢体语言感知对方的感情。

继续拿上面的培训需求信息调查来说，培训主管在描述这些信息时，要能听出主管是否真的喜欢培训，还是说完全是为了应付工作。一个朝气蓬勃的人，在面对培训这件事时是很有激情的，说明很喜欢培训，后续的工作配合也会更到位一些。若是那种敷衍了事的感觉，那就对培训主管不要抱太大期望，自己多准备，尽量少麻烦主管。

假如在跟学员沟通时，学员神采飞扬，对培训也充满期待，像这样的人就会很配合，可以多提问获得想要的信息，也可以在互动时将这些人作为重点提问对象、实操演练对象。

倾听感情属于倾听的第二层次，一定要学会从对方的感情状态揣摩分析其性格特征及对培训的态度。

（3）倾听意图

倾听意图是指把握对方真的想要什么，真正的意图是什么。若有些人不善于表达自己的意图，说出来的话则跟真正的意图会有很大差异。

听出弦外之音就是聆听的最高境界，只有做到了这一点，才能使价值最大化，使效果最佳。

比如说培训主管一再强调大家对培训时间的安排有些抗拒，原因是很多人结婚了，周末一般要带孩子，陪伴家人，没时间参加培训。若培训主管支持这一行为，那么培训师就要主动提出培训时间最好放在工作日，或者工作日和休息日各抽一天的时间。

在培训过程中，有的学员擅于提问，其实是想多获得上台机会；有的是想让培训师在领导面前美言几句；有的是想获得老师的培训课件。对于不同需求的人，每一句话都有其特定的目的，作为培训师要是能听出里面的弦外之音，就可以灵活应对培训中的各种情况。

听意图也是聆听的最高境界，只有听出对方的意图，对方才觉得你懂他，才愿意跟你进行交流互动，才愿意听你的课程。

3. 问

智慧的人善问。在聆听、表达、提问这三者之间若要进行一场终极比拼的话，无疑提问将会胜出，因为提问可以由提问者聚焦想了解的问题进行发问，从而获得自己想要的答案，提高沟通效率。

判断一位培训师是不是沟通高手，关键看他是如何提问的便能一窥全豹。因为聪明的培训师进行提问，会让他人有一种很想表达的愉悦感，正如心理咨询师为何深受患者的喜欢，就是因为心理咨询师很会提问，能带着患者慢慢找到症结所在，然后寻找到解决的办法。

我曾经认识一位特别厉害的培训师，当时我们公司之所以愿意签约他，除了实战经验丰富之外，还有一个很打动人心的地方是这位培训师非常博学，对各行各业都了如指掌，让人感叹这就是无所不知，无所不晓。

对于博学之人，我一向非常敬重。当时我创业才两年多，需要学习的地方很多。在身边就有这样一位人物，自然是不会放过任何学习的机会。在签约的当天，我请老师吃饭，然后抱着试一试的态度开展了一次对我人生有着至关重要的对话：

"刘老师，有个问题我一直很好奇，很想向您请教。"

"但说无妨，我们现在已经是合作伙伴了，以后我的培训、咨询业务就仰仗你了，有啥问题尽管问。"

"你的经历主要集中在喜之郎、维达日化、蒙牛乳业、宁夏红、五粮液、国窖1573等这些单位，基本上都是快销品行业，可为什么您对制造业、金融业、动保、医药等行业也非常熟悉，难道您在这些行业也有过工作经历？"

"这个问题提得好，你也是第一个这么向我提这个问题的人。听你提问后，我很高兴，想不到你一个28岁的年轻小伙子，能提出这样有深度的问题。"

"老师谬赞了，我就是很好奇，还望老师赐教。"

"其实我这20多年的工作经历主要还是集中在快消品行业，其他行业也没有涉足过，但为什么对其他行业也很熟悉，主要是我喜欢提问。因工作关系，经常接触各行各业的企业家，所以我就喜欢抓着这样的机会去提问，请教这些企业家，因为只有对这些行业了解越多，才越能更好地做这些行业的业务。"

"那老师，您是怎么提问的呢？"

"提问是一门技术活，就如你今天问的这个问题也非常好，问题问对了，就好像找到了一把开启经验财富之门的钥匙。虽然跟别人在一起，我们可以天南地北地聊天，但每个人的时间都很宝贵，所以要学会高效提问，精准提问，这样才能让沟通价值最大化。具体的提问，我习惯从七个方面进行，如图 2-4 所示。

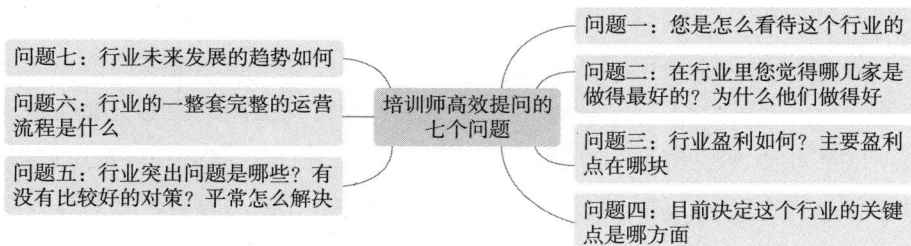

图 2-4　培训师高效提问的七个问题

问题一：您是怎么看待这个行业的？

这个开放式的问题可以让一个人很自然谈到这个行业的酸甜苦辣，也便于提问者快速了解一个行业人是如何看待自身行业的，那么回答者所给到的答案无疑是贴切行业实际的，按照行话来说，是接地气的。

这个问题可以引导回答者谈及对行业的看法、感受。当然聪明的提问者在聆听答案时也是能明显听出回答者是否带有较强的主观性，从而作出自我的评判。消极和积极的人在回答此类问题时会有截然不同的答案。很多问题本身就没有标准答案，关键看是站在什么角度，以什么样的心态来看待。

问题二：在行业里您觉得哪几家是做得最好的？为什么他们做得好？

每一个行业都会有其竞争对手，而因行业不同，竞争对手的数量也有天壤之别。作为一个不一定要钻入到行业里的人，了解一个行业的最具代表的单位倒是一个明智之举。既然是行业代表，自然有他们的一套独有的模式，若能知道这些单位经营成功的因素，自然会少走很多弯路，更为重要的是，这些标杆单位的方法经验在行业里进行推广是见效最快的。作为一个行外人，了解了行业的经营情况，他人自然不敢懈怠，哪怕是行业人也会为其专业性而折服，须不知这些专业是从他人那里听到的。

问题三：行业盈利如何？主要盈利点在哪块？

隔行如隔山，特别是行业盈利这块。很多人算账总是按照自己的算法进行计算，须不知，每个行业都有自己特有的算法，我们以为的盈利率有时压根就不是。可只要问行业里的从业人员，就能知道那些冰山下的隐形成本，知道大概的盈利情况。

每个行业盈利点很多，可真正的关键盈利点总是不多。外行人看热闹，内行人看门道，那些看似不挣钱的项目往往可能才是真正的利润来源。了解了盈利率和盈利点就知晓了一个行业的核心。

问题四：目前决定这个行业的关键点是哪方面？

俗话说，蛇打七寸。每一个人，每一个行业都有一些关键点，这些关键点直接决定了一个人能否获得成功，一个行业能否持续健康发展。比如管理咨询业的关键点是咨询师、培训师、课程及方案设计师；电子商务行业的关键点是支付安全、物流等问题；休闲娱乐业的关键点是技师，等等。这些关键点未能突破，在这个行业要想有所作为就会非常艰难。

对行业的关键核心点知道了，在与行业人交流时才能迅速产生共鸣，才能引起对方的关注和兴趣。倘若能在这些关键点给予行业的人一些可落地的建议，自然会深受对方的青睐。

问题五：行业突出问题有哪些？有没有比较好的对策？平常怎么解决？

问题存在于任何一个时代，任何一个行业。问题就是行业的市场机会，不同的单位解决不同的问题，而这些单位又存在着相似或不同的问题。为了在行业立足，那些经营良好的单位找到了适合的对策。这些对策是行之有效的，是可以借鉴的，是可以值得去推广尝试的。针对同一类问题也可能会有不同的解决策略，了解行业佼佼者的解决策略后，再了解行业人士他们自身的解决策略，就会获得多种解决办法。

一旦找到行业问题的解决办法后，在跟那些尚未解决这些问题的行业人交流时，定会获得他们的追捧，因为这些答案就是他们苦苦寻求而未果的。

问题六：行业的一整套完整的运营流程是什么？

各行各业都有一套业务运营流程，这些流程由不同的节点构成，不深入这个行业，我们是难以看到的。当行业人士回答这些问题时，我们可以把自身放到那种环境中去，这样感受会更深刻。比如培训机构的公开课业务流程是：第一，确定主题；第二，确定师资；第三，做好策划方案、招生文案、宣传册；第四，开始内部培训；第五，进行招生；第六，开课；第七，回访。每个流程都有一定的时间节点，也有其要特别注意的事项。这些都是行业人士经过反复实践而总结出来的。作为一个外行人，通过向行业人士提问则可以花较少的时间熟悉业务流程。了解了一个行业的运营流程，就差不多熟悉了一个行业。

问题七：行业未来发展的趋势如何？

哪怕是一个夕阳行业也有其未来的发展趋势。只有了解了一个行业的发展趋势，我们才能知道行业的危险在哪里？机会在哪里？也便于我们可以未雨绸缪，提前做好各项准备，而不是等着行业来将其淘汰。能把握发展趋势的人，就是把握方向的人，就是把握未来的人。在趋势面前，有时能力为零。一个能洞悉未来的人，定是具有远见的人。作为一个外行人，若能站在内行人的肩膀上，则将看得更远，又何尝不是一件好事呢？遇到那些未有远见的内行人，若能谈起这个行业的发展趋势，自然是会倍受他们的尊重。

把握好这七个问题，基本上就可以洞悉一个行业了。"

"真是大开眼界，刘老师不愧是管理实战培训师，刚刚所听到的内容，让我受益匪浅。"

送走这位培训师后，我觉得自己一定要记下来，免得时间久了忘了。于是回办公室后马上用文字记录下来。创业这十多年，我也是高效提问的受益者。作为一个培养培训师的人，更应该善于提问，并要教会这些培训师学会提问。只有提问，才能拿到我们想要的关键信息，有了这些关键信息才能让培训更有针对性。

在做培训前、中、后要学会提不同的问题，以便收集到有价值的信息，接下来我们从训前、训中、训后来谈谈如何提问：

（1）训前提问

训前提问主要是了解需求信息、企业信息、学员信息、培训信息。比如可以这样来提问：

①需求提问

a. 你们这次培训主要是想达到一个什么样的目的？

b. 针对这个培训，你们目前在这方面的主要问题有哪些？具体的表现有哪些？能否给我举例说说？

c. 你们这次重点想解决什么样的问题？

d. 这次培训需求信息是公司高管提出来的，还是咱们人力资源部，还是说由业务部门自己提出来的呢？

②企业信息提问

a. 你们是一家什么性质的企业呢？国企、民企、还是外资或合资企业呢？

b. 你们公司规模怎样？有多少人？年产值是多少？

c. 你们主要是做什么产品服务的呢？

d. 你们的客户对象是什么？销售区域有哪些？

③学员信息提问

a. 这次参训的主要对象是哪些人？

b. 参训人员的年龄、学历、性别大概构成是怎样的？

c. 有多少人参加这次培训？

④培训组织信息提问

a. 除了这个培训之外，这次还有安排其他培训吗？

b. 以前开展过类似的培训吗？若开展过，效果怎样？

c. 培训会放在哪里开展？

d. 这次培训计划开展多长时间？

e. 培训准备什么时候开展？

从需求、企业、培训对象、培训组织四个方面进行提问，再配以相关的调研文字资料，就可以对培训有一个全面的了解。培训最大的忌讳就是对培训的单位、对象、需求信息了解的不全面，这样就可能使得课程开发偏离方向，甚至可能出洋相。

（2）训中提问

培训本身是一个教学相长的过程，看似培训师是学员的老师，但学员同时也是培训师的老师，毕竟三人行，必有我师焉。常用的提问有：

a. 看完（听完）后，有什么样的想法，有什么样的启发？

b. 针对我刚才讲的这部分内容，听懂了的举手，或者还有什么疑问？

c. 为什么要这样做，可以说说缘由吗？

d. 有谁能回答一下这个问题？

e. 这次培训的收获是什么？

（3）训后提问

训后提问有助于更好地了解培训效果，从而提升自己的培训专业技能，也能引导出更多培训需求，便于更好地进行深度服务。常用的提问有：

a. 这次培训感觉怎么样？

b. 看有哪些地方需要调整？

c. 训后你们打算怎么安排？有没有计划进一步开展类似培训？

不管是训前提问、训中提问，还是训后提问，都需要聚焦一个点，那就是一切为了培训效果，以对方为中心，唯有如此才能从回答者那里得到想要的答案。一个优秀的培训师一定是一个提问高手，能提出有针对性且高质量的问题。在日常沟通中也需要多问少说，避免陷入以自我为中心的境地，毕竟好为人师是培训师的职业习惯，而多提问就可以有效避免此类问题的发生。

4. 说

2021年冬日的一天，我正准备给学员们讲课。背后的幕布一直在徐徐落下，可突然中途幕布的右侧卡住了。我并没有理会，而是继续在跟大家做课前分享。随着左侧不断落下，最终右侧在推力作用下重重砸了下来，幕布很快就正常了。

等幕布恢复正常，我即兴借助刚才幕布被卡的事情跟学员们做了一个分享，那就是：在成长为培训师的路上，我们会遇到很多的困难，比如课程不被他人认可，没有业务，职业发展遇到瓶颈，等等，这些都会阻挡我们朝前走。若这时我们停住了，不再行动，那么就会止步不前，难以最终成为一名优秀的培训师。但就像刚才幕布下放的过程，右侧虽然被挡住了，但左侧还是继续行动，最终带动了右侧，使得一切恢复正常。这其实就是说明了只要我们一直朝前走，所有的问题在行动的过程中会慢慢被我们所破解。正所谓只要自己知道往哪里走时，全世界都会为你让开一条路。

由此可见，说话是一门艺术，掌握了这门艺术，就能让表达更有力。

对于一个需要不断进行表达发声的职业来说，表达这项技能决定了其生死。

（1）正向表达

打个简单的比方，我们可以感受不同的表达方式会带给人不一样的感受：

假如要爬楼到7层，刚到2层，有的人会说："哎，现在才到2楼，还有5层楼。"这种说法在日常生活中是非常常见的，还有一种人则会说："哇，已经到2楼了，只有5层楼了，坚持一下就到了。"

两种人，两种不同的表达，给人传递的信息是完全不一样的，消极积极的表述一听便知。

培训师作为一个传道受业解惑之人，需要传递的是一种正能量，而不是在学员面前去抱怨、责怪，总是从黑暗面去分析问题。应该从积极的角度去进行表达，这样可以传递给学员一种信心，一种力量。

可能有的人会想，难道培训师就不能有负面情绪，就不能进行负面语言的表达吗？其实，并不是这样的。每个人都是凡夫俗子，有着七情六欲，心情也有低落、烦躁不安时，这时发几句牢骚，讲些负能量的话也无可厚非，只要不是在培训授课现场，不是对着学员去讲，就问题不大。但是只要站在讲台上，面向学员讲课时，哪怕心情再糟糕，也要从正向进行表达，这是一个培训师的职业道德，更是职业操守的底线。

一个负能量的培训师，职业之路会越走越窄，而一个正能量爆棚的人，职业发展的路会越走越宽。

（2）商务场合表达

培训师需要业务。但作为一个老师，又不能跟业务员完全相同，需要把握一个度，既要有礼有节，又要不卑不亢。

比如说甲方找张三做培训，还在商务阶段，并未完全确定。若过了约定的时间还未确定，这时张三主动联系甲方说很想做这次培训、哪怕费用低一些也无妨，这样的表达会在很大程度上失去业务机会，为什么这样说呢？我们不妨换位思考一下，如果你是甲方，肯定会这样想：

这个培训师可能授课一般，没有啥培训业务，所以就揪住我们这个培训不放，我们没有打算降价，他自己反而降价了，证明还有议价的空间，干脆再等等，说不定课酬上还会有优惠。

像甲方迟迟未定培训师的情况，在企业培训中是非常常见的，因为这里面涉及多方面的因素，我们只有了解到了真实原因，才能更从容的应对。一般培训迟迟未定的因素有如下六点：

第一，领导工作忙，未来得及看提交上来的方案及老师介绍。

第二，领导也有中意的培训师人选，还需要进一步甄选、洽谈确定是否合作。

第三，公司管理层还未达成统一意见。

第四，培训时间可能有变动，现在还无法完全确定。

第五，另外几位培训师的资料还在进一步洽谈了解中，想综合比较再确定培训师人选。

第六，培训相关的人员、场地、时间还未完全定下来，所以不好确定培训师。

以上的六点往往是错综交织在一起，培训师的人选并不是培训对接人完全可以拍板决定的，所以这时培训师若过于主动，表达又存有明显的瑕疵，那么业务可能就真的丢失掉了。那就可以一直不闻不问吗？这个则要看培训师目前处于哪个阶段，若是刚入行，知名度低，那么可以多跟进，多交流；如果是有一定的知名度，建议顺其自然，不要频繁询问甲方，只需要按照如下的用语表述即可：

请问你们的培训现在定下来了吗？之前约定的时间目前有其他单位想要预定了，若你们想要，可以保留到明天，若暂时还不能确定，那我就把档期给别人了。

这样的表达显得既不卑不亢，又表达了自己的意见，也能起到"逼单"效果，若这样的表述后，甲方依然没有太大的回应，那就可以暂时先放一放了，安心去做其他的培训。若对方真对你有兴趣，还是会来找你的。若对你不感兴趣，说再多也无益。

培训师作为老师、专家的身份呈现给甲方，所以不能过于降低姿态，说话要做到不卑不亢，千万不能让人感觉求着单位来授课，这会大大降低甲方对培训师专业形象的认可，反而心里没底，不敢请其授课了。如果培训师都不自信，那么学员又如何去相信培训师所说的内容呢？

（3）授课时表达

培训授课是考验一个培训师真正实力的时候，因为授课之前的课程开发，其他人看不到。授课时的说话风格，说话艺术，说话技巧直接决定了一个培训师能否获得良好的口碑。

培训师在授课时的表述归纳起来有三点：通俗易懂、抓住人心、逻辑清晰。

①通俗易懂

不管是专业课还是通用课，一定要做到将课程进行大白话的表述，这样让人瞬间理解。千万不能为了所谓的专业形象，讲一大堆专业术语名词，这会让人有一种云里雾里的感觉。哪怕是讲专业名词，也可以用打比方的形式进行表述。比如针对刚毕业的学生，要讲行业荣誉成绩，就可以考虑说这就相当于电影节的奥斯卡金像奖。

②抓住人心

每个学员都是一个个体，作为个体都有一些共性，那就是只关注感兴趣的事物。在培训现场，哪些是学员感兴趣的呢？总结起来无外乎以下几点：

故事：喜欢听故事是人的天性，融入了一个人的基因中，所以课程中可以多讲故事，这样可以很好地抓住学员的心。

案例：案例因为有了具体的场景，让人更易理解，若案例取自于学员的实际工作生活，或者相似，那么学员就能产生共鸣。

工具：工具有助于落地执行，在课程中来讲解工具，学员更愿意听，毕竟培训不是目的，只是手段，大家学习的目的就是解决问题。

价值：要强调课程内容可以给学员带来哪些价值，人只会听那些对自己有价值的内容，越有价值，越能俘获学员的心。

③逻辑清晰

每个人听课时都喜欢本能性的做自我归纳总结，所以在授课时一定要逻辑清晰，这样才能让学员更好的进行总结，也便于记忆。最怕的是课程没有逻辑性，比如很多培训师授课时常用的逻辑就是认知篇、方法篇、应用篇；提问问题、分析问题、解决问题；宏观环境、行业环境、市场机会、市场操作方法技巧等。

说话就是培训师的武器，能否说到甲方心坎里去，引发学员的共鸣，就决定了其业务量及行业口碑。如果听是培训师的防御性武器，那么说就是最有力的进攻性武器，能否夺得市场，关键就在于培训师的表达力。

5. 写

说、写就好比培训师的两只手，缺一不可。

一个培训师可以擅长说，也可以擅长写。当然，能说会写自然是最完美的组合了，最怕的是说、写两项技能只会其中一项。

如果要给说、写打分的话，我在写方面的分数肯定要比说更高，因为我觉得写可以更全面系统地表达自己的思想。正因为擅长写，所以我已经写了500多万字的文章，其中日记大概有150万字，专业文章有150多万字，长篇小说有50多万字，其他文章加起来也有100多万字。可以说，写作已经成为我开展工作的有力抓手，当我休息时，我的文章如一台宣传机器可以24小时不停地运转，带给我实实在在的收益。

（1）写作的三大价值

通过写这项技能让我获得了很多的商业机会，这是普通的稿费远远不能企及的，可以说，"能写"已经成了我的一个身份标签。作为一个从2000年开始码字的人"，深知写作的价值，归纳起来有如下三点：

①可以打造个人IP（品牌）

我们甄选商业讲师时，经常干的一件事就是到网站上搜索培训师的综合信息，看看是否有微博、博客、新媒体账号，然后到里面进一步看看账号里面的文字，从侧面去佐证其专业性。假如观点很犀利，很有干货，那么我们就更有信心选择进行合作。

一个培训师在网上暴露的信息越多，其知名度就越高，我们就越有信心，最怕在搜索时，网络上是一片空白，那我们心里顿时就没底了。文字可以在互联网上留下很多记录，特别有利于打造培训师的个人形象。

就拿我自己来说，在知乎、头条、百家号、公众号都已经开通了账号，然后上面有大量关于培训师方面的专业文章，这就相当于一个化妆品品牌进驻了各大商场、电商平台，起到了很好的宣传作用。一旦有人想学习培训师专业技巧，就可以通过这一篇篇的文章了解到我，从而为后续的业务带来机会。

②可以提升业绩

记得在2006年，我开始了居家办公的生活，为了活下来，我选择了自己最熟悉的考证培训，然后写了关于考试的爆款文章，这直接给我带来了全国各地的业务，从而帮我顺利地度过了两年多的居家办公生活。

目前我手头的很多学员都是看了文章后才选择来学习我的课程，加入我们的培训师社群，还有不少开始选择跟我们公司合作，让我获得了巨大的收益。

写这项技能犹如一台掘金机，写出来的文章可以一次成文，发布到多平台，可以反复使用，影响到很多人，这就相当于聘请了一个或多个业务人员进行销售推广。总有一些人看了文章后，会认可其专业性，然后直接下单，或者选择进一步洽谈商业合作。

就打个很简单的比方，我在2024年推出了一个1对1私教学培训的项目，我花了好几天时间写出来了一系列文案，然后放到网上，一个月不到就带来了几万元的收益，这就是写作的魔力所在，可以直接创造收益。

③可以积累内容素材

写出来的文章就是思想、经验的载体，可以长久保存，成为最好的内容素材。

每一篇干货文就好比一堂课，有了文章，可以变为音频、视频课程，也可以作为线下培训的内容素材。正是看到了这一点，我这几年采取强压政策逼着自己把十多年的培训经验有条理、系统地写成了一篇篇文章。就拿内训师培养来说，我从选拔、政策、培养、辅导、成果转化等方面写出了一系列的文章。

写作的过程很不易，但真的是一次性投入，后面可以反复使用，这就是写作的魅力所在。我把写作的文章进行了分类汇总，然后需要研发课程时，打开文章可以快速调取关键素材，这样可以提升课程研发的效率。倘若我没有用文字记录下来，那么势必又会去思考，这样会耽误时间。

（2）如何提升写作技能

写作既然可以发挥如此大的价值，那又该如何提升写作技能呢？毕竟绝大多数人并不擅长写作。结合我的亲身经验，要想提升写作技能，可以从如下三点去发力：

①学习写作类课程

最简单的方法就是去学习写作类课程，因为见效快，毕竟浓缩了他人的优秀经验，而我们只需要花钱就可以买走别人的经验，减少自我摸索的时间，何乐而不为呢？

我这几年看过不少写作方面的书籍，也学习过写作方面的课程，发现老师讲的方法非常实用，基本上就是一听即可用，很接地气。比如我在学习新媒体写作时，老师直接给了我们200个经典标题，后面我写文章时稍做修改便可套用了。

一个人千万不能以自己不擅长就拒绝成长，谁也不是天生就会，都是通过学习来不断成长的。尤其对于一个培训师来说，学习更是一种本职工作，更应该不断去学习，而写作这项可以带来巨大价值的技能，更有必要抽出时间进行多方位学习，系统学习。

②及时归纳总结

我最喜欢跟他人交流，因为每次交流完后都会对我有所启发，尤其是跟一些行业专家交流时，更能学到不少知识，为了不遗忘，我习惯性的进行归纳总结，这样就会成为文章很好的素材。

做完一件事，一个项目，或者每隔多长的时间，需要进行复盘总结，然后将里面的经验变成文字，这就可以作为课程的内容素材。我 100 多万字的专业文章，绝大多数都是对经验的归纳总结，比如之前参与的一个人才培养的项目，我写了不少于 2 万字的文章出来。

归纳总结最主要的就是记录事情的经过，然后在此过程中提炼出案例、使用的工具与表格，以及最终的过程总结和方法论的总结等。像我们培训师社群的案例讨论，已经做过 218 期了，每期讨论就是一次自我经验归纳总结的机会，案例只不过是道具。通过这些案例，我也写了不少于 10 万字的经验总结。

③任务倒逼

写作是门手艺活，需要多写，没有写这个动作，学再多的写作课程，也不会有太大的效果。学会用任务倒逼的形式来逼着自己写作，这是最靠谱的，比如有如下方法可以来倒逼自己：

开通一个新媒体账号，每天日更。因为需要日更，就逼着自己不断去思考，去创作。

写一本书。以写书作为目标，为了完成书籍创作，就会充分调动起自己的主观能动性。

写系列文章。以围绕优秀培训师的七项技能为例展开写作，就可以成为一个系列的文章。

每天 2000 字。每天给自己定一个写 2000 字的目标，不写完，不能睡觉。

写，可以让我们的思想、经验通过文字的形式进行呈现，有助于更好地宣传自己，说服他人。作为一个培训师，要想变优秀，必须要掌握这项技能，否则在这个高知高智的职业中，路会越走越窄，因为你不做，竞争对手会去做。

6. 学

一个培训师的经验丰富程度决定了其课程的实战水平。

一个培训师的课程研发能力决定了课程的市场接受度。

一个培训师的授课能力决定了其市场的口碑。

而一个培训师的学习能力决定了在培训这条路上可以走多远。

在学习领域，有一句广为流传的心灵鸡汤，那就是：你可以拒绝学习，但你的竞争对手不会。

这句心灵鸡汤非常精准地表达了市场严酷的竞争，尤其是培训师这个行业，竞争可谓是白热化，毕竟高收入摆在那里。培训师每天的收入大几千元，甚至上万元，而且基本上都是利润，在这样的前提下，就很容易理解有的培训师动不动花几万元去参加课程学习，甚至有的一年花费几十万元，甚至上百万元，这一切都是因为回报丰厚。

打个很简单的比方，一个培训师去学习关于故事力的版权课程，3天花费1.28万元，然后拿着这个课程可以直接到企业讲，按照每天课酬7000元，2天下来就是1.4万元，这就把成本收回来了，其后再讲此类课程就是纯利润了。

在所有的职业里，培训师这个职业是学习投资回报较快的，因为学了后再讲给他人就马上有收益，而其他职业还要转为技能再去运用，能否创造收益还不一定。

正是基于这样的背景，在视学习为生命的培训师领域，比的不是学不学习，而是学习的速度、效率、数量。所以说，培训师哪怕再优秀，不学习的话，很快就会被那些善于学习的人所取代。就好像跑步，你开始可能跑在前面，但若缺乏持续的动力，后面的人都可能超过你，这就是培训师行业的残酷现象。

由此可见，学习这项技能是培训师的安身立命之本，谁这项技能不过硬，就要被行业所淘汰。那么，该如何做，才能立足于培训师行业呢？结合行家们的经验，主要从以下四个方面来把握。

（1）提升学习技能

按理说，培训师应是学习方面的专家，因为就是靠学习来吃饭的。但并不是所有的培训师都能熟练掌握该项技能，有的是误打误撞进入了培训师领域，现在还一直在吃经验干货的老本。等吃完的一天，也就是他们被淘汰的那一天。

学习技能无外乎包含以下方面：

①搜索

搜索能力是快速找到经典书籍、课程、影视剧等培训素材、资讯等的关键技能，这项能力也就是所谓的"搜商"。搜索能力包括如何用关键词、选对网站、搜索公式等。掌握了这项能力，工作效率将大大提升。

打一个比方，甲乙两人都需要研发一门"学习型组织建设"的课程，甲只找到了三个相关的课件，乙却通过搜索不同的网站，变换不同的关键词，搜索到了十个课件，五个经典案例，六个相关的视频，四个相关的游戏。最后的效果自然是乙的课程素材更丰富且更有吸引力。

②阅读

阅读是培训师获得成长最快捷且经济实惠的一种方式，但每个人阅读能力不一致，也由此导致了阅读的效果天壤之别。很多培训师从未刻意去培养自己阅读这方面的技能，完全凭借经验，从头到尾看，然后再继续看下一本，这样真有效果吗？其实很多人并不敢给一个很肯定的回答。

我之前从未意识到阅读的重要性，直到后面发现《如何阅读一本书》这本书，我才痛惜自己为何现在才接触到，要是提前看到，那或许会改写自己的命运。在这本书里有关于阅读的方法技巧，非常的实用，应该是值得每个培训从业者去深度学习的一本工具书。

阅读，每个人都会，但培训师不能只停留在会的基础上，还需要精通。唯有如此才能源源不断增加知识储备，才能让课程更实用。

③高效听课

听课是获得成长最简单直接的方法，效果来得快，尤其是听版权课，收获更大。之前听到一个学习专家谈到的一种方法，非常实用，那就是每次听完课后要从四个方面进行分析：

· 听到了什么？

· 想到了什么？

· 变成什么？

· 用到哪里去？

只要从这四个方面去分析，就能让学习效果最大化。倘若听完后啥也不做，那过一段时间后又会全部还给老师。

培训师在听课时，应该有三种境界：

听内容：听课程讲了哪些内容？

听结构：结构是否合理？有哪些地方可以值得借鉴？

看形式：培训中有哪些形式不错，可以借鉴到自己以后的课程中去？

④归纳总结

归纳总结也是培训师的日常工作，能否快速对学员、甲方说的内容进行归纳总结，就直接影响到业务。听完课、看完书、访谈后、走访市场后，要进行归纳总结，提炼出有价值的培训内容，这样做才能让课程更有吸引力。

⑤速记

速记这个技能在培训师的日常工作中经常遇到，比如访谈、学员上台分享时、学员回答问题时等场合，就需要培训师快速记下关键点。我曾经见识过有些牛人，每次跟他人沟通完，就把沟通交流的内容做成了思维导图，就好比速记员，这就是一项独有的才能。速记可以记住关键点，当重复述说时，他人听到自己表达的关键词，瞬间就会感觉被尊重被重视。

⑥知识管理

知识管理相当于一个工厂的仓库管理，要想让仓储成本最低，效能最大，那就需要对自身所有的知识内相关的产品、课程、观点等进行管理，确保用的时候就能快速找到。除此之外，还能有效帮助培训师搭建起自己的知识架构体系，有了体系的知识，就不会被网上碎片化的知识点所左右，学习起来也会更有目的性。

⑦记忆

遗忘是人的本性，但记忆这项能力也是可以后天习得。如果培训师在短短两天时间能记住所有学员的名字及岗位；记住学员在台上发言的内容；记住甲方的关键信息，势必会让培训效果更佳。在培训现场，毕竟带有姓名的称谓更能让学员感受到重视。所以说，学习记忆方面的方法技巧，对于培训师来说，很有必要，当记忆力超群时，就可以瞬间征服学员，这是具有魔力的一项能力。

（2）合理安排学习时间

一个人若总是把忙挂在嘴边，则和拖延症患者一样，最终为结果买单的还是自己。

时间如空气、水、阳光一样，是非常公平的，因为每个人都可以免费享有。但有的人可以灵活运用，有的却终生忙忙碌碌，一事无成。

培训师身为职场人的导师，有责任和义务做好自己的时间管理，尤其在学习这件事上要合理安排好时间，只有自己做到了，才能更好地言传身教。

要让学习可持续，关键是要结合自身的情况，做好学习的时间部署。就拿我本人来说，学习的时间是这样来安排的：

①固定学习时间

每天早上雷打不动的学习。之前尝试过中午、下午、晚上，但发现都不靠谱，因为临时有工作安排和应酬，或者各种私事都会挤占掉这些学习时间。最后通过长达两年多的验证，发现早上这个时间段最为靠谱，被打扰的概率非常小。

早上学习让人精神抖擞，学习的效率最高。近两年，我用早上的时间看完了《唐诗三百首》《宋词三百首》《大学》《论语》《孟子》《菜根谭》《围炉夜话》《金刚经》等多本经典国学书籍，也学习了写作、口才、新媒体、心理学、亲子等相关课程。

固定学习时间每天哪怕只有 30 分钟，一年下来也可以有 182.5 个小时。固定学习有个最大的好处，那就是到了既定的时间，整个人可以快速进入到学习状态，极大提升了学习效率。

至于固定的学习时间到底是什么时间段，可以因人而异，但一定要考虑到每天都安排而受影响最小的时间为佳，最适合的才是最好的。只是相对于大多数人来说，早上用一两小时用于学习，是最靠谱的。

②灵活学习时间

灵活学习时间也可以分为静态的灵活和动态的灵活。

静态的灵活，比如每个周末抽3个小时集中学习，每天上下班通勤、运动的时间，每天中饭后、晚饭后、睡前。这些时间都可以用于进行碎片化的学习，而且相对比较稳定。

动态的灵活，比如出差候车、候机时，在出差途中，办理业务等候时，像此类时间也是可以充分利用起来的。我习惯于在出差路上带上书籍，就是考虑到利用这些碎片时间进行阅读学习。

（3）学习内容要全面

任何的系统学习肯定比零散的学习要效果好，要想提升专业能力，必须进行系统全面的学习，否则就容易造成一知半解的情况，导致在做课程分享时出现错误。

就拿我学习社群运营的案例来说，当时为了提升运营能力，我看了不下于五本社群运营的书籍，然后综合比较，提炼出要点，并转化到实际工作中，取得了一定的成效，但这离我的预期还是有不少的距离。所以，还需要继续学习其他社群运营的课程，看相应的干货文章，只有充分掌握了社群定位、社群管理、社群运营的技能，才能成为此方面的专家。

（4）全场景式学习

所谓全场景式学习，就是利用每一个场景进行学习。

这种学习模式是最靠谱可行的，效果也是最佳的，做到了这一点就可以每天获得成长。比如说看影视剧时，里面有些观点、片段觉得非常好，可以提炼到课程中做素材；看新闻时，就可以思考如果是我来写，我会怎么写这篇报道？看名人接受采访时，学习其技巧并换位思考如果是自己，会如何进行发言？在培训时，学员上台进行分享时，学习他们的经验方法。

总之，全场景式学习就是处处皆学问，人人皆为师。

7. 行

古人学问无遗力，少壮工夫老始成。

纸上得来终觉浅，绝知此事要躬行。

这首诗是出自南宋诗人陆游的《冬夜读书示子聿》。前面一句大家很少听过，但后面"纸上得来终觉浅，绝知此事要躬行"这句已经成了传世经典。与此对应的还有一句，那就是"读万卷书不如行万里路"，这都证实了行动的重要性。

由此可见，行动才是一个人洞悉世界的根本所在。作为一名培训师，身上担负着传道受业解惑的使命，要想真正地为学员授业解惑，首先自己要真正通晓明白，而通晓明白最有效的方法就是用行动去践行。

一个培训师要想让课程更有深度，更接地气，那讲授的内容最好是自己亲身经历过的，而经历得越多，就越能延展，干货越多。为什么有的培训师围绕一张PPT可以讲几个小时，就是因为干货多。反之，若一个培训师讲师授知识点时总是蜻蜓点水，不能深入，抛开时间紧张的关系之外，往往是因为肚子里的干货本来就不多。就好比一个只做了一年销售的培训师，在讲到具体案例时，肯定不如有着十年销售经验的培训师，因为经历越多，经验越多，感悟越多。

要不想在行业留下一个理论派的口碑印象，就需要提升个人的行动力，然后用到具体的案例实操中去，从而获得源源不断的实战经验。

（1）提升行动力的方法

俗话说：磨刀不误砍柴工。要想让行动高效，有成果，那就首先要让自己成为一个行动力强的人。结合自己十多年的经验来看，要提升行动力，可以从如下四方面去下工夫：

①剖析自己

培训师要提升行动力，首先要对自己有一个全面的认识。比如我是一个喜欢一鼓作气干事的人，倘若时间拖久了，就直接造成效率低下。所以，我要做什么事情，往往一鼓作气完成。

人最好是顺着自己的性格去行动，这样更符合自身情况，更易成功。剖析自己时要重点思考三个点：

第一，做事风格是快或慢？如果是快，那一定要快速完成，否则就容易成为烂尾工程；如果是慢，那就循序渐进，否则太快了，自己适应不了，最后也会不了了之。

第二，什么时间效率最高？有的人是早上，有的则是下午，而有的可能是晚上，针对重要的事情，可以在每天状态最好的时候来实施，这样确保能高效高质量地完成。

第三，什么条件下最易达成？有的需要安静的环境，有的需要团队配合，有的需要他人督促，有的需要用任务倒逼。自己在什么样的条件下最易达成，那就去创造出这样的条件。

一个人行动力不强，往往是遇到困难时太低估自己的潜力，挑战目标时过于高估自己的能力。当最后未能达成时，就会自信心大受打击，从而变成一动不动，拖延症往往就是从这里开始起步的。

②深度思考

现在培训师领域经常有这样的情况发生：

现象1：接到培训需求后，就开始搜索材料，找自己是否有类似的课件，然后开始尝试研发课程，研发后感觉又缺乏一些材料，于是又去搜索，这样反反复复，耽误了不少时间。

现象2：接到培训需求后，感觉难度太大，一下就进行回绝。因为内心很浮躁，难以静下心去思考，所以干脆懒得去思考，立马就回绝掉，然后给自己找了一个很好的理由护身：不能砸了自己的口碑。

现象3：课程讲授平平，学员虽然满意度高，但自己深知课程还是没有讲好，可就是不愿去深度复盘，然后下一次课程又是如此，就这样讲了很多年，个人的授课能力也没有得到很大的提升。

上述这些现象是培训中比较普遍的，我接触过不下于百例，当看着有些培训师拒绝了甲方的需求，其实我也感觉惋惜，因为错失了更多的业务机会。要想让行动更有效，就需要在行动之前深度思考，比如：

· 为什么会出现这样的现象？

· 有哪些办法可以达成？

· 应该怎么做才能花费更少的时间、成本？

· 还有没有其他方法可以避免此类情况发生？

· 执行过程中最可能出现的问题是什么？应该如何避免？

这个世界，不缺乏埋头苦干的人，但非常缺乏深度思考的人。很多问题向内寻求答案，才是最切实可行的，培训师只有明白这个道理，才能在行动力这块有质的改变。

③行动至上

想太多了，反而有时不敢行动，与其这样不如边做、边完善、边调整。这是提高行动力的制胜法则。比如要想写一篇文章，那就开始先写下一句话，或者一段话，甚至可以把标题打出来，这样做至少实现了从空想向具体行动的转变。

培训师要想让课程更具实战性，那就需要不断地去实践行动，在行动中才能看到很多问题，从而可以积累很多经验。

④聚焦专注

一个人的精力有限，不可能照顾到方方面面。行动力不强的人，往往是精力过于分散了。

比如在研发管理技巧的课程，突然想起上次还有一些学员的作业没有指导修正，于是又去修改作业，接着又记起有个重要的电话，然后……

像上述这种现象，可谓是比比皆是，不聚焦专注的结果，那就是啥也没有完成，啥也没有做好，而且人还很焦虑。

要聚焦专注，可以考虑一个时间段只做一件事，为了避免干扰，可以把手机调为静音放到一边；把电脑的社交软件调为免打扰或关闭状态；跟身边的人打好招呼，让其不要打扰；设置好倒计时等方法。

（2）实战经验的三种操作方法

很多职业培训师由于脱离了工作，难免会造成知识点跟不上社会发展的形式，要想让内容紧跟形式，那就需要投入到实操行动中去。不少行业专家，最喜欢用的三种实操行动法是：

①战训营法

把培训做成战训的模式，在培训期间带着学员进行实操，拿出具体的成果，这就是战训营。

比如做营销培训的培训师，可以把培训设置成4天营销战训营形式，做1天培训授课，再带领学员做2.5天的销售实战，最后0.5天做一次复盘总结。在战训实操环节，就是实打实的实操，学员喜欢，领导喜欢。而作为培训师来说，也能积累很多实操经验，这些经验又可以用于其他项目的培训，这样就形成了一个正向的循环。

②打造样板法

选择一两家单位进行深度服务，不仅培训，还参与到企业具体的经营管理中去，比如开会，一起定政策，做员工辅导。有的培训师以顾问的身份，有的以咨询师的身份，总之就是深度参与。

只有在深度参与的过程中，才能确保有源源不断的经验、案例输出。有了这种经验和案例，又可以拿到其他企业进行培训，而在其他企业学习到的优秀经验又可以带到顾问单位来，解决顾问单位遇到的问题。

一个培训师只要不脱离企业，就能保持对经营管理信息的灵敏，市场的灵敏，还能输出源源不断的干货。这种打造样板的方法，非常实用。

③定期调研法

有些培训每年研发一些课程时，会进行充分的调研，比如深入到企业、行业，进行实地调研走访，然后把走访得到的问题、案例、数据、经验进行归纳总结形成新的课程。像这样的课程也是非常接地气的。

定期调研法适合任何一个培训师，不管是兼职的还是专职的，这也是获得实战干货最快捷的一种方法。正所谓有调查才有发言权。

看、听、问、说、写、学、行好比七部名著，指引一个培训师从平凡到卓越，当感觉遇到瓶颈时，不妨停下来，观照自己，唯有如此才能实现职业的涅槃。

第二篇

技能提升与实战策略

本篇聚焦于培训师技能精进与实战策略，旨在为培训领域的专业成长提供全面指导。其核心要点在于课程开发的创新与实效，通过巧妙运用关键点法、升级法等策略为面授课程命名，同时紧密结合市场需求为线上课程创意定名。工作经验的提炼被视为培训师成长的基石，通过实例分析展示其对能力提升的多重价值，并介绍提炼技巧以丰富经验库。

寻找并整合优质培训素材是确保课程质量的关键，构建多元化"培训素材银行"策略被着重阐述。课程介绍作为课程的框架支撑，其构建需要遵循科学步骤与技巧，确保核心模块精准到位。针对不同类型的课程，提出差异化的设计策略以增强教学效果。

此外，PPT课件制作技巧及课程配套资料的完善也被视为培训师必备技能，强调技术运用与内容丰富性的双重重要性。培训授课技巧章节则总结了从准备到复盘的全过程策略，涵盖台风呈现、授课方法及课后评估等多个维度，为培训师提升专业实战能力提供实操路径。后续章节将进一步探讨培训管理能力的提升。

第三章　课程开发能力打造

在本章中，我们深入探讨了课程开发能力打造的多个关键方面。从课题设计入手，介绍了面授和线上课程的取名策略与技巧，强调了吸引力对课程的重要性。工作经验提炼部分阐述了其价值及常用版本和技巧。高效寻找培训素材涵盖了素材内容及多种获取方法。课程介绍制作技巧包括其包含的内容、制作步骤和核心模块设计技巧。还针对不同课程类型分享了设计秘籍，以及 PPT 课件制作方法和课程配套资料制作技巧。这些内容为培训师提升课程开发能力提供了全面的指导。

第一节　超级魅力课题设计的方法

在培训领域，课题设计至关重要。一个有吸引力的课题名称，是课程成功的关键。它像桥梁连接学员与课程，能吸引学员目光，激发学习兴趣。

本节将通过面授和线上课程案例，剖析课题设计奥秘。介绍面授课程取名策略与技巧，以及线上课程取名方法。

一、面授课程取名技巧

面授的课程名字很关键，作为培训师一定要重视这件事，那么该如何取名呢？接下来我们一一来剖析。

◎案例

一个引人入胜的标题可以瞬间抓住眼球，激发探索欲

M公司正在进行一年一度的培训需求调查，根据之前的面谈沟通结果，我们在课程清单目录里面罗列了五大类，即销售类、团队类、管理类、综合类、培训类，每类五门课程，共计 25 门课程，然后要求每个人根据表格里面的课程自由选择，但每一类只能选择一门课程。

汇总数据显示，汇总得票最高的五门课程分别是：

·销售类：三招提升销售成交率。

·团队类：狼性团队打造。

·管理类：提升管理能力的五大绝招。

·综合类：您的形象价值百万。

·培训类："傻瓜式"授课技巧速成。

为什么最后这五门课程被大众所接受？这因为每个人都喜欢简单且见效快的培训课程，而这些课程都有一个共性，那就是让人看了特别兴奋，觉得学了后马上能拿到想要的结果。

在培训领域，课题名字起着决定性的作用。

一门课程名称是否有吸引力，是决定企业和个人选择的关键因素。这就如同一篇文章的标题能否吸引你，决定了你是否愿意打开它一样。

若课题缺乏足够的吸引力，那么即使课程内容再优秀，也可能被领导、学员筛选掉。因此，具有吸引力的课题不仅能为你赢得关注，更能助你直接步入大门之内。

在我们的实践中，销售类课程特别受到青睐。比如"三招提升销售成交率"这门课程受欢迎的原因是有明确的数字，提示了具体的技能提升方法，并且直接与销售人员的"成交率"指标相挂钩——这是销售团队最为关注的业绩衡量标准。这样的课题命名提供了明确的数字和目标，能够迅速抓住学员的眼球，并激发其学习兴趣。

学员在选择课程时，往往出于两大驱动力：一是当前的需要；二是课程名称本身所传达的信息。如果课程命名能让学员清楚地知道学习后可立即运用，即显示其实用性，这样的课程更容易得到青睐。

1. 课程取名的两大策略

为了设计出成功吸引学员的课题，我们建议采用两种主要策略：关键点法和升级法。

（1）关键点法

这个策略着重于抓住学员的痛点和核心目标，并围绕这些要素来构建课程。比如，根据门店销售人员的需求，一个围绕"如何提升门店销售成交率"为题的课程，直击他们面临的最大挑战：客流量的减少，以及消费者由实体购买向线上购买的转变。通过对精确需求点的定位，我们能够直接触及学员的核心问题，从而符合关键点法的理念。

比如，有一年我为直播行业的企业进行内训服务。在设计课题时，多数内训师普遍反映新员工对翡翠知之甚少，而产品销售恰以此为主。对产品缺乏理解怎能推销成功？于是有了几个富有吸引力的课题："向专家学翡翠鉴定""翡翠行业大揭秘""三步助你成为翡翠行家"。这些课题直接抓住了工作中的痛点，并让人信服，仅需要三步即可成为行家。

因此，在设计自己课题时，必须深究员工或企业最关心的问题，把它当作课题设计的参考，这定能吸引人们的注意。

（2）升级法

升级法更倾向于课程内容的持续迭代。在职场，我们需要从不同角度去进行讲授，换不同的课题名字。假如名字不换，就会被学员默认为课程内容一样，自然也就对课程没有了兴趣。

如果我们新的课程是对过往课程内容的升级，内容更有深度广度，如果课题名字依旧不变，这样就会缺乏创新性，仍可能不被潜在学员所接受。

我们以一家企业的商业模式课程为例，这个课程起初是针对建材行业设计的。随着行业的发展和政策的变化，我们把这个课程从 1.0 版本升级到了 2.0 版本，然后是 3.0 版本、4.0 版本，以此类推。每一次升级，都代表着我们对行业发展的最新理解，以及我们课程设计的持续优化。这种升级不仅反映了我们对行业动态的敏锐洞察，也向我们的客户传递出我们致力于提供最前沿、最实用培训内容的承诺。

作为培训师，不断更新和升级课程内容是我们的必备技能。私人定制的课程内容和有目的的课程命名，可以确保每次授课都符合市场及学员的期待。此外，这种不断地创新也是我们对教育质量改进承诺的具体体现，同时确保我们能够满足不断变化的行业需求。

课程命名绝非小事，而是策略性的重要决策。一个好的课题不仅能吸引目光，还能直观地传达课程的核心价值。无论是关键点法的痛点聚焦，还是升级法的迭代创新，都在培训行业中起到了决定性的作用。只有通过恰当的课题设计，我们才能在竞争激烈的商业培训市场中脱颖而出，持续吸引和培育满意的学员。

2. 课程取名的四大技巧

若欲使课程题目具备吸引力，有几项关键技巧需要牢记于心。首当其冲的是运用那些能够抓住目光的词汇。这些词汇的选择与运用该如何学习呢？在当下的环境中，我们不难发现，诸多新闻头条及自媒体文章运用了极富吸引的标题，也就是人们口中所谓的"标题党"。这种标题虽然内容空泛，却能成功地吸引眼球，激起人们深入探究的强烈欲望。常用取名有四大技巧，如图 3-1 所示。

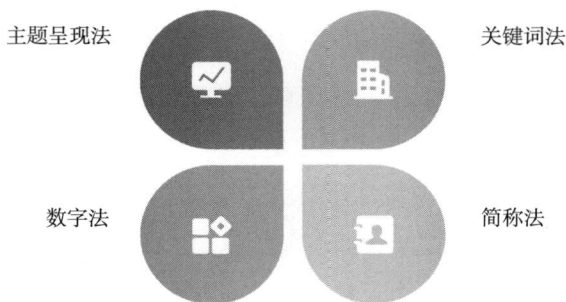

图 3-1　课程取名的四大技巧

（1）主题呈现法

主题呈现法就是把课程想要重点表达的主题呈现出来，没有其他的修饰，好比白开水，但很多人还是很喜欢喝，而且这种课题取名法也是目前市面上最普及的一种取名法。

比如商务礼仪、有效沟通、电话营销、会议管理、时间管理、6S 管理、目标与计划管理、管理者角色定位、网络安全管理等。

（2）关键词法

在设计每一个课程时，我们都会严格遵循一套命名策略，确保课程名称具有足够能吸引学员的力量。建议可以使用一系列具有强烈吸引力的关键词，通过这样的策略，我们的课程就如同人们穿上了华丽的礼服，瞬间变得更加吸引人。

常用的课题名字关键词有：秘籍、技巧、方法、提升、干货、倍增、实战、特训营、训练营等。

比如大客户开发秘籍、新媒体营销技巧、互联网招聘技巧、中高层管理能力提升、培训师实战训练营、商业讲师特训营等。

（3）数字法

在课题里面涵盖具体的数字，这也是课题取名最常用的方法。数字化的运用是众多培训师青睐的技巧之一，这是因为数字容易抓住人的注意力。

比如三招提升销售成交率、零基础成百万网红主播、三步助你成为翡翠行家、高效人士的五大学习策略、高效人士的七个习惯等。

（4）简称法

就是针对课程的核心内容进行了提炼，然后把简称用字母进行呈现。

比如 ITTA 国际企业培训师训练营、TTT 企业内训师培训、PTT 国际职业培训师、DISC 行为风格与有效沟通等。

在具体取名时，也建议通过网络资源进行灵感搜索，学习和借鉴其他成功的课程命名案例。通过这种方式，我们可以更快速地找到适合自己课程的完美名称。

总之，在给课程取名时，必须深思熟虑，绝不能认为课程名称不重要。事实上，一个好的课程名字对吸引潜在学员而言极其重要。如果培训师在课程名称上缺乏吸引力，那么他们可能会失去展示其专业培训内容的机会。只有投入更多的时间来精心打造课程名字，才有可能让每一门课程一经推出就能吸引人们的注意。

二、线上课程取名技巧

对于追求线上教学成功的培训师而言，创建受欢迎且畅销的在线课程，并赢得广泛认可是至关重要的目标。但遗憾的是，众多培训师在课程设计初期，尤其是在课程命名这一关键环节上，常常忽视了对目标受众吸引力的考量，导致即使内容质量上乘的课程也鲜少被注意。由于这种情形，培训师可能会产生自己不适合线上教学的错觉，从而陷入消极的循环之中。

◎案例

一门成功的课程

在此，我想分享一个真实案例，以突显课程命名对线上教学成败的影响。我有一位经常合作的培训师友人。当时她以线下培训为主，刚好有一个机会前往深圳参与一个线上培训项目的录制。这位朋友在线下培训领域已耕耘十余年，面临线上平台的招揽，她决定接受这一挑战。凭借对专业的投入，她为此付出了比线下培训多几倍的努力，只为录制出高质量的线上课程。

令人意想不到的是，该课程一经推出便取得了显著的销量。究其成功的原因，首要归功于其课程名称的极高吸引力。这位朋友所创作的课程名为"如何管理好你的上级"，颠覆了传统上级管理下级的概念，提出了独到的观点，因此引发了广泛关注。虽然课程内容仅有一个半小时，但最终的销量却十分可观。

在一些客观因素的影响下，传统线下培训领域遭受巨大冲击，许多培训师不得不重新思考教学模式。与线下一次讲授相比，线上课程具备一次性投入、永久性收益的特点，这种模式的潜力逐渐为行业内人士所认识。因此，对线上课程录制的重视程度也随之提高。

要知道，在信息碎片化的今天，一个吸引人的标题往往是内容被阅读和课程被点击的先决条件。在信息过载的时代，想要脱颖而出，我们就必须从课程名称入手，这是吸引潜在受众的第一步。

那么，如何设计出爆款线上课程名字呢？

1. 明确课程开发的方向

无论是聚焦于休息与睡眠、职业生涯，还是领导力，确定一个核心主题是必不可少的。

2. 搜索查询

在有了大致方向后，可以通过浏览一些线上教育平台，查询哪些主题相关的课程销量良好。通过分析这些成功的案例，可以为自己的课程设计提供参考。

3. 课程的创意融合和加工

在获得灵感和参考后，结合自己独到的见解和内容，将现有的成功模式转化为属于自己独特的课程。这个过程中，将借鉴的爆款课程名称进行创造性地改编，也是关键一环。

4. 市场调研

从挑选出的几个课程方案中，通过调查确定哪一个最受潜在顾客欢迎。这可以通过问卷调查、面对面访谈、电话访谈等多种方式来完成，目的是确保最终推出的课程能得到最广泛的认可和接受。

总而言之，要设计出精品课程的最佳路径之一，就是学会借鉴与模仿。通过借鉴已有的成功案例，理解其背后的逻辑与策略，并在此基础上结合自身特色进行创新与融合，便能显著提高课程设计的成功率。

第二节　工作经验提炼的方法

在培训师的成长之路上，工作经验是一笔宝贵的财富。如何有效地提炼工作经验，使其成为教学的有力支撑，是每个培训师都需要掌握的技能。

本节将深入探讨工作经验提炼的方法。通过案例展示经验归纳总结的好处，进而阐述经验提炼的价值，介绍常用的四种经验版本，包括案例版、FAQ 版、图表版和说明书版，并详细说明经验提炼的技巧，涵盖自己的经验提炼和他人的经验提炼方法。

◎案例

案例1：便捷的开票

家里自产的冰糖橙卖出去后，对方单位需要开发票，到了税务局，工作人员建议我到自助开票区去开票。到了自助开票区域，那里摆放了四台电脑，于是赶紧坐下来开票。桌面上贴了开票流程图，按照流程图很快便开好了票。高效来自那张流程图，让一个看似复杂的东西变成了很简单的一件事。走出税务局，我感叹这个时代越来越便捷，越来越简单。

案例2：提高客户满意度

多年前，我们公司开办公开课的时候，经常会有一些来自外地的学员来参加课程。为了提升满意度，我们会在他们入住酒店之前，提前放置五件物品：

第一件物品：一张贺卡。在贺卡会写上对其来学习表示欢迎，让其注意休息，并在末尾处提示我们给他准备了其他物品。

第二件物品：饮料。饮料一般都会选择牛奶，这样有助于睡眠。

第三件物品：水果。一般会选择不用清洗，直接剥皮可吃的香蕉、橘子等。

第四件物品：报纸。用报纸可以快速拉近学员跟培训所在城市的距离。

第五件物品：酒店附近的美食土特产店及旅游景点推荐清单。因为外地来的学员对培训所在地并不是很熟悉。通过这个清单，能够快速找到这些店，节约时间。

正因为我们引进了五星级酒店对 VIP 客户的服务品质策略，使得学员对我们的培训满意度颇高。为此，我们还制定了针对外地学员服务的经验表，哪怕是新员工，也能根据这张经验表给客户提供优质服务。

总结：初学者在流程图的示意下很快学会了自助开票，一个新员工也能快速为学员提供优质服务，一个家庭主妇在说明书的帮助下很快学会了使用最新款的微波炉等，一系列的工作生活场景因为有了示意图、流程图、说明书、表格清单等方法说明，使得一个新手也能很快上手，这就是经验归纳总结带来的好处。

作为一位在人才培养领域深耕多年的专家，觉得最高境界的培训就是不用培训。某些问题仅通过一张图、一张表或一个视频即可解决，为什么还要培训？越简单越具有推广价值，越能落地实施。如何把工作的经验心得总结出来？如何使得这些经验更有效地呈现出来？这就是人才培养中重点要解决的问题，作为担负人才培养重点角色的培训师来说，学会做经验提炼总结，这是一项必备的技能，也是每一个培训师应担负起的一项责任。

那么该如何有效地梳理自身过往的丰富经验，将其转化为教学的亮点，这无疑是对我们专业素养的严峻考验。倘若我们能够将这些经验整理得条理分明、深入浅出，那么我们的课程质量将得到显著的提升，为学员带来更为丰富而深刻的学习体验。

1. 经验提炼的四大价值

既然经验如此重要，那到底能带给我们培训师什么样的价值？

（1）提高效率

经验提炼有助于提高我们的工作效率。回顾这些年，我撰写了数百万字的关于培训师成长的文章，涵盖了培训需求分析、课程设计、授课技巧及培训后的落地转化等多个方面。这些文章都是对我过往经验的深刻总结。每当我进行课程开发时，都会翻阅这些文章，从中汲取灵感，这大大节省了我的思考时间，提高了课程开发的效率。

如果你打算开发一门关于营销的课程，只需要回顾并整理你以往在营销方面的经验，稍加工，便可形成一门高质量的营销课程。

（2）提升收益

当我们把经验总结成文章或课程时，即便是在我们休息的时候，只要有人购买了我们的线上课程或阅读了我们的专栏文章，我们便能获得相应的收益。这种被动收入的方式，让我们的知识和经验得到了充分的利用。

（3）打造影响力

要想在行业中树立自己的权威地位，我们必须让别人看到我们的专业实力。通过分享我们的经验，无论是通过文章还是课程，都能让更多的人了解我们的专业素养。比如，我在多个平台上分享了关于培训师成长的文章和回答，因此吸引了众多培训机构、企业客户的关注。他们主动与我联系，寻求合作机会，这便是我的影响力逐渐显现的过程。

（4）批量培养人才

一对一的辅导虽然效果显著，但随着工作量的增加和职位的提升，我们往往难以兼顾。而通过将经验提炼成课程和教材，我们可以一次性地将知识传授给更多的人，实现批量培养人才的目标。这不仅能够提高我们的工作效率，还能够为公司培养更多优秀的人才。比如说，你是做营销培训的，你把过往的营销经验总结成了一本操作手册，只要是你的学员，可以人手配置一本。这样就可以最大限度地督促学员，进行训后实践应用，就能批量实现培养营销人才的目的。

因此，每一位培训师都应该重视经验提炼的重要性，将其视为提升专业素养和教学质量的关键途径。

2. 常用的四种经验版本

（1）案例版

案例版本的经验应该是经验提炼最为普及的一个版本，也是培训授课时，学员最喜欢的一种培训素材。具体案例模板见表3-1。

表 3-1　案例模板：如何确保会场人员的准点及到场率

岗位问题	如何确保会场人员的准点及到场率				经验编号	HW008
版　本	CH2024.08.1.0				制作时间	2024 年 8 月 10 日
制作人	尹小华	初审	刘丽斌	终审	潘勇 所属部门	公开课事业部
经验来源	□李丽琴　□范平　□孙川				经验评级	★★★★
案例问题分析	●会议、培训开始后，很多人缺席　　●会议、培训迟到人数多，只能推迟时间开始 ●参会人员记错了会议时间　　●参会人员毫无准备					
案例收益	●有效保障会议、培训准时开始　　●确保到场率达到 90% 以上 ●让参会成员做好准备，使得会场效率提升 50% 以上　　●提升客户对公司的满意度					
适合场景	●公司组织的公开课及沙龙　　●在本部办公室之外的外部人员参会的会议、培训					
执行流程	1. 会议、培训前七天电话再次通知，告知培训、会议的准备注意事项，并短信告知 　范本：王总，我是培训经理特训营会务组的小张，感谢您参加报名本次会议，具体的会议通知函已经发到你的 QQ 邮箱了，请注意查收。下周六我们就开课了，请您提前做好时间安排。有什么问题可以随时联系我，我们建立了本次培训的微信群，我到时拉你进群。也知道你工作繁忙，那我就不多打扰了，再见。 　2. 会议、培训前三天短信提醒通知，并送上祝福 　范本：王总，我是培训经理特训营会务组的小张，前两天联系您。再过三天就开课了，开课时间为 8 月 20 日（周六）。天气比较炎热，注意身体，多喝水。期待与您的相见，祝工作愉快。 　3. 会议、培训前一天电话联系通知，并提醒会议、培训的注意事项 　范本：王总，我是培训经理特训营会务组的小张，明天就要开课了，看这边时间上没有问题吧！明天会来很多企业的培训经理，若方便请多带一些名片，我们在课前设置了相互交换名片的环节。地址你清楚吗？我们明天 8：00 开始签到，请提前做好准备。那我不打扰了，再见 　4. 会议、培训当天晚上短信提醒通知，主要提醒早点休息，明天的签到时间					

执行流程	范本：王总，我是培训经理特训营会务组的小张，明天 8：00 就签到了，为了保障明天有充沛的精力学习，别工作得太晚，注意休息好。若明天到会场时有什么问题，可以致电我，另外会务组的其余几位同事电话是：×××××，祝晚安，好梦。
	5. 会议、培训签到后的 30 分钟内电话联系，看是否已经赶赴场地
	范本：王总，我是培训经理特训营会务组的小张，我们课程半个小时后就开始了，现在人员来得差不多了，请问您到哪里了？我们签到处就设立在一楼大厅，那你在开车不多说了，注意安全，等会见

常见问题及解决方法	电话无人接	换时间继续打、发短信通知、打单位电话
	时间可能安排不过来	嗯，我都已给你做了名牌等资料，另外我还告诉其他单位的人说你也会参加，他们也很想在这次培训上结识你，看你这边能否尽量调整下，很期待你来上课
	能不能换成别人来参加	我们建议你过来，因为这个课程很有针对性，若不是岗位相关的人员可能来了收获不大。若对方坚持换人，就让他换一个与课程适合的人来参加
	上午可能来不了，下午才有时间过来	这个课程系统性很强，而且老师在上午的时候会讲到课程很核心的部分，建议尽量把时间安排好。若对方坚持下午来，就给他想办法录音，以弥补上午不来的损失
	人联系不上	通过百度查询相关联系方式、通过微信联系、打电话直接问所在单位

| 注意事项 | 1. 要明确告知具体地址，并发送路线图给对方，并确认收到；
2. 9：00 开会、培训，那么签到时间要提前至少一个小时；
3. 电话联系不上的，要发短信联系，短信联系不上的，微信联系；
4. 若是在公司内部举办会议，在会议前一个小时、十分钟进行提醒，特别是针对工作比较繁忙的部门领导 |

用案例的形式可以让问题融入具体的场景，更易达到培养人的目的，也更容易让学员理解。我们公司历来重视将每一次交易转化为具有教学意义的案例。从客户的需求产生、疑问的提出，到我们的解决方案和最终的成交时刻，以及成交的金额，我们都会详细记录并整理成案例。这些案例对于新员工来说，是极具价值的实战教材。

假设你所在的公司在日常工作中也积累了诸多经典案例，并将其编成案例手册，那么公司的优秀经验就能够实现快速而有效的复制。此外，像讲师赋能课堂每周定期开展的培训师案例讨论，实质上也是经验提炼的一种形式。经过总结和整理，这些案例可以汇编成册，为其他培训师在遇到类似问题时提供解决之道。对于渴望学习的人来说，案例版经验无疑是最具吸引力的。具体的模板见表 3-2。

表 3-2　案例版经验模板

姓名		部门		岗位	
岗位问题					
案例问题分析					
案例收益					
适合场景					
解决对策					
常见问题及解决方法					
注意事项					
经验介绍	该经验使用后的效果：□效果很好　□效果中等 该经验的来源渠道：□自己　　□他人				

（2）FAQ 版

FAQ 版经验提炼通常以一问一答的形式呈现。比如，我们曾为某顾问单位编制了一套门店销售 FAQ 手册，其中涵盖了公司介绍、产品优势、价格策略等多个方面的问答内容。掌握这些销售技巧，对于提升员工的工作效能，尤其是销售人员的业绩，具有显著的效果。

比如说有学员咨询我们的培训师 1 对 1 私教课程时，我们给员工的常见问题解答如下：

问：1对1私教跟其他课程学习有什么区别？

答：1对1私教跟其他的学习主要有三个不同：第一，老师会跟您进行深度沟通，然后结合您的个人情况制定学习成长方案，包括给您的职业定位、学哪些课程、如何实践等。第二，学习以结果为导向，比如通过要求您研发一门课程，然后确定好时间节点，老师会全程指导您来完成开发适合您的课程，最后您能拿到属于自己的课程。第三，学习时间自由，老师会跟您一起协商好学习时间，可以通过语音电话及时沟通辅导，比如最近比较忙，那就换自己稍微时间宽裕的时候让老师辅导，这样不影响到目前的工作。或者说白天没时间，那就晚上或周末。第四，会带着您一起做实操项目，比如研发商业课程、交付商业课程，让您在实践中能力得到实打实地提升。FAQ 模板具体见表3-3。

表 3-3　FAQ 版模板

填写日期：　　年　月　日

姓名		部门		岗位	
岗位问题					
标准版					
简单版					
关键点					
经验介绍	该经验使用后的效果：□效果很好　□效果中等 该经验的来源渠道：□自己　　□他人				

（3）图表版

图表版经验提炼适用于那些需要直观展示操作流程的内容。比如，流程图、机器设备的操作示意图，通过图表清晰地展示了操作的每一步骤，使得使用者无须复杂的培训即可快速上手。

图 3-2 为针对经验提炼的一个项目示意图，通过该图，可以快速了解经验提炼项目。

第1步：项目启动 ·启动大会 ·制定"岗位经验提炼与传承管理办法"	第2步：团队组建 ·征集报名 ·"岗位经验提炼与传承"专题培训	第3步：岗位问题搜集 ·问题调查表设计 ·对岗位中的问题进行汇总及分析
第6步：岗位经验评审 ·部门初审 ·项目领导小组成员对岗位经验进行终审	第5步：岗位经验提炼 ·岗位经验提炼辅导 ·项目组对岗位问题及岗位经验进行提炼，并标准化	第4步：岗位问题归纳 ·对岗位问题进行归纳 ·各部门对各岗位的常用经验进行归纳整理
第7步：岗位经验传承 ·各岗位经验汇编成册 ·各岗位经验作业指导手册印刷出版	第8步：评选比赛 ·首席知识官等评选活动 ·举办岗位技能比武大赛，现场进行岗位经验抽查考核	第9步：成果发布 ·岗位经验操作手册发布 ·各岗位经验录入进入公司OA平台

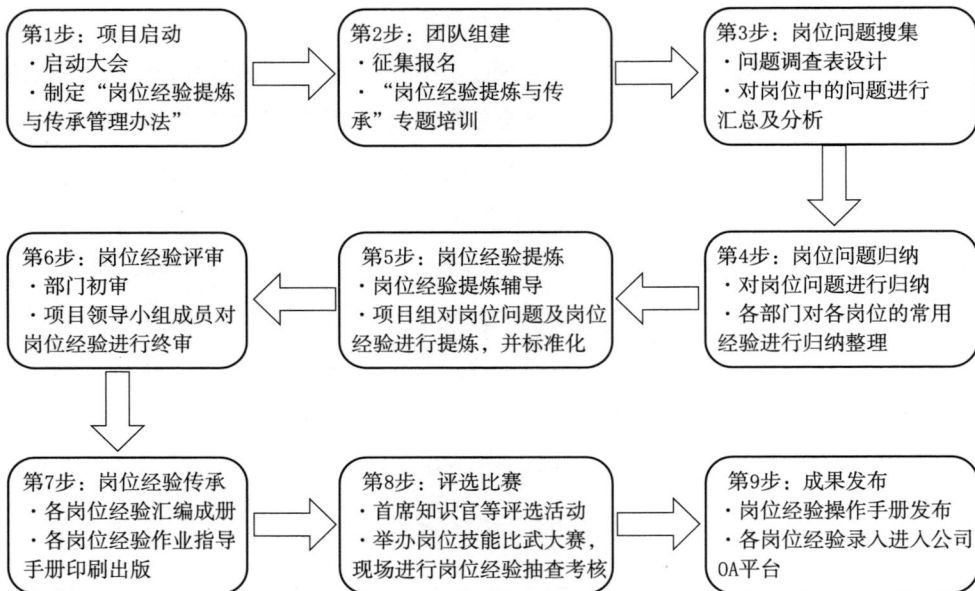

图 3-2　经验提炼流程图

（4）说明书版

说明书版本是经验提炼里的高级版本，可以说是融合了案例、FAQ、图表版本。

产品说明书是大家所熟知的一种经验提炼形式，比如买电子产品、药、家具等产品，我们都能看到详细的说明书，按照说明书，能快速使用该产品，这就是说明书的魅力。

在企业内部，如果能够将案例、FAQ、图表等经验以说明书的形式进行总结，那么在培养人才方面将会变得更加轻松高效。我一直主张，最好的培训是无须额外培训，而通过各种版本的经验提炼，员工们能够迅速成长并提升自我。

3. 经验提炼的技巧

（1）自己的经验提炼

首先，回顾过去，梳理整体流程。以我们曾成功邀请领导参与培训现场的经验为例，我们需要回顾整个项目的始末，包括遇到的难题、领导的初始拒绝态度及我们最终如何成功邀请他们出席。

其次，识别关键节点。在整个过程中，总有一些环节或决策起到了至关重要的作用，这些就是我们需要重点关注的关键节点。

最后，归纳总结。将上述关键节点进行提炼和总结，形成一套具有可操作性的经验。

许多人在进行经验总结时感到无从下手，实际上，只需要按照上述步骤，从头到尾梳理过程，识别关键节点，再进行归纳，就能形成有价值的经验。

接下来我们看一个针对邀请领导到培训现场的案例，这也是我之前给某世界500强企业做人才培养时的真实案例。

◎案例

如何邀请领导到培训现场

培训的工作成绩如何让领导们看到，这是我们一直在琢磨的问题，也遇到过很多领导不愿意来的尴尬境地，还尝试了不少行之有效的方法去邀请领导。主要有如下几个方法：

第一，把培训包装成一个项目

我们深知一些简单的培训邀请领导来，领导自然是兴趣度不大，但若是一个项目，那么在项目启动仪式、项目结训这两个关键点他们一般还是会考虑来的。比如新员工培训，我们会包装成比如"向日葵"人才培养项目，除了培训还会安排实操等环节，在结训时还会进行成果汇报，一般 1～3 个月。

第二，分阶段邀请不同领导

领导的时间一般很宝贵，要想让其长时间来培训现场，他们会本能性觉得时间安排不了，在我们为一个管理人才项目做成果汇报时，我们两天时间分别邀请四个部门的一把手（因为每个部门本身就有人在参加该管理项目）参加当评审，每个人半天时间。

第三，说服上级领导去邀请同级别或更高级别领导

借领导去邀请其他领导，最不理想的结果可以让那个去当说客的领导来现场。

第四，为培训赋予新颖且独特的包装

比如采用转型、新零售、重量级等一些名词，我 2011 年举办经纪人培训班时，当时邀请了重量级嘉宾来分享，事后他告诉我就是看重重量级嘉宾才参加的。

第五，正式的邀请

比如邀请函，可以考虑手写，当面邀请，尽量少用邮件、电话、微信，因为这不正式。

以上方法可以组合使用，只要邀请到领导，级别越高，现场若表现好，则可以给领导留下深刻的印象，这是晋升的一大法宝，让领导看到你的成绩，而且是亲自来现场看到。

通过上述这个案例，我们可以快速了解到邀请领导参训的方法，这就是我们针对当时邀请时的一个经验归纳总结，有了这个总结文字，就可以快速将其加工成文章、培训课程的内容素材。

（2）他人的经验提炼

要对他人的经验进行提炼，就需要通过看、问来达成。那么如何看、如何问呢？

①看

看，这是一个优秀培训师最基本的一项技能。通过看资料、看现场、看他人的表现状态即可做归纳总结。我们通过一个案例了解如何来看。

◎案例

某食品公司为了提高产能，决定让老员工带新员工，可老员工很多文化水平不高，也不知道如何教，于是就想通过专业培训师来进行培训，可该公司的工艺培训师并不懂。培训师为了顺利完成培训任务，就到现场蹲点看这些技术能手是如何做的，从他们的上班开始到下班，连续几天蹲点，熟悉他们的流程，然后再去看新手是如何做的？在这里面找到不同点，并将这些不同的记录下来。

②问

获得他人提炼经验时，我们最为核心的能力就是要学会高效的提问，通过提问去引导他人把经验有条理、完整地输出。

还是拿上面食品公司提高产能的案例来说，培训师在看的过程中，有些点也看不懂怎么回事，于是就向技术能手提问：

为什么要这样做？这里有什么技巧吗？如何避免出现问题？还有什么办法可以进一步提升效能吗？

通过一系列的提问，就可以找到最接地气的解决方案，再把这些方案汇总加工，就成了一门精品的提升产能的实战课程。

这些都是单对单的总结他人经验，其实还可以批量化总结他人经验，结合我们过往给某建材集团汇编的"内部营销人员营销手册""销售 FAQ 手册（门店人员版）"来看，提炼经验可以分为八步：

第一步，先做半天的培训。

在这半天时间里主要跟大家分享开展经验提炼带来的好处，以及经验的构成、经验的分类和如何提炼经验，分享了很多案例方法。通过此培训树立起大家对经验的重视，便于后期进行经验提炼。

第二步，提炼出营销中的各类问题。

以小组为单位在规定时间内，以经销商、销售人员、门店导购店长这三类人为依据，分别写出营销中的各类问题。在这部分是先写营销人员在营销中遇到的问题，每组自行讨论，然后汇总好后拿到台上进行公布。这一步花了一个下午及一个晚上的时间，也就是 30 多个人最后共提出了 517 个问题，几乎是把所有人员在日常营销工作中遇到的问题全部罗列了出来。要解决问题，首先就得提出问题，至于能否现场解决，在这一步暂不考虑。

第三步，对汇总的各类问题进行归类优化。

以小组为单位提出的问题难免会出现重复，另外有些问题涉及公司董事会层面才能解决的，我们都暂时放到一边，最后选出了 324 个问题。问题的归类优化是充分以营销总经理的意见为准，毕竟有些问题是不能拿到这个培训室来讨论的。在整理此类问题时，发现了很多营销人员提出了工作中的一些问题点，这为营销总经理后期有针对性的解决团队问题提供了参考。

第四步，选出适合的问题。

针对不够敏感，又能现场讨论的问题，我们将其单独罗列了出来，最后一共是 79 个问题。这部分工作我们都是当天整理出来，然后通过营销总经理同意后，做成了 PPT。

第五步，对问题进行讨论，寻求解决方案。

我们采取的原则是每公布一个问题，各组先商量出解决对策，然后由各组派代表进行分享。在此环节中，我们是进行现场录音摄像，便于后期对这些解决对策进行汇总整理。在这一过程，最令人感到惊讶的是，每个人都把自己的"宝藏"贡献了出来，尤其是一些老员工谈起了公司的文化，发展故事，新员工第一次了解到了另一个层面里的公司。毕竟分享的人都可以为小组积分，所有大家还是乐于进行分享的。而在分享销售技巧时，各营销人员不同的营销策略更是让现场所有人大呼过瘾。原则上同一个问题不能出现一样的解决方案，只有补充回答才能加分。每一个问题采取现场提问，只有全场没有人再做补充回答时才进入下一个问题。而这一步花了整整 2 天 1 晚的时间，充足的时间就是为了保障问题能真正得到解决对策。

第六步，解决对策的整理汇编。

按照当时的规划，由营销人员自行对现场所有人分享的方法对策进行总结，把现场的录音整理出来，可发现能担任系统归纳总结的人极度匮乏，所以最后是我来充当整理汇编的角色。最后我花了整整一个月听录音，进行总结，尤其遇到讲方言的，一段录音有时要听八九遍才听懂，而有时为了查询里面的专业术语则耗时更长。熬了很多个通宵才最终把成品做了出来，而做完后，我几乎对所有的问题都能不看稿子就回答出来。

第七步，验证补充。

第二次内训师培训开班，本来是安排课程开发的培训，但是我们还是拿出来 1 天 1 晚对之前整理汇编的问题进行现场公示，有的现场进行调整，有的进行了补充。最后把修改好的再一次让大家审议，通过后才算经验总结提炼告一段落。

第八步，公司审议并印刷成册。

将最后版本的手册拿到公司层面进行审议，参会人员包括董事成员、各部门负责人，在经过三轮修改后，最终定稿，然后进行印刷出版。

整个八步下来，产生了两个非常接地气的干货，而我为此也付出了大量的时间，但收获颇多。后面该公司多次店长培训都用到了这些成果，真是一次投入，多年受益。

这就是经验提炼的具体实施步骤，每一步都马虎不得，也只有以匠人的心态，才能把公司的经验提炼做到位，做扎实。单纯参与了经验提炼总结这一过程的内训师，在专业能力方面都会得到一个显著的提升，因为这就是内部的一个经验分享交流会，而且涉足面全是工作中的常用问题和难点问题。

每一个企业都可以按照此方法来开展经验提炼的工作。作为培训师，不管是内训师，还是商业讲师，经验提炼这是必吃的"一道菜"，还是"开胃菜"，更是一道"硬菜"。做好了经验提炼，后期的课程研发、授课技巧、成果转化就变得容易多了。

第三节 高效快速找到培训素材

在培训的世界里，培训素材是构建精彩课程的关键要素，其重要性不言而喻。本节将详细介绍课程素材的具体内容，以及快速找到核心素材的方法，比如从自身资源库调用、网络平台搜集等。

◎案例

被通报批评的内训师

王猛走进人力资源部马总办公室时，马总随手给了他一张培训满意度评估表，并说：

"王经理，这是昨天你培训授课后的学员满意度评估表，你先看看。"

"5分，还有5分，这让我想不到呢？我以为才三四分。"

"你这心态，确实适合做营销。10分的满分，你得了5分还这么阳光心态，这点真不是一般的心理素质。你可知道，这是咱们公司有史以来评分最低的一次培训。"

"马总，我也有苦衷，我承认，这次培训是我没有准备好，太仓促了。"

"就是考虑你们最近业务忙，所以也提前了一个月通知你准备课程，时间也算是给你预留的够多了，怎么还没有准备好呢？"

"我确实为了这个培训花了一个通宵的时间，可当时想找一部电视剧的视频片段，我连续看了10集，最后就到了早上6：30，然后睡着了，后面也没有找到视频片段，所以就很仓促地讲了这次课程。马总，说句掏心窝子的话，每次找素材，我都有一种生无可恋的感觉，太难找了，太耗时了，你不知道有时为了找个图片都要花上几个小时。"

王猛走出来时，如打霜的茄子，因为马总要对本次培训事件进行通报，这会让他在同事面前非常没面子。相对于退出兼职内训师团队，通报批评更能护住自己的面子。

他想，如果能快速找到他想要的素材，这样就可以专心备课授课，能够展现自己真实的培训水平该多好。

总结：培训师身处在浩瀚的信息海洋时代，能否快速找到素材，直接决定了课程开发的效率；能否找到高质量的素材，直接影响到课程的质量。

如果把培训师当作厨师的话，那么培训素材就好比调料品。每次回到家乡，很喜欢到街边的饭店吃一碗面。家乡的面很大一碗，里面有葱花、油炸辣椒粉、花生米、肉丝、坛子菜，吃一碗真的让人荡气回肠，回味无穷。作为培训课程也要有佐料，不能像一碗清汤面一样，这让人怎么有胃口呢？那么什么是课程所需要的佐料呢？主要有图片、视频、音乐、道具等。这些佐料也就是培训所需要的课程素材，素材可以让课程变得更有味道，学员更喜欢。

培训素材在培训中起着画龙点睛的作用。比如在礼仪培训实操演练时，如果是形态的模拟训练，这时有模特走秀的那种带节奏的音乐，就会让演练变得生动起来，如果是勉励年纪大的人，那么火爆网络的王德顺励志视频绝对非常有冲击力，这就是培训素材带来的魔力，学会有效利用培训素材，是每一位上台人员必须掌握的一项技能。

培训课程就是由内容素材、案例素材、图片视频素材、图表素材等不同的素材组合起来的。开发课程往往就是卡在了其中一个素材的搜集上，由此耗费大量的时间，比如我之前研发一门有效沟通的课程，为了找一个配套的视频素材，看了多部电影，然后下载剪辑花的时间占据整个课程开发的90%。所以，快速找到想要的课程素材是提升课程研发效率的绝招。

一、课程素材包含了哪些内容

研发课程就像组装汽车需要各种零部件一样，一门成功的培训课程也需要各类素材作为支撑。课程素材的范围很广，通常包括课程内容、案例、故事、游戏、图片、视频、音乐等多个要素，如图 3-3 所示。虽然还可能存在其他类型的素材，但对于大多数课程来说，这七类素材基本上已经包含了课程的主要内容。

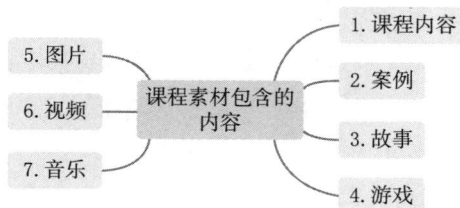

图 3-3　课程素材包含的内容

1. 课程内容

当你准备开发一门关于高效沟通的课程时，若从头到尾都是你自己脑海中的构想，那可能会耗费大量时间和精力。相比之下，如果你有一本关于高效沟通的书籍，你可以从中提取关键内容，或者在网络上寻找相关的课件，从中选择精华部分，再结合自己的经验，这就构成了你的课程内容。

积累丰富的内容知识库是开发优质课程的关键。比如，在得到平台上，已经有大量书籍的精华内容被提炼出来，只需要你去找到这些宝藏。举例来说，我之前为一家顾问单位开发了一门关于如何讲故事的课程，课程的内容整合了六本讲故事书籍的精华部分，这大大提升了我的开发效率。

2. 案例

案例可以让抽象的内容变得更具体，更容易理解，所以课程里面只要有案例，就能使课程更生动，学员更易消化吸收。网络上提供了丰富的专业案例资源，当你需要时可进行搜索和收集。建议将有用的案例保存在收藏夹中，比如一些经典管理或营销案例，随时可以查阅。

3. 故事

大多数人都喜欢听故事，一个课程若能包含大量的故事，就能让课程现场紧紧掌控在培训师手中，因为故事的跌宕起伏能深深吸引学员的关注。通过故事可以把干燥乏味的理论观点更生动形象地表达出来。比如，我们来看一个课程开场经常用到的关于小兔子的故事：

在一片茂密的森林中，有一个隐蔽的山洞。某天，一只兔子正在山洞前专注地写着什么。这时，一只狼路过，好奇地问道："小兔子，你在写啥呢？"

兔子回答："我在写论文。"

狼接着问："什么题目呀？"

兔子淡定地说："我写的是兔子如何战胜狼。"

狼听后不禁捧腹大笑，根本不信。

兔子便说："你跟我来。"于是把狼带进了山洞，之后兔子又回到山洞前继续写。

没过多久，一只狐狸也走了过来，问兔子："你在写什么呢？"

兔子还是回答："我在写论文。"

狐狸又问："题目是什么？"兔子说："是兔子怎样吃掉狐狸。"

狐狸听后也哈哈大笑，同样不信。

兔子再次说："你跟我来。"然后把狐狸也带进了山洞。

过了一会儿，兔子独自走出山洞，继续写论文。而山洞里，一只狮子正坐在一堆白骨上剔牙，同时看着兔子的论文，仿佛在说：一个动物的能力强弱，关键不在于自身力量，而在于它背后的依靠是谁。

这个兔子的故事广为人知，它常常在各类故事中出现。从这个故事中，我们可以从不同角度去理解其中的道理。比如在给员工培训时，可以强调平台的重要性，让员工明白要重视自身所处的平台，并且理性地看待自己的能力。

优秀的培训师都是讲故事高手，因为他们懂得故事是最通俗易懂的语言，也是最有生产力的语言。把一个个知识经验包裹在故事中，通过故事的形式进行分享，可以取得事半功倍的效果。

4. 游戏

培训游戏好比培训师手中的魔法棒，可以借此随意掌控培训现场，调动氛围，为培训增光添色。

培训游戏是培训的最佳润滑剂，可以增进学员和培训师之间的情感，更易让学员收心。因为谁也不知道在培训室外，学员都经历了什么样的心理状态，或许是还在埋怨上班路上那个随意超车的司机，或许还在担心领导训斥工作没做到位，或许是孩子的学费还没有着落等，通过游戏让学员快速从一个场景转换到培训场景中来，尤其对于培训开场时，游戏更起着快速破冰的效果，让学员快速融入培训场景，这便是游戏的真正目的所在。

5. 图片

俗话说，字不如图，图片更能吸引一个人，激发一个人的兴趣。之前我们为零售门店设计经营能力提升方面的课程时，有一个重要的篇章，那就是陈列。在课程中我们要分析店面中目前陈列出现的问题，然后又要展示出标准的陈列。当时为了课程更有吸引力，我们走访了很多店面，拍摄了很多相片。比如有的陈列不规范不整齐，我们就把这样的图片稍做处理用于培训中，当学员看到这样的图片后很有感觉，这比单纯用文字来表述更有说服力。当然，我们也展示了优秀门店的陈列图片，这些图片一放出来，下面的学员瞬间被征服，原来陈列还可以做成这样？这是很有冲击力的，用其他行业的图片不如放行业的图片效果好。为了这些图片素材，我们当时联系了不少店面老板，花了好几天时间。但从后续的课程效果来看，这样的付出是值得的。

6. 视频

记得有一次我到某企业做微课大赛的评委，其中有位培训师的课程很有吸引力，当时她是做采购技巧方面的培训，想不到她自己竟然找同事们做演员拍摄了一系列短视频，然后剪辑成课程所需要的视频，后面她也因为这么用心的付出获得了一个较好的名次。再回到我们当时研发的那个零售门店经营能力提升的课程，我们当时自己写了剧本直接到门店找老板们进行现场拍摄，后面剪辑成专业的视频，当我们放出来后，引发大家的一阵骚动，因为这些人本身就是自己的同行，有的还认识，而此时他们成了"明星"出现在屏幕上。当时用视频的初心是想表达行业的现状，从而促使大家改变经营思维，进行经营升级，所以我们选择了一些门店老板来采访，借他们的嘴巴把生意越来越难做的现状表达出来。事实证明，这样的方式效果是非常好的。

视频作为培训最有力的课程素材，每场培训至少要有一两个视频，唯有如此才能确保课程的生动性。视频由于有声音、图像，可以调动起人的多感官，效果自然比图片更佳。一般来说，为课程特意拍摄的视频是最佳素材，找到相关的视频剪辑也是不错的选择。当然视频一定要确保清晰度高，时间不能过长。有了视频，课程就如人穿了一件漂亮的衣服一样更能吸引他人。

7. 音乐

很多人之所以愿意去咖啡厅，是因为里面有舒缓的音乐，给人一种很唯美的感觉，让人身心放松。对于培训来说，搭配适合的音乐，也能为课程增添不少的亮色。比如我们在做商务礼仪培训时，很多需要演练的环节，其中有一个是训练大家的走姿，在训练时就播放了一些轻音乐，类似模特走步的音乐。这种有节奏的音乐，让人训练起来更有感觉。再比如，做一堂感恩主题的培训，放一些悲伤的音乐更能激发学员内心的思考，这也是为什么很多感恩培训大家哭得稀里哗啦的原因之一。

二、快速找到核心课程素材的方法

要想提高课程开发效率，就需要快速找到核心的课程素材，那么怎么做呢，可以考虑如下的四个方法。

1. 从自己的资源库调用

要快速找到课程素材，最直接的方法莫过于从自己的电脑里调用了，如果平常自己建立了素材库文件，那么只需要通过搜索即可快速找到想要的素材。

比如我的电脑里，至少有300套PPT模板、400个以上的案例库、400个以上的培训游戏、100多个影视片段、2000多门课程的课程大纲和300门以上课程的详细讲义，这些都是很好的素材资源，这也为我快速开发出一门课程提供了有力保障。所以说，开发课程要想效率高，最快的方法就是直接从自己的手中调用素材资源，因临时搜集素材会花掉不少时间，而且效果并不一定理想。

2. 从网络平台搜集

在网络上有大量的课程素材，只要我们用对方法就可以快速找到跟课程相关的高质量的素材，在搜集时可以考虑下面的三个方法：

（1）根据素材的性质选择不同的渠道搜集

很难有一个网站包含了所有的各种类型的培训素材，根据不同类型的素材可以选择不同的平台进行搜集。

①内容类素材

培训课程的内容素材完全可以考虑到知乎、百度文库、万方数据知识服务平台、读书平台、淘课网、广东培训网、行业网站或行业新媒体号等平台去搜集。

a. 知乎。作为一个高质量的问答平台，里面几乎涵盖了各个领域的专业问题的解答，几乎课程的内容素材皆可在这里找到。

b. 资料下载平台。比如文库、豆丁、道客巴巴等网站里面有大量的课程讲义资源，可以在里面直接阅读，找到相应的资源，这也是目前培训师最常用的一个获取内容素材的渠道。

c. 万方数据知识服务平台。里面汇集了无数专业论文，而一篇篇论文都是最佳的高质量内容素材。选择适合的论文作为素材，不妨是一个节约时间精力的好方法。

d. 读书平台。现在很多读书平台拆解了大量的精品书籍，而书籍就是获得内容最翔实，最专业的一个渠道。由于书籍太多，并不是我们都能有机会接触到，通过读书平台推荐的书籍，拆解出来的书籍来寻找适合的内容素材，节约的时间可不是一点点。现在读书平台比如得到、樊登读书，当然还有的就是围绕特定群体的行业细分读书平台，只要自己到网上进行搜索即可找到。

e. 培训网站。淘课网、广东培训网，这是行业性的培训网站，里面有大量的课程介绍。课程大纲就是课程的灵魂，在这些网上几乎可以找到所有课程的课程大纲，参考他人的课程大纲，可以为自己的课程开发提供方向，极大地提升课程开发的效率。很多人在课程开发时就是缺乏指导方向，倘若能找到类似课题的课程大纲，就可以触类旁通，举一反三来研发出适合自己的课程。

f. 行业杂志、网站、新媒体号。目前市面上有很多行业性的网站，在这些网上有大量的专业文章、专业数据，这都是针对性极强的素材。比如要开发销售类的课程，可以到《销售与市场》杂志的网站上去找素材；开发培训管理、培训技巧类的课程，可以到《培训》杂志的网站上去找素材。

②图片类素材

目前国内除了大家常用的百度图片外，还有像 Pixabay，Pexels，Pinterest，UnSplash 等这些专业的图片网站，几乎在这些网站上可以找到培训所需要的各种图片。

③视频类素材

目前专注于为培训师提供视频素材的网站暂时还没有，只能通过打组合拳去寻找到适合的视频素材。

当然也可以在视频网站的搜索框，通过输入关键字来快速搜索，比如团队建设视频、谈判技巧视频、员工职业化视频等。这是最常用最有效的方法。

④热点事件素材

培训可以跟热点事件结合起来讲，这样往往可以使得课程更加接地气。培训只要能自圆其说就可以。热点事件一般可以通过如下几个渠道去了解：

第一，百度搜索风云榜。在百度搜索风云榜可以了解当下最热门的事件，可以从中选择最适合的事件来做培训的事件素材。

第二，微博搜索热搜榜。这个热搜榜和百度搜索风云榜一样，也可以了解最热门的事件。

这两大途径往往都可以结合起来，倘若两个平台有一些共性的热门事件，那么毋庸置疑，这样的事件绝对可以引发培训学员的关注。

（2）用对关键词

正确运用关键词也是至关重要的。很多人在进行网络搜索时，往往因为关键词不够精确而找不到所需要的信息。比如，如果你想要寻找关于"营销团队建设"的课程课件，仅仅输入"团队建设"这样的关键词，搜索结果可能会包含所有类型的团队建设内容，而并非你专注的"营销团队建设"。因此，你应该将"营销团队建设"作为关键词进行搜索，并在如百度文库这样的平台上查找，则可以更快地找到你所需要的内容。

（3）组合搜索

尝试进行组合搜索也是一个有效的策略。不要局限于单一的搜索引擎或平台，你可以将百度、好搜等多个搜索引擎及优酷、豆瓣等多个平台结合起来进行搜索。这样的组合搜索能够更全面地覆盖各类资源，有助于你找到更多符合需求的信息。

总之，在进行网络搜索时，我们需要选择正确的网站、使用精确的关键词，并尝试进行组合搜索，以提高搜索效率，从而更快地找到所需要的信息。

3. 寻求他人协助支持

一般哪些人掌握有大量的课程素材呢？自然是那些以培训课程为生计的咨询、培训公司、师资经纪公司、商业讲师、企业内训师和企业培训管理者。所以最好的办法就是向这些人要素材，而别人如何才能给你，最简单的方法就是资源交换。如下几个是非常适合获取培训素材的小方法：

（1）在特定群内寻求支持

比如要想获得销售类视频，那么在销售类培训师的社群或销售人员群，采取发红包求助的方式寻求素材。首先先发一个红包，如果别人发了视频给你，再单独发一个红包表示感谢，这样有可能会获得更多的培训素材。

（2）直接跟培训师联系

最好是跟之前听过其课程的培训师联系，每一个培训师都是一座资源宝藏库，要想让培训师给你素材，前提就是要有礼貌、走心、真诚表达自己的想法，很多培训师还是乐于帮助学员的。

（3）寻求合作机构的支持

比如向第三方咨询、培训公司提出素材请求，他们这些机构有大量的培训素材，哪怕没有，他们也有渠道找到相应的素材。所以说，找第三方寻求帮助是最切实可行的一个办法。

4. 花钱购买

如果能用钱解决的问题，那就一定用钱，因为不欠人情，效率快。比如要想快速制作出 PPT 课件，那就购买该软件的会员服务，里面有大量的模板可以直接下载使用，这样就可以节约出更多的时间用于内容构架。

除了软件、网站、公众号以外的会员服务之外，还可以通过一些电商平台直接进行下单购买，在某些购物网站上有大量的培训素材销售，而且费用普遍不是很高。比如我之前就花了几百元购买了上百个视频素材，这些素材如果让我自己去看，去剪辑，那绝对需要耗费很多的时间。

三、如何打造"培训素材银行"

对于每一个培训人来说，培训素材十分重要，没有素材，要想做好各项工作，谈何容易！

培训人离不开培训课程开发，而课程开发又离不开培训素材。可以说，培训素材很大程度上决定了培训课程的成与败。精品优质培训素材能为培训增色不少。

优秀的培训师开发课程很快，课程品质也俱佳，其实这里有一个诀窍，那就是这些人都拥有一个属于自己的"培训素材银行"。在这个银行里，他们属于典型的储蓄达人，里面有大量丰富的素材，包括各类课程内容、案例、故事、游戏、图片、视频等。

对于绝大多数的培训人来说，在培训素材这一领域，属于赤贫状态，典型的要啥没啥。

一个平常不注意搜集保存培训素材的人，自然是会遭受惩罚的，而最大的代价莫过于一场失败的培训，一场吃力不讨好的培训。

由此可见，打造属于自己的"培训素材银行"，才是脱贫攻坚之战的根本目标，而且刻不容缓。

1. 拍照

相机拍照是记录保存培训素材最简单粗暴的一种方法。每个人的手机就是培训素材的一座加工厂，可以源源不断地生产出大量的培训素材。

（1）拍下阅读中的经典内容

在阅读时，有一些经典的话，一些经典的故事，图片表格等，这都是非常好的素材。倘若马上进行记录、写总结，又会耽误阅读的速度，假如在外又不方便，最直接的方法就是用手机拍下来。回头再统一对这些相片进行加工处理。

（2）拍下学习中的经典培训内容

参加培训等学习时，老师所讲的内容里面有些经典的总结，这时把PPT拍下来，可以便于后续回顾学习，也能将此内容作为后期课程研发的素材。我在参加一个线上直播学习时，从一位优秀的培训师那里拍下了最经典的一张PPT，那就是学习四问法，如今我早已经在运用此方法，也同时不断将此方法引用到课程开发中。

（3）拍下肉眼所能及的一切素材

出门在外，总会看到各种各样的画面，比如一些可以用作培训反面素材的标识标牌、一些很好的企业文化宣传栏、地铁里面的地面指引线、干净的厂房、凌乱的食堂和优美的风景等，总之好的、坏的都可以拍下来。

只有来自平常的拍照，才不至于有需要用时方恨少的感受。素材一定是来源于平常的积累，而相机就是获得培训素材最好的入口。

2. 标记

一个人要想在森林里不迷失方向，最好的方法就是做好标记。标记最大的作用就是可以让人快速地找到想要的东西。有时我们看了一本书后，里面有一些很好的精彩内容，但是也不方便拍照，因为内容过多，这时用笔标记下来就很有必要了，比如 28 页至 32 页、45 页至 60 页、78 页、198 页，这些页面有大量的销售细节描写。那么下次做销售课程研发时，就可以将这些页面的内容归纳总结起来作为培训素材。

常用的标记方法有：

（1）画线法

用笔在重点内容上进行画线，打开书籍一下就可以看到。

（2）颜色法

用显眼的颜色进行标记，常用于电子文档。比如加粗标红，这样的标记一目了然。

（3）记下特定的数字

比如在手机的记事本里记上书本的页码，记下某部书籍的名字，某部电影的名字，某部影视剧的精彩片段的起止时间节点。做这些工作可以在后期大大提高课程开发的效率，节约宝贵的时间。比如之前我看过一部精彩的电影，里面有个片段我觉得很适合做"有效沟通"的素材，由于当时没有记下来，后面光找这部电影就花了很长时间，然后又从头到尾去找那一段视频，这样下来所花时间甚至超过了课程研发的时间。

3. 录制

有一次我去参加某公司的微课大赛，其中有一位内训师在课程中直接用到了一段跟客户交流的音频，里面的内容就是真实的销售，因为这个出彩的音频，后面他也赢得了微课大赛的第一名。工作生活中有很多的精彩时刻，我们可以将其录制下来，在使用时稍加处理即可使用。

有一年我们在研发烟草行业零售体系课程时，为了获得一手的资料，就到各大门店进行调研。课程中由于有一个内容，那就是零售门店老板的现状，所以在征得门店老板的同意后，就进行了视频录制。最后，在课程中因为播放这些录制的视频，引起了现场参会人员强烈的共鸣，因为视频里的人说出了他们经营中真实的心声。

4. 归纳

归纳是过程的升华，没有归纳的过程，终将是残缺的。

（1）阅读归纳

阅读后可通过归纳获得大量的培训精品素材，或者 30 多万字的内容，归纳出来了五个精品故事和五个重点知识。

（2）影视剧归纳

看完影视剧也可以对其进行归纳总结，每一部影视剧都是一座素材的宝藏，只有不断挖掘，归纳总结，才能形成属于自己的素材库。

（3）学习归纳

每次学习完后就可以进行归纳，总结出一些关键内容点，而这些内容在后期可以成为很好的培训内容素材，甚至可以直接套用。

（4）经验归纳

每做完一个项目，每完成一个阶段的工作，就可以积累很多经验，通过写文章、建思维导图等形式可以把经验归纳总结，这也是培训内容素材的最佳来源。

对于培训师来说，只要用心，培训素材身边随处可见。把这些素材及时保存下来，以便不时之需。比如我看影视剧时，看到有些片段很好，那我就会记下来，然后保存在文档中，下次需要时就直接去剪辑；看到有代表性的图片，就随手拍照；看到经典的故事、案例、文章、图片也会随时保存下来。

素材最好是平常来积累，不要等需要时临时去找。我现在就很享受培训素材库给我带来的高效率，因为有了大量的素材，让我的课程开发速度很快，让课程的生动性更强。衡量一个培训师是否真正入行了？往往看是否养成了随时储存培训素材的习惯即可知晓。

第四节　课程介绍制作技巧

课程介绍是一门课程的骨架，让人一目了然课程能解决哪方面的问题，具体讲什么内容，好比论文的摘要部分，让人快速了解课程的脉络框架。

◎案例

被淘汰掉的课程

某科技公司准备开展一期大客户营销技巧的培训，负责本次培训的培训机构推荐了张军、刘鹏两位培训师的课程介绍。

张军是一名大学市场营销教授，也有自己的企业。为了从根源上让学员重塑对大客户的理解，他的课程逻辑性很强，采取循序渐进的策略，给人感觉娓娓道来，其中包含了大量定义、原则、概念和原理等。

刘鹏则是一名有着 20 多年营销实战经验的培训师，他是典型的实战派，所以课程介绍基本上围绕大客户营销的流程来设计，包括如何找大客户、如何接近大客户、如何拿下大客户、如何维系大客户，课程里面包含了大量的案例、故事、演练互动、工具等字词。

最终，科技公司人力资源部在征求营销部门意见后，选择了刘鹏作为本次培训交付的培训师，而告诉给培训机构的原因就是：张老师的课程理论性太强，员工听了以后可能效果不佳；刘老师的课程实质性强，课程也给人生动的感觉，而且有大量互动机会，课程氛围肯定不错。

总结：课程介绍就是培训师获得培训机会的金钥匙，若不能获得客户、学员的认可，连授课的机会都不会有，即使你在授课方面才华横溢，课程讲得再精彩，也无济于事，因为根本连证明自己实力的机会都没有。

课程介绍的设计就好比写剧本，剧本写得不好，很难拍出优秀的电影。每次研发课程，最关键的环节就是要做好课程介绍，为什么有的课程很火，那是因为课程设计到位，让人一眼看过去就想学习。

本章节将对课程介绍的制作进行详细介绍。

一、课程介绍包含的内容

谈到课程介绍，可能很多人感觉很抽象，特别是刚入行的培训师来说，对于课程介绍的设计无从下手。那么我们把课程介绍分解成若干部分，这样便于更好了解课程介绍的构成。

一门完整的课程介绍除了课程名字外，还包括了课程背景、课程收益、课程对象、课程时长、培训方式、课程大纲，如图 3-4 所示，而这里面最关键最核心的就是课程大纲。

图 3-4　课程介绍包含的内容

1. 课程背景

重点介绍为什么要开发这个课程，让别人产生共鸣，从课程背景介绍中就想了解课程内容，想听课程。

◎案例

"打造高效行动力"的课程背景

· 为什么公司制定了目标，但最后的结果却差强人意？

· 为什么领导下达了任务，下属却总是拖延，找借口，行动力很弱？

· 为什么跟同类型的单位相比，规模体量差不多，但却不如对方有竞争力？

· 为什么公司有很好的奖惩政策，但员工工作效率还是很低，工作质量也离预期有较大的距离？

这一切，都是因为行动力的问题。没有高效的行动力作支撑，战略是难以落地的，企业也很难获得长远的发展，在市场上也会缺乏竞争力。

员工只有拥有了高效的行动力，管理者才可以把自己从繁杂的事务性工作中解脱出来，从而腾出时间做更有价值的工作。拥有高效的行动力文化，才能将企业的活力完全激发。本课程从道层面、术层面双管齐下，并结合大量的案例，激发员工自动自发的工作热情，让员工掌握一套高效行动的方法技巧，从而助力于企业的经营发展。

2. 课程收益

通过学习课程，将会达到什么样的目标，取得怎样的效果？让别人知道我学这个课程将获得什么？

◎案例

"打造高效行动力"的课程收益

· 帮助学员树立正确的职业心态、职业意识、行为习惯。

· 促使学员科学全面认识自己及团队，找到高效执行的方法。

· 帮助学员掌握提升行动力的各类方法技巧。

3. 授课方式

整个授课会采用哪些授课方式，是情景模拟、小组讨论、案例分析、沙盘模拟、演练、讲授，还是几种方式结合。

◎案例

"ITTA 国际企业培训师训练营"的授课方式

比拼＋现场演练＋视频分享＋案例讲授＋游戏＋示范讲学

4. 培训对象

告知课程适合哪些人员参加，这样便于保障授课时的效果。

◎案例

"ITTA 国际企业培训师训练营"的培训对象

专兼职培训师（咨询师）、培训管理人员、职业经理人、需要在企业进行培训的中高层管理人员、其他希望迅速成长为企业内部培训师的人员。

5. 培训时间

课程需要多长的时间讲完。一般是用课时来核定，目前标准培训课时为1天6课时。很多课程有时也会写6到12课时，或跨度更大，具体情况视课程而定。

6. 课程大纲

这是课程最核心的部分，就是课程包含哪些内容，从哪几个方面授课。

大纲分一级大纲、二级大纲、三级大纲、四级大纲等，目前市面上的大纲以三级大纲为主。三级大纲就是包含了一、1、（1），四级则在（1）下面还罗列了A、B、C。

大纲越详细给人感觉越清晰，而且不同的大纲适用的场景也各不相同，比如培训通知、课程宣传海报一般只会用到一级大纲，而三级大纲则普遍用在培训方案里。

在培训市场上，大纲过于简单，比如只到一级大纲，那么几乎就很难获得业务机会，因为过于简单了。三级、四级大纲是一个比较适合的层级，如果到了五级大纲，这会给人一种内容过多的感觉，从而会给人一种无形的压力，另外也不利于保护自己的知识产权。

◎案例

"故事达人特训营"课程大纲

一、故事认知篇

故事：毛姆作品从卖不动到卖断货

现场讨论：你听过什么故事让你一直记忆至今？为什么？

1. 什么是故事

2. 故事的来源是什么

3. 讲好故事的重要性是什么

（1）故事改变事物的认知价值

（2）故事带来的四个作用

A. 激发兴趣

B. 拉近距离

C. 引发思考

D. 促使行动

二、故事方法篇

1. 故事开发的秘籍

（1）故事的常用分类

A. 清晰性故事

B. 联结性故事

C. 影响力故事

D. 成功的故事

练习：每组从四个故事中任选一种类型，现场编一个故事

（2）一个好故事的标准

A. 听得懂

B. 记得住

C. 有影响

D. 能转述

（3）故事开发的重要原则

A. 内容原则

B. 目标原则

（4）故事开发的前提，即目标受众分析

A. 谁是目标听众

B. 听众有哪些基本特质

C.听众有哪些潜在需求或欲望

讨论：新品发布会应该设计什么样的故事？

（5）故事开发的基础公式

练习：每组设计一个简短带冲突的故事

2.讲好故事的秘籍

（1）精心准备

A.熟悉故事

B.刻意练习

（2）讲好故事的三个关键模型

A.扭曲现实力场模型：10秒讲一个故事

演练：各组派代表进行10秒钟故事分享

B.努力人、意外人模型：一分钟讲一个精彩的故事

演练：各组派代表进行一分钟故事分享

C.靶心人模型：3分钟讲一个完整的故事

演练：各组派代表进行3分钟故事分享

3.优秀故事案例赏析

三、 故事应用篇

1.不同场景下如何讲好故事

（1）工作汇报

（2）产品销售

（3）品牌文化

（4）个人 IP

2.实操演练

针对各自岗位，现场设计故事，并评选好故事。

二、课程介绍制作的步骤

课程介绍制作主要分三个步骤：

1. 思路构建

这一步就是允许天马行空，想到啥写啥，把所有关于该课程可能想到的点全部写下来，不用去管是否适合，因为这是最能激发课程研发灵感的一个环节。每

次我做课程研发，我感觉这是最有成就感的一个环节。

2. 素材准备

根据思路来搜集和培训相关的素材，最常用的素材就是讲义、案例、故事、视频、图片、工具表等。通过网络搜索、电商平台直接购买等形式快速找到跟课程相关的素材。在所有素材里面，最应该关注的就是讲义素材，参考网上现有的课程课件或相类似的课件，可以借鉴其中的一些思路，从而大大提高课程研发的效率。

3. 课程介绍制作

此时做的大纲不同于签订合同前提交的方案，这时的课程大纲应更接地气，更符合采购方的需求。就是之前的思路结合搜集到的素材，然后制定出适合的课程大纲。

三、课程介绍三大核心模块内容的设计技巧

做任何工作，我们需要把控重点，其实课程介绍在制作时，要重点把控好三大核心模块的设计就可以。

1. 课程背景的设计技巧

课程背景是打开课程介绍后，除了课题最先被人所看到的内容，所以这部分内容一定要快速抓人眼球，而如何抓人眼球呢？只需要把握一个技巧即可，那就是不断戳痛点。至于哪些是痛点，那就要看课程是解决什么问题，然后针对这些问题进行罗列，让人看了以后就有一种"痛不欲生"的感觉，而课程刚好就是其中的"解药"。

案例

"门店营销技巧"的课程背景包含的九个问题

您的门店是不是有遇到过如下问题：

· 店面客流少
· 销售人员无所事事
· 进店客流不成交
· 促销活动无客户
· 移动微营销效果差
· 电话销售困难
· 网络销售无可奈何
· 员工士气低下

· 怨天尤人抱怨市场

这九个问题是不是现在很多门店营销人员普遍存在的一个现象？如果有一门课程能够帮销售人员把这些问题都解决了，那么会有很多人想请你去讲课，因为你的课程实操性强，而且能帮助销售人员提升客流量、提高成交率和增强客户回头率。

2. 课程目标的设计技巧

案例

"问题分析与解决"课程目标

· 帮助学员理解问题的定义和类型，提升问题解析的价值和效率。

· 掌握问题分析的流程和方法，包括鱼骨图法、逻辑树法和冰山分析法。

· 培养学员结合实际条件进行解决问题的步骤和策略的选择能力。

· 掌握如头脑风暴法、PMI 方法等问题解决技巧。

看完"问题分析与解决"课程的目标，我们对课程目标设计就有了一个更为清晰的参考标准，要做好课程目标的设计，需要把握三个关键点：

第一，紧扣诉求点。在撰写课程收益时，我们务必紧扣客户与学员的核心需求，确保我们的内容与他们的期望紧密相连。比如，当前许多甲方企业正为储备管理人员的管理意识薄弱而苦恼。他们希望这些人员能够摒弃过去作为员工的思维方式，转而以管理者的视角来开展工作。那么，我们的课程收益就应明确指向这一点，让学员通过学习管理技巧，建立起强烈的管理意识。这不仅是客户所期望的，更是我们课程价值的直接体现。

然而，有时我们精心设计的课程收益却并非客户、学员所需。这可能是因为我们没有深入了解客户、学员的真实诉求，或者我们的关注点与客户、学员存在偏差。因此，作为培训师，我们必须时刻保持敏锐的洞察力，不断更新和完善课程收益，确保我们的内容始终与客户需求保持高度一致。

第二，多用数字。我们还应注重数字在描述课程收益时的应用。数字具有直观性和说服力，能够让人更快地理解和感受到课程的价值。

第三，巧用关键词。比如在培训目标里面多体现提升、掌握、倍增、促进、技巧、熟练等字词。

3. 课程大纲设计技巧

（1）课程大纲的三大流程

大纲整体上可以按照这样一个流程来做规划设计：导入 + 灌输 + 巩固练习

①导入

设想此刻你即将为员工主讲一门旨在激发学习热情的课程。开场时，你选择播放一段老鹰蜕变的故事视频。众所周知，老鹰在三四十岁时会用喙拔去旧羽毛，蜕变重生，这个过程赋予了它再度飞翔几十年的力量。这一自然界的奇迹，启示我们必须学会自我更新，调整自我，以应对不断变化的市场。否则，我们可能会被竞争所淘汰。

为了进一步引发互动，我们可以叙述一则团队建设的故事。这个故事邀请学员想象自己身处开阔的草原，目睹一群羚羊奔跑，这往往意味着狮子的出现。而当狮子奔跑，可能是因为大象群的靠近。但当食人蚂蚁出现时，纵使它们体型微小，却能裹挟象群逃离，展示了团队协作的惊人威力。类似的比喻使我们不禁思考，我们是否需要不断强化团队能力，以建立一个高效的团队。

导入最好用案例、故事、游戏、放视频、研讨等形式，旨意是调动起大家的积极性，吸引大家的注意力，为后期要分享的知识点埋下伏笔，做好铺垫。

②灌输

通过前期案例、故事、游戏等内容的导入，学员的注意力已经被吸引到课程中来了，这个时候我们可向学员灌输重要观点。比如，我们很多人年过三十后，被生活压力所迫，早已经失去了刚走上社会时对工作的那份热情，我们在播放完老鹰蜕变的视频后，就可以来灌输一个观点：人必须要有梦想，因为这决定了我们能走多远。假如说前期没有播放视频，没有任何铺垫，直接讲这样的观点，大家自然是没有太大的感觉。

③巩固练习

课程内容知识的巩固是培训中至关重要的一步，为了达到这个目的，需要借助使用各种工具，比如角色扮演、案例研讨或模拟游戏等，可以有效地帮助学员将所学知识固化在脑海并应用于实战。以团队建设为例，可以让大家现场来参与"极速 60 秒"的拓展项目，通过这种团队协作任务来巩固学员的合作精神。这样可以使学员在活动中亲身体验团队的力量、沟通的重要性及集体解决问题的过程。这样的实践不仅增强了记忆，也让学习成效可见。

（2）课程大纲设计应遵循的逻辑

一门课程是否有水平，往往看逻辑就能看出端倪。越是精品课程，逻辑上就越严谨，就越有层次感。

为什么课程要有逻辑？因为人的大脑对信息本能性的会进行归纳分类，只有这样才能更好地理解记忆。考虑到人是天生有惰性的，所以在课程设计时就要有逻辑感，这样才能减少他人的思考时间。

课程逻辑是整个课程设计里最有挑战，难度最大的一部分。很多人一遇到这种情况，就不知道如何去面对，因为单纯说"逻辑"二字让人感觉很宽泛，其实只要掌握课程设计常用的几套逻辑法即可，目前绝大多数的课程在设计时，主要采用如下四种逻辑法，如图 3-5 所示。

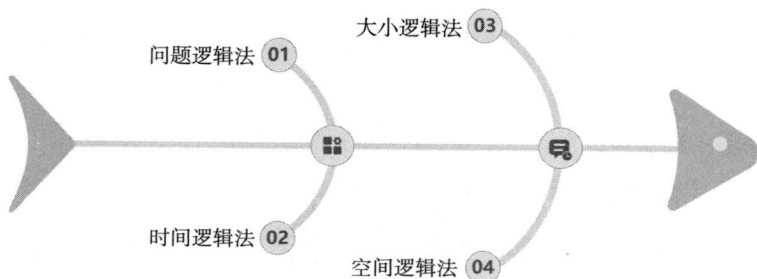

图 3-5　四种课程逻辑

①问题逻辑法

确定课程要解决的问题。从问题分析入手，来设计整个课程的内容框架，是最常用也最保险的一种方法。比如某企业培训师课程设计思路就是要解决三个问题：首先就是解决为什么要做内训师？如何才是一个好的内训师？如何做一个优秀的内训师？先解决导向的问题，再解决标准的问题，最后就是达成标准的技巧方法的问题。

总结起来就是一个公式：是什么？为什么？做什么？

②时间逻辑法

以课程主题的时间作为逻辑思路，比如下面的三个课程分别以时间进度进行展开：

第一，"销售礼仪"的思路就是从预约、拜访、洽谈、回访、成交这几个点来设计所需要的礼仪细节。当然并不是说只能按照这个思路。

第二，"门店营销技巧"课程设计的思路是从进店率、成交率、客单价、回头率这四个方面来设计主课程。

第三，"门店经营升级"的课程在涉及营销发展规律时，就谈到了四次营销浪潮，需要针对每次营销浪潮的特点一一进行分析，首先就是第一次营销浪潮，最后才是第四次营销浪潮。

③大小逻辑法

从大的方面开始，再过渡到小的方面。比如针对烟酒店行业的"门店经营成长之道"这门课程的思路就是先分析整体的零售行业，再来分析烟酒店行业的情况，分析完后抛出一个问题：如此形势下，该如何做生意？

一般常用的就是先大环境，再小环境。

④空间逻辑法

空间逻辑就是要具有空间思维，也称"多元思维""全方位思维""整体思维"，它是指跳出点、线、面的限制，能从四面八方去思考问题的思维方式，也就是要"立起来思考"。

◎案例

"360度沟通技巧"课程，就是遵循空间逻辑来设计的，其中关于360度沟通的方法技巧这一模块的内容，涵盖的内容有：

- 不同场合下的沟通应对技巧
- 不同性格的人沟通技巧
- 不同年龄的人沟通技巧

换而言之，空间逻辑就是要从上下左右、由内向外等各个维度来设计，这非常考验一个人，但只有经过如此缜密的思考后，课程才能系统全面，才能打动学员，赢得市场。

以上逻辑法在设计时可以进行组合，除此之外，每个章节要能衔接起来，这样就会显得整个课程是一体的。

（3）课程大纲设计应遵循人性

①喜新厌旧

人喜欢新鲜的事物，在课程研发时，内容需要紧贴时代。移动互联网时代最大的一个特点就是知识更新速度非常快，之前是几年更新，如今几个月更新也是常有的事情。试想一下，一个经常出现的案例，大家都很熟悉的观点，能吸引到学员的关注吗？倘若是很陈旧的观点，若学员的手机在身边，十有八九是不会听老师的课程，自然而然就玩手机去了，因为现在大家了解知识的渠道非常广泛。

哪怕是精品课程也是需要不断进行迭代的，只有不断融入新的元素，才能确保课程不被淘汰，才能赢得学员的好评。

②时间一久容易走神

每个人在听课时，当老师课程内容平乏之时就会容易打瞌睡，容易走神。所以在设计课程时，要以 15 分钟为上限，15 分钟左右就要设立互动环节。课程设计可以遵循先故事、案例、游戏的形式进行导入，然后抛出观点，接着就是演练互动，按照这个思路设计，学员基本上不会走神。

③内容一多就记不住

每个人的记忆力都是不一的，有的记得快，有的则记不住，很快忘记。在课程设计时章节最好控制在五个以内，如果有八九个或十来个，换位思考一下，你自己能记得住吗？所以章节不能过多，知识点也不能过多，最好以三个为佳，最多不超过五个。三个是最容易让人接受的。

（4）课程大纲设计前的调研策略

①调研内容

调研可以了解很多资讯，但鉴于培训不是刚需，每个人对培训的认知不一样，因此在调研时采购方的支持力度也不尽相同。甚至有的人力资源部门不希望培训师去打扰业务部门，因为在他们的眼里这只是一个日常的业务培训。为了不过多打扰采购方，如果是做商业课程的设计研发，那么在调研时可以重点了解三个方面的内容。

a. 运营模式。说得更通俗一些，采购方是如何获取业务收入的，主要的支出和收入是哪些方面？任何一家企业的运营都是基于他们的业务模式来运转的，只有了解了钱从哪来？钱主要花在哪里了？就基本上了解了整个企业的运营机制。至于为什么要了解这方面的内容？因为培训就是为企业的运营来服务的，唯有了解这个大的前提才能让培训真正助力于运营。

b. 组织结构。要看懂一个企业的管理，最简单的方法就是看组织架构图。我们之前给有些单位做培训，甲方根本就没有现成的组织架构图，为了减少甲方的工作量，我们有时会直接来问，比如目前企业有哪些部门？各自的职责如何？据此来了解企业的管理架构。有些企业网上有组织架构，但一定要跟采购方再次确认，因为网络版本不一定是最新的。

c.培训对象情况。这一点是调研最为核心的内容，主要了解四方面的内容。其一是培训对象的基本情况，比如姓名、性别、岗位、学历、年龄、入职年限等。其二是培训对象的工作情况，比如具体的工作内容。其三是目前工作中常遇到的问题及难点。其四是想在培训中学到哪些东西，还有哪些期望等。

②调研形式

根据培训的实际情况来选择适合的调研方式，最坏的情况就是只能做一种调研，那就是跟人力资源部门负责本次培训的人进行电话调研。因为人力资源部门在每个企业的地位是完全不一样的。但基本上培训的调研就有五种常用渠道，分别是问卷、电话、面谈、神秘顾客调研及辅助调研。

a.问卷调研。问卷调研最大的好处就是方便，数据便于汇总统计，我们每次做课程研发总习惯去做此方面的调研。在做问卷调用时最好以选择题为主，主观题放在最后，每份调研问卷完成的时间控制在5分钟以内，而且目前基本上全部是用电子问卷调研的方式，因为方便便捷。

b.电话调研。记得之前我给某事业单位做内训师培训，一共16个内训师，由于有13个内训师在其他省份出差，我亲自打电话给这些人进行调研，毕竟面谈调研时间成本太高了，就算我有时间，学员也不一定有时间。所以通过打电话进行调研，是性价比最高的一种调研方式。

c.面谈调研。面谈调研了解的资讯最齐全，是作为重点对象调研的一种常用方式，比如人力资源部门，受训对象的部门领导都是最佳的调研对象。现在也有很多人会为了节约时间及交通成本，会选择通过视频沟通的形式来进行面谈，尤其对于远距离的调研对象更为适合。

d.神秘顾客调研。换一个角度，以神秘顾客的角度跟采购方去接触，更利于了解一些真实的信息。记得之前我们做店长培训、烟草零售业培训，就以神秘顾客的形式去门店直接扮演顾客，然后通过观察，买东西来现场感受门店人员的专业性程度。将通过此形式了解到的一些内容用在培训中更能引发学员的感同身受。

③辅助调研

以上的调研诉求并不一定能全部得到满足，了解的内容也可能不足，所以还需要借助一些辅助调研形式来了解更多行业资讯。

a. 网络查询。有时为了了解更全面的行业信息，还可以通过网络搜索采购方所属行业的资讯。最常用的方式就是查看行业分析报告。

b. 同业或相关行业调研。直接打电话给跟受训对象相关的朋友，向他们了解一些行业内部操作的方法。只有熟悉行业，在课程讲授时才能讲出味道，才更能打动学员，从而赢得更高的满意度。

（5）课程大纲设计应遵循的五大原则

①理论实战兼顾

课程光有实战，给人感觉没有理论高度，理论就好比项链上的那根线，各种方法技巧好比项链上的珍珠。但若全是理论，那么学员也会感觉课程枯燥乏味，所以最好的课程内容一定是理论实战兼顾，这样可以确保学员能最大限度地接纳课程。

②少而精

培训师自身就需要优化自己的思维，要一改过往贪多求全的思维。一门培训课程不可能解决很多问题，就解决常见的问题即可。

目前的现实是培训师太关注培训的内容数量了，一门课有大量的内容，正因为太多内容导致互动少、讲得不够深、实操练习少。把所有的目标寄希望于学员训后去做，这本身就是风险系数非常高的一件事。所以说，培训师要想出效果就要有少而精的培训思维。

③重训少说教

在课程中一定要穿插大量的演练实操，并且要结合工作，因为平常大家都疲于工作，很少能抽时间来进行系统思考。在培训中就把基本的问题给解决了，训后只需要去完善即可。有了这样的思维后，课程设计就会得到根本性的改变。

④纳入行动环节内容

最好的培训就是现场把问题解决了，不让其出培训教室。当然要达到这一目的有挑战，可只要据此去践行，培训效果就会得到质的飞跃。这也是为什么很多实施战训营的培训师能接到大量商业订单的核心原因，因为战训营聚焦业绩，里面全是实战，培训只不过是一个点缀。

比如"ITTA 国际企业培训师训练营"培训班，就让大家现场来制作研发自己的课程，那么这就是实打实的实战。学员对方法不感兴趣，他们只是希望通过方法来达成目的，可很多人却误以为方法才是学员真正想要的。

所以来说，培训课程中一定要设置学以致用环节，而且一定要跟工作场景联系起来，否则效果就会打折扣。

⑤提供模板工具

最好的培训就是拿来就用，一看就懂。

比如课程中跟学员分享了如何设计一张海报的方法，大家现场也实操了，也感觉学会了。可技能类的事情，若不多演练，效果就不能得到强化，时间一久还是会忘记，但只要给学员提供多个海报模板，只需要在上面修改文字、图片即可，那么像这样傻瓜式的海报制作技巧，学员基本上就能长期熟练应用了。

模板工具的重要性不亚于培训实操本身，因为这些模板工具就是学员在实操过程中的参考物。一个人是否愿意去行动，就要看设计的应用链条是否简单，越简单越有利于使用。

4. 课程介绍制作的三个小技巧

（1）以营销视角完成配套内容制作

课程大纲只能说是课程介绍的灵魂，是骨架，但还需要血肉，所以说，还要设有有吸引力的课题、课程背景、课程收益、课程时长、培训方式等内容。

有的培训师还会将整个课程设计出一句广告语，纯粹就把课程当作一个产品，用一句话把课程的精髓提炼出来，这些都是需要花费时间精力的，但是哪一门精品课程不是这样精心打磨设计出来的呢？

（2）排版美化制作成标准版课程介绍

课程介绍的内容设计出来后，就需要完成最后一道工序，那就是美化。

课程介绍能否给人一种专业的感觉，首先就是呈现在眼前的文档排版是否工整？颜色是否协调？风格是否统一？层次是否清晰？

比如一门课程介绍有4页，而第4页才有两行，这给人感觉就很不协调，专业感就会瞬间降低很多。

比如文档里面有超过三种的文字颜色，那就给人一种杂乱之感。

开发课程是一项浓缩知识、经验的工程，每位培训师都是启迪思维的工程师，是传递智慧的使者。培训师开发课程一定要根据个人情况，量力而行，一定要换位思考，尽量多引用企业实际的案例和最新的资讯。把每次课程开发当作一生中最有价值的事情来对待，用心方能开发出专业的课程。

第五节　三类课程设计的秘籍

课程设计好比艺术家创作一件作品一样，根据不同的作品，要有不同的创作思路。对于课程设计来说，根据不同的课程类别，也要有不同的设计方法。

◎案例

青年英才的特别培训

某建材集团为了公司的发展，在我的建议下启动了青年英才计划，包括招聘、培养工作全部由我来负责。最后招聘了 13 名大学生，随即我们开展了专业的人才培养工作。首当其冲，我们要让所有的人对集团的产品先熟悉，因为这是最关键的。为了让新员工熟悉公司产品，我们设置了进车间学习、培训室专业讲授两个环节，而进车间学习的时间为一个月，培训室专业讲授则每周都安排一两次课程，在结业的时候要求每个人对产品知识进行上台讲授。通过这样的课程设计，最后让新员工快速掌握了产品知识。

总结：如果产品知识的课程我们只是简单进行专业术语的解读，对于新员工来说，很难消化吸收，而这样的课程也最容易让人走神，甚至打瞌睡，这一切缘于产品知识类课程本身的枯燥乏味，因此需要进入场景学习，并让其亲自上台讲解，这样才能最大程度确保培训效果，让学员掌握产品知识。

企业培训课程体系主要分为三大类：心态类、知识类及技能类课程，如图3-6所示。

图 3-6　三大企业培训类课程

针对每种课程类型，在开发和设计阶段必须考虑到各自独特的特点，采取有针对性的教学策略和方法。这是因为如果课程设计缺乏针对性或创新性，可能会直接影响到培训的成效，从而无法达到预期的提升目标。因此，企业在设计这些课程时，必须确保内容丰富、形式多样，并且能够触及员工的实际需求，以确保培训成果的最大化。

一、心态类课程设计技巧

心态类课程旨在培养和塑造员工的心态、态度和思维方式，以帮助员工调整心态、增强自信心和抗压能力，从而更好地适应职场挑战。

比如"感恩的力量""坚持的力量""从平凡到卓越""魔鬼训练营""激发人生潜能"等，这些都属于心态类课程，这类课程注重塑造员工的积极情绪和坚韧品格。

心态类课程在设计时是最具有挑战的，尤其是给那些年过30岁以后的学员授课，心态类课程更具挑战，因为这些人经过生活的洗礼，有了自己对人生、工作的理解，他人很难改变其固有的思维观念。

虽然心态类课程的课程效果不一定非常理想，但企业还是乐此不疲开展，因为心态类课程可以让员工充满斗志，激发对工作的热情。

在实际开发心态类课程时，许多企业团队成员认为这非常棘手，因为我们所熟悉的员工似乎更青睐那些神秘莫测的外部培训师。然而，要认为心态类课程乏善可陈，那就是忽略了教学中的方法和技巧。实际上，只要我们用恰当的方式呈现心态类课程，那么它们同样能收获学员的认可。

◎案例

让老板满意的"魔鬼训练营"

2014年，某水果连锁企业遇到了经营中的难题，那就是门店经营业绩不理想，团队士气低落，在此背景下，董事长决定召开"魔鬼训练营"专题培训。要求所有店长、部门负责人、主管、核心骨干员工全程参与。

培训一共是4天3晚，为了确保培训的效果，培训安排在某国防教育训练基地，采取封闭式培训，培训安排得非常紧凑。早上军训，上午、下午、晚上就是开展具体的培训，培训的课程主要围绕激发个人潜能、调整心态和增强抗压能力等心态潜能开发方面展开。

当负责本次培训的老师把培训须知、培训要求发过来时，我彻底震惊了，因为这是我从业十年来所见到过最严格、培训物品最详细的一次培训。除了常规的培训物品之外，清单上还包括以下内容：

1元的硬币、1角的零钞、蒙眼布、红色手指粗线绳、信封、蓝丝带（40厘米）、牛皮文件袋和 1 瓶红牛。

培训场地的要求：

· 教室需要有地毯，需要周正，中间不要有大的柱子挡住视线，窗户不透光（关灯后漆黑为合适），学员座位只摆凳子，不需要摆桌子，只需要两到三张桌子做义工台。

· 需要两个白板（场内场外各一个）、白板笔 10 支、三个无线话筒、一个立式讲台。

· 两个台灯，可以调试暗与明灯光的那种，如果住宿房间内则有无须再买。

· 教室灯光开关在教室内，操作方便。空调开关在教室内能自行控制气温。

所以当我看到这些文件要求后，想着甲方公司的资金也是来之不易，何须如此大手笔？还特意打电话跟培训师沟通，问是否全都需要，要用在什么场合？老师告诉我们要达到预期效果，就全部都按照要求进行准备。

在"魔鬼训练营"课程中，我们运用了各种道具，包括标语横幅、硬币、文具、蒙眼布、粗线绳等，每一项都有其特定目的。尤其值得注意的是，我们使用了四条横幅来营造团队氛围，这在六七十年代新修水库时期非常常见。这种视觉象征有效地激发了参与者对团队凝聚力的认识。

最让人惊奇的是结训典礼，老师要求每位学员邀请亲朋好友自带鲜花来见证这个特殊的时刻。在最后颁发结业证时，老师为每个人念嘉许词，然后半跪着为每位学员系上蓝丝带，加上音乐，当时现场学员哭得稀里哗啦，现场氛围非常感人，这也极大地提升了团队的士气。

所以说，要设计好心态类培训课程，可以这样来做：

1. 借助道具

心态类课程本身不如技能类课程形象具体，是较为抽象的，因此借助道具可以让课程变得更加形象具体，效果更有保障。

常用的道具有：

（1）音乐

音乐在课程中的魅力一直是扮演重要的角色，它能迅速把学员带入特定的培训氛围中来。比如在"感恩的力量"这门课程中，讲到要感恩父母时，播放跟感恩相关主题或悲伤舒缓的音乐作为背景音，那就会让课程显得更有代入感，学员更容易听进去。

我在上心态类课程时，需要提升大家士气时，就会用到比如《红日》《光辉岁月》《向前冲》《最初的梦想》等激情昂扬的歌曲作为背景音；需要引发大家思考，催人泪下时就会用到《Nocturne》《神秘园之歌》《Pastorale》等音乐。

（2）视频

视频是心态类课程最有说服力的道具，它可以从视觉、听觉等多感官刺激学员，把想要传递的信息传递给学员，从而达到激励学员、引发学员思考、感动学员等培训目的。

比如在勉励大家要主动改变，主动去学习，而不要以年纪大为借口，假若你自己本身年纪小，学员的年龄普遍比你大，那么讲案例也好，亲自现身说法也好，效果都不理想，正若一个没有小孩的人去分享如何带小孩要具有的心态，学员都会抱着怀疑的态度。但若有了视频，就可以借助视频中的内容来传递自己想表达的内容。像我就很喜欢播放《我是东北大爷王德顺》这个短视频，因为王德顺把自己的经历说出来后，可以激励无数人点燃对生活的那份热情。

（3）灯光

灯光是营造培训氛围的神器，在设置心态课程时，可以考虑把灯光技术运用进去，以促成培训效果的达成。

比如在"感恩的力量"这门课程进行到学员分享环节时，就需要把灯光调暗，以营造氛围，从而帮助学员更好地投入情感，便于放下戒备，更易表达内心真实声音。只有在暗的环境，才能激发学员对内心世界的探讨。

（4）其他培训物品

心态类课程本身很抽象，用具体的物品来呈现，让人对观点更易理解。比如我们讲到学习时要有"空杯归零"的心态，那就最好准备两个杯子和一瓶水，然后让学员来配合做实验，让其中一个人拿着杯子，另一个人负责倒水，先在满杯里注入水，发现水溢出去了，再在空杯里倒水则可以装满一杯水。做完这些后，让学员自己来谈其中的原理，最后做一个空杯归零的总结，效果自然会更佳。

至于需要什么样的培训物品，一定要结合课程内容来做相关准备。可以是一幅图片、一盒回形针或一张白纸等。

2. 引入案例故事

在设计心态类培训内容时，我们不仅要注重实物道具的应用，更要强调实际案例故事的引入。因为直接告诉学员应该如何行动或改变往往会遭到抵触，尤其是对于那些经验更丰富的学员而言，他们可能会对这种直接的指导方式感到不满。相反，通过分享具体案例故事，来间接传达我们希望学员学习的态度和策略，可以更加有效。

在课程设计中，案例故事的选取和运用至关重要。它不仅能贯穿整个教学过程，更能深刻地影响学员，使他们更易于接受和理解教学内容。为了使案例更加生动贴切，我们可以在网络上搜索相关资料，或者根据自己的经验进行适当的改编，甚至向熟悉的人征集他们的故事。通过这种方式，我们能够将抽象的理论知识与学员的实际生活经历相结合，使课程变得更加有吸引力。

3. 让学员现场体验

心态类课程有时光说没有多大的用，哪怕培训师讲得天花乱坠，也未必能打动学员，因为要改变一个人的思想认知、心态不是三言两语就能达成的，唯有学员亲身体验后，才能感触更深，更易改变。

以感恩为主题的课程为例，设计一个让孩子们邀请家长参与，并在课堂中为他们洗脚的环节，就是一个深刻的体验过程。伴随着柔和而略带悲伤的音乐，这种亲身的体验能够触动每个人的内心，让感恩的意义得以深化。同样地，当我们想要教育学员珍惜生活、珍惜时间时，仅仅口头的告诫远远不够，将他们带到医院，让他们亲眼所见，亲身感受，效果将会大大不同。

设计心态类课程就像是一次魔术表演，课程的效果取决于设计者如何巧妙安排各个环节。

总而言之，心态课程的设计应当围绕着激发学员的内在动力和情感体验进行。通过恰当地使用教学道具、分享引人深思的案例故事和设计有深刻感受的体验活动，我们可以更有效地传达课程的核心理念，从而引发学员的心灵共鸣。这样的课程设计不仅能够保证教学效果，还能深刻地影响学员的思想和行为方式。

二、知识类课程设计技巧

对于许多负责传授产品知识的培训师来说，如何设计既吸引人又有效果的课程常常让人头疼。传授产品知识，尤其是那些涉及法律法规的内容，由于具有相对固定的标准答案，往往使得这类课程显得枯燥无味。面对着法律、法规或产品与服务的知识类课程，我们不可避免会在培训过程中频繁与它们打交道。因此，找到合适的方式来进行教学是非常关键的。在设计课程时，目前最行之有效的方法就是通过比赛、相互教学、案例、口诀公式的形式来呈现产品知识，如图3-7所示。

01	02	03	04
比赛法	相互教学法	案例法	口诀公式法

图3-7　知识类课程设计的四大方法

1. 比赛法

我的一位来自广西的学生，她当时在一家制造型企业工作。面对一次安全事故所带来的巨大影响，企业决定加强安全知识方面的培训。鉴于该制造企业的现状，普及安全生产知识显得尤为重要。于是培训主管灵机一动，决定通过举办安全生产知识比赛的形式，激发起整个工厂学习安全知识的热情。

当时学生跟我分享，大家参与性非常高，连比赛的抢答器都是工人自己研发出来的，最后比赛的效果远远超过预期，使得老板大为赞赏。

2. 相互教学法

相互教学模式一改传统的教学模式，采取相互教学的形式，让学员变成老师，这样可以进一步调动大家对学习的积极性。

比如，我为某建材集团做培训顾问服务，该单位主营生态板产品，其中有一款名为"51除醛板"的新产品。在做产品知识培训时，之前发现学员总走神，记不住，后面我们调整了策略，就是让内训师在做产品知识培训时，讲解完产品基本性能后，紧接着是相互教学互动时间。具体操作是：

第一步，基本介绍。培训师对"51除醛板"的功能进行基本的介绍。

第二步，对下面的小组进行分工。比如第一组讲解"51除醛板"的功能特点；第二组讲"51除醛板"的卖点；第三组讲"51除醛板"对消费者的好处。

第三步，组内成员沟通。接到任务指令后，小组成员沟通如何讲好课程。

第四步，小组上台讲课。每小组派代表上台讲解指定的内容。

第五步，测试。培训师上台随机测试，比如针对第一小组的产品性能的讲解，随机选第二组或第三组的人员进行测试，看是否掌握了。

第六步，总结。培训师结合大家的整体表现进行归纳总结。

通过相互教学的模式，可以最大限度地让产品知识深入人心，也增加了课程的趣味性。做好培训师在设计课程时，就要把这样的形式设置进课程，这样就确保了培训的整体效果。

3. 案例法

案例法对于产品知识类的课程来说，可以让课程更形象生动。很多培训师都喜欢用案例法来讲解产品知识类课程。

比如需要对烟草行业进行法律法规培训时，考虑到法律法规内容繁多且枯燥，可以用具体的案例来进行讲解，这样学员更易接受。

◎案例

邮寄 48 条香烟被罚

某日，一名女子购买了 48 条软中华，准备寄到老家给妹妹当作喜烟，但是快递在寄送的过程中被人举报，结果被当地烟草局查获。

最终烟草局作出处罚，因为该女子无证运输烟草，被处罚 10080 元。

对于烟草局的这个处罚，女子明显不服，她觉得自己只不过是正常寄送香烟而已，而且在寄送香烟之前已经通过多种渠道了解个人最多可以携带 50 条的香烟，为什么 48 条就被处罚了呢？

对此女子觉得很冤，所以就向当地人民法院提起了行政诉讼，主张撤销行政处罚。但是最后法院在审理之后认为，烟草局作出的行政处罚合法合规，所以驳回了女子的诉讼请求。

通过实际案例来突出法规的应用，既增加了课程的实用性，也使得学习变得更加直观易懂。通过这样的方法，我们不只是在传授知识，更是在引导学习者思考和理解这些知识背后的应用场景与重要性，从而有效提升培训效果。

4. 口诀公式法

产品知识类课程采用易于记忆的口诀和公式等手段，对于增强知识类课程的记忆非常有效。

之前我们在广东四会为一家电商公司的翡翠销售人员做培训时，指导他们以自己的产品为例，提炼出简洁有力的口诀。要求学员记住所有信息是非常困难的，但让他们记住一些简短的口诀公式相对容易得多。

比如看一块生态板质量如何，只需要记住这样一句话"一摸二闻三看四抖动"即可。

一摸就是看板面是否平整，好的板子表面是很光滑平整的，差的板子就会有凹凸感。

二闻就是闻有没有刺鼻的味道，若味道很浓，证明对身体损害大。

三看板子的做工是否精细，差的板子则做工粗糙。

四抖动就是看是否有响声，若里面不断听到响声，证明板子质量差。

像这样的口诀，可以快速地让一个人掌握板子的基础知识。假如不用口诀，而是用生涩难懂的专业术语，课程的效果自然就会大打折扣。

除了口诀，还可以用公式把复杂的专业知识更具体形象化。

比如我们在做培训需求课程设计时，就会用一个非常简单的公式来表述何为培训需求，公式就是：

培训需求 = 要求具备的 − 已经拥有的

简单来说，就是公司要求具备的能力减去员工目前已经拥有的能力，这之间的差距就是培训需求。

综上所述，为了克服传统产品知识培训中的枯燥无味，在设计课程时，可以把比赛、相互教学、案例分析及口诀公式等教学手段作为提升课程吸引力和效果的关键策略。这些方法通过增加互动性、直观性和记忆手段，不仅激发了学习者的参与热情，还深化了他们对课程内容的理解和记忆。通过实际操作证明，灵活运用这些创新的教学模式可以有效解决培训中的挑战，确保培训内容既有趣又有教育意义。因此，将这些多样化的教学手段融入课程设计中，对于提高产品知识培训的整体质量和效果至关重要。

三、技能类课程设计技巧

技能类课程应该是企业培训中最为普遍的一类课程，但如何把技能课程设计好，这就很考验一个培训师的综合能力。

◎案例

"ITTA 国际企业培训师训练营"课程为 2 天 1 晚线下课程，主要培训内容如下：

第一篇　职业塑造篇

第二篇　经验提炼篇

第三篇　课程设计开发篇（课程重点）

第四篇　培训授课技巧篇（课程重点）

这门课程是实战性很强的课程，主要是提升培训师的专业技能。所以为了提升培训效果，课程设置了大量的演练、实操环节，并提供了大量的工具。

演练部分：分为1分钟、3分钟、5分钟直至15分钟的演练，每一位学员都有机会进行实践。因为学再多，不如自己上台演练。

实操部分：分为现场实操、课后实操。现场实操主要就是让学员现场给课程取名字、针对课程提炼金句、口诀公式、制作课程大纲及PPT课件。课后实操部分就是制作课程介绍、PPT课件、至少录制一小时现场授课视频、一起跟随课题组研发标准化课程。

工具：提供PPT模板、课件模板、故事游戏汇总、66个经典影视剧视频片段、培训音乐、50套培训讲义等。

通过这样的课程安排，可以让学员在专业能力上得到显著的提升，因为整个培训有大量的实操环节。

通过上面的案例，我们不难看出，要想让技能课程的培训效果达到最佳，可以在设计时考虑演练、实操、工具这三个方法。

1. 演练法

技能类课程所分享的技能方法要转化成为学员的技能，除了实践演练，没有其他的方法。在课程中，让学员多演练就可以促进培训的落地转化。比如做会议管理的培训，那就现场让学员来尝试演练组织实施会议。

之前我们做"店长集训营"的培训，就是在培训现场模拟演练卖产品，为了增加真实性，甚至直接把产品拉到了培训室。讲完销售技巧后就马上进行演练，学员的参与度也很高，因为大家觉得马上学马上运用，效果很好。

2. 实操法

实操就是要真正的动手去做，和演练有一些共通点，但实操更真实，以实际工作场景为准，更接地气。比如做直播技巧的培训后，马上让大家开直播卖货，看谁卖得业绩最好，这就是实打实的实操。

实操法适合所有的技能类课程，也是学员最为喜欢的一种培训模式，在实操过程中，学员可以真正地做到学以致用，学有所获。

比如我们的"ITTA国际企业培训师训练营"课程，在课后的研发课程的实操项目中，那就是研发具体的一门标准化课程，可以实践如何给课程取名字、如何搜集课程素材、如何制作大纲、如何制作课件、如何包装课程等内容，而在实践的过程中，也潜移默化提升了学员的培训专业能力。

3. 工具法

工具法就是结合课程提供标准化，可以拿来即可用的模板，常用的工具有表格、FAQ、图片、视频等内容。好的工具，甚至可以起到学员不来培训也能灵活运用的目的，因为只要照着模板直接改用或直接套用即可。

比如我的"ITTA 国际企业培训师训练"课程，在评判一堂课的标准时，会讲到关于"掌声"的内容，而我也随之提供了"赢得掌声的 100 句话"等工具模板，学员后期授课时，只要拿着这个模板，就可以赢得掌声。

在培训领域，抓住学员的注意力是成功课程设计的关键。为此，演练工具和故事案例等元素的恰当应用，成为心态类、知识类和技能类三大类型课程设计不可或缺的一环。

对于心态类课程，因其涉及的主题往往较为抽象，设计师通过虚实结合的手段、结合道具与案例、引领学员亲历其境地体验，达到内化心态概念的目的。通过这种切实感受，学员能将抽象概念转换为个人情境下的真知灼见。

在知识类课程中，竞赛和互助式学习的模式鼓励了学员间的积极互动，而案例分析与记忆口诀的融入，则旨在强化知识点的理解和记忆。这些策略保证了即便课程结束，也能留下深刻印象，帮助学员在实践中迅速凭借记忆中的关键词汇激活知识及解决问题。

最后论及技能类课程，实操演练和配套工具的精心设计是核心。不停地重复练习不仅锻造了学员的技能熟练度，更通过模拟真实情境，增强了将所学技能转化为职场实战的能力。

总结来说，不同类型的课程设计均需要根据其性质来巧妙构建。心态类课程强调情境模拟与体验，以激发内在潜能；知识类课程侧重于通过记忆技巧和实例分析来巩固知识；技能类课程则注重实操演练，以培养实用技巧。只有做到对不同课程类型精准定位和创新设计，才能确保培训的有效性，从而让学员在学习的每一步都能收获满满。

第六节 PPT 课件制作方法

PPT 制作是每位培训师必备的一项专业技能，这直接影响着学员对培训师的专业印象，倘若 PPT 做得很不专业，学员对老师的授课也会产生质疑。

◎案例

无法驾驭的 PPT

张雷在一家民营集团做营销总经理，同时他也是一名兼职商业讲师，主要是讲营销技巧的课程。有一次某媒体举办营销高峰论坛，他应邀做 30 分钟的专业分享。当时也是公司新产品上市前，所以工作非常忙碌，在赶到课件审核截止日当天晚上才提交 PPT 课件。

第二天上台分享时，他打开 PPT，正准备给大家先讲一个故事，可 PPT 却每隔 6 秒自动切换到下一页，他无奈只好暂时来到电脑面前去控制往回翻页，可 6 秒后又自动切换到下一页，整个 PPT 已经无法驾驭了。场面顿时非常尴尬，台下的人也从刚开始的期待变成了失落。后面是工作人员上台才及时做了一下 PPT 的设置，方为张雷解围。

总结：PPT 可以成就一个培训师，也可以毁了一个培训师。正所谓成也萧何，败也萧何。不管你前期课程内容准备得多充分，若在 PPT 课件上没有过关，那就有可能将自身前期的努力一概抹杀掉，所以说，每一个培训师一定要重视 PPT 课件的制作。

对于培训师来说，课件就好比战士手中的枪、司机手中的车一样，专业与否看课件就可以一窥全豹。当各项素材准备好了的话，就需要对这些素材进行深加工，在考虑逻辑性的基础上进行设计，使其达到专业课件的级别。

PPT 课件对一个培训师能否讲好一堂课是起着决定性作用的。我们目前只需要一看课件就可以推断出课程最后的效果。课件对于培训师来说就好比演员手中的剧本，到底该怎么讲完全取决于课件如何来设计。

一、目前 PPT 课件常存在的问题

课程内容的设计完成之后，将这些内容制作成课件成了下一步重要的工作。可在目前的培训领域，许多培训师在制作和使用 PPT 时存在一些问题，这些不当之处可能削弱了 PPT 的有效性，降低了教学品质，也直接影响到了培训师的口碑，因为对于学员来说，优秀的培训师所呈现出来的一切都应该是专业的，包括

PPT。以下六点是目前在制作使用 PPT 课件时常见的主要问题：

1. 通篇文字，美观度不够

很多培训师在制作 PPT 时，希望将尽可能多的内容传递给学员，因此将大量的文字直接复制到幻灯片上，有的甚至是直接用 word 转换成 PPT。比如，一个关于公司介绍的课件，就是将员工手册的内容完全复制到 PPT 中。这样的 PPT 页面，文字如同文学作品般铺展开来，缺乏视觉上的调剂。不难想象，这种满篇文字的演示文件将非常难以吸引学员的注意力，也难以为学员提供记忆上的锚点。此外，整个课件的观感也因为缺少图形、图像或其他视觉元素而显得枯燥无趣。这种课件设计不仅无助于学员的知识消化，甚至可能因为其单调乏味而导致学员的注意力快速消散。

2. 内容太多，造成互动少

PPT 内容的过度充实，以至培训师和学员之间的互动时间被极大地挤压。在某些情况下，培训师会过分重视课件内容的量而非质，从而设计出幻灯片数量惊人、每张幻灯片信息密度极高的 PPT 课件。比如，如果一个小时的销售培训，课件设计了 60 页的内容，这实际上意味着培训师每分钟都需要切换到新的幻灯片，以确保全部内容都能被讲解到。这种情况下，培训师必须非常迅速地处理每一页内容，留给学员进行思考和提问的空间微乎其微。不仅如此，这样密密麻麻的信息展示也很快造成学员的认知疲劳，互动和交流的机会自然也就随之减少。

3. 没序列号，层次感不强

没序列号，层次感不强应该是很多 PPT 课件最为突出的一个问题。完善清晰的序列号能够帮助学员更好地理解和记忆课件内容。然而，一些课件制作者忽略了这一点，制作出来的 PPT 在展示上既没有合理的序列编号，也缺乏清晰的逻辑层次。比如，在一层次需要非常清晰的项目管理培训中，如果没有使用序列号来区分项目的各个阶段和任务，学员们会发现难以捕捉到信息的递进和变化。这种问题不仅使得培训内容显得零散且难以把握，而且也影响了学员对于知识点之间关联性的理解。

4. 动画过多，分散注意力

在培训场景中，PPT 作为传达信息的重要工具，其设计往往会直接影响到学员的理解和专注度。动画效果虽然可以吸引学员的注意力，但当其使用过度时，却常常会起到反效果。比如，一个培训师为了演示产品特性，可能在 PPT 中为每个特点设置了复杂的入场和退出动画。开始时，学员可能会因为动画的新鲜感而感到兴奋，但随着演讲的深入，连续不断的动画效果很快就会让人感到视觉疲劳。不仅如此，当动画过多时，学员在转换注意力于下一个特性时，还来不及深入吸收上一信息点，整体的学习体验和信息吸收效率都会大打折扣。这种做法反而使得聚焦于核心内容变得更加困难，因此在设计 PPT 时，妥善使用动画，保持适中而恰当的动画运用是非常重要的。

5. 文字过小，根本看不清

一些培训师在准备 PPT 时会忽视文字大小对于视觉传达的重要性。在尝试将大量内容和细节塞进有限的空间内时，极小的字体几乎成了他们的不二之选。举例来说，一个培训师可能试图在一张幻灯片上列出整个季度的销售数据，以期展示详尽的市场分析，但却选择了过小的字号来适应空间限制。此举导致后排的学员甚至无法辨认数字和文字，迫使他们花费更多精力去尝试阅读，而非理解和消化这些信息。这不仅对学员十分不友好，也会大大降低信息传达的效率和效果。PPT 设计要以清晰易读为首要原则，保证幻灯片上的每个字都能被房间中的每个人轻松阅读，这是做好信息传达的基本要求。

6. 色彩问题，图文不清晰

最后需要讨论的是色彩问题，这个因素对于制作 PPT 时的美观度和可读性有决定性影响。培训师在设计 PPT 时往往会忽略色彩对于视觉感知的影响。背景色与字体色之间对比度不足，或者使用了过于艳丽的色彩组合，都会导致学员阅读困难。比如，如果一个培训师在一个图表中使用了绿色背景配上红色的文字，这种颜色对比不但对视力产生挑战，还可能导致图表中的关键数据无法被学员有效辨认。这种颜色的不合理搭配会使得信息变得难以捕捉，即便是在演讲中对数据进行了详尽的说明，学员因为无法直观见到数据，也很难将听到的信息与视觉上的信息相匹配。因此，选择合适的色彩配对，确保高对比度并且舒适的色彩搭配，对于提高 PPT 的信息传达效率至关重要。色彩搭配应服务于清晰的信息呈现，而不是成为阻碍学员理解的障碍。

二、制作精美 PPT 的步骤

一份精心设计的 PPT，能够更好地抓住学员的注意力，促进知识吸收。那么该如何做好 PPT 课件呢？在课程内容已经规划好的前提下，我们可以按照如下四个步骤来制作 PPT 课件：

1. 整体构思

当培训师在着手准备一份PPT课件之前，进行整体构思是任务的首要环节和关键步骤。这个环节将直接影响课件的质量及最终的培训效果。在构思时，只要考虑到如下四个点就能让PPT设计的思路更清晰。

（1）明确课程的重点

每门课程都有重点，针对重点部分的PPT内容肯定要更为详细一点。比如"ITTA国际企业培训师训练营"课程，授课技巧是一个重点，那么我们就针对授课的开场、提问、互动等各个方面都进行展开，每个内容给到单独一页或多页的规划。针对非重点内容，可能一个大的知识点才设置一页PPT。

（2）估算出大概的PPT页码

根据授课的时间长短估算出PPT的总页码，一般互动性强的课程，PPT页码都不会太多，行业里面可以参考的大概数据如下：

两三个小时的课程，一般PPT在二三十页。

一天的课程，一般PPT在40至60页。

两天的课程，一般PPT在70至90页。

当然这些数据仅供参考，有的培训师可能一天课程只要30页PPT即可，也有的培训师一天课程需要上百张PPT，这本身没有一个固定的标准，还得依据内容和培训师的授课风格来。比如我的一门"培训师业务拓展技巧"课程，时长为1至3小时，总共只有5张PPT；"ITTA国际企业培训师训练营"课程，2天1晚的安排，总共有75张PPT。

在估算总数后，对着课程大纲来做规划，比如第一部分几张，第二部分几张，这样我们就在动手制作前做到了心中有数。

（3）预计需要的时间

做PPT课件不提前规划好时间，就容易造成效率低下。只有规划好时间，才能在预计的时间内高效完成。

比如制作PPT课件，我一般给自己定的时间是1至4小时，而且是一气呵成，因为只有一气呵成才是最节约时间的。在规划时间时，可以考虑以下的几个方面：

a. 搜集图片、视频、内容素材的时间。这部分时间大概占20%。

b. 搜集模板的时间。这部分时间占15%左右。

c. 制作PPT的时间。这部分是做PPT最关键的阶段，所以大概占制作整个

PPT 制作时间的 65%。

这个时间仅供参考，因为要依据每个人对 PPT 制作的熟练程度，对 PPT 内容素材库调用的效率来看，有的可能光找素材就需要找几个小时，因为不知道去哪里找素材。

2. 选择模板

对于不是专门从事 PPT 设计研究的培训师来说，PPT 课件套用模板应该是最便捷有效的方法，因为对于没有设计经验的人来说，要自己制作 PPT 里面的每个元素，实在是难度太大了，而且耗时也太长了，有可能一个模板就需要花上几周的时间，做出来的效果还并不理想。所以说，选择适合的模板是培训师制作 PPT 的高效方法。

（1）快速找到 PPT 模板库

要高效选取 PPT 模板，首先需要知道去哪里寻找模板资源。互联网上有众多的 PPT 模板库，既包括免费的也包括收费的。

①办公软件自带模板库

比如，Microsoft Office、WPS 自带的模板库等，这些模板库提供了多种设计简洁且适用于各类演示的模板。

②第三方网站海量模板库

只要通过搜索即可找到第三方网站，从第三方网站中也可以获得大量模板。这些网站涵盖了从营销、管理、员工职业化、生产、礼仪等各个领域的专业 PPT。对于一个培训师来说，利用这些资源能够大幅度节省时间，快速寻找到满足需求的模板。

③网店直接购买

通过淘宝、京东等网店直接搜 PPT 模板库，通过付费可以购买到大量的 PPT 模板。

这些模板往往已经包含了适合主题的颜色方案、图标和布局设计，使得培训师可以更专注于内容的准备，而不是外观的设计。

（2）选择清晰直观的模板

找到 PPT 模板资源库后，接下来的焦点是如何选择一个合适的模板。清晰、直观的模板能够使信息一目了然，避免听众分心。在选择过程中，培训师应该从以下几个方面来考量：

①设计简洁性

避免使用过于复杂或含有太多装饰性元素的模板。过多的视觉元素会分散听众的注意力。作为培训师，千万别选那些图案过于复杂的模板，因为课程的灵魂在于培训师，而不是让学员把焦点放在 PPT 上。

比如一个团队建设的培训，选择含有轻松写作场景图片背景的模板，会比装饰繁复的抽象图案更为合适。

②颜色方案

选取的模板颜色应该能够反映培训的基调，同时还可以考虑跟公司的主题色相近。颜色对情绪和注意力有着显著的影响。比方说，蓝色通常给人以信任与稳定的感觉，适合企业级的培训；而绿色则给人以新鲜和成长的感觉，可能更适合环保或生命科学的主题。

（3）对多个模板综合加工

在实际操作中，很难找到一个完全满足所有需求的 PPT 模板。因此，培训师可能需要从多个模板中提取有价值的元素，综合加工以制作出最符合需求的课件。这一过程包括但不限于调整色彩方案、更换背景图片、修改文字布局等。

以安全培训为例，找了一个设计精良的模板，其中包括紧急情况的处理流程图。但这个模板的颜色方案可能不符合公司的视觉识别系统（VIS）。此时，培训师可以将流程图提取出来并嵌入到另一个颜色方案与公司 VIS 相匹配的模板中。另外，如果模板的原始布局没有足够的空间容纳所有需要呈现的信息，培训师还可以进行必要的布局微调，比如修改文字框的尺寸、调整图像的位置等。

进行模板的综合加工不仅需要培训师具备一定的视觉设计能力，还需要熟悉 PPT 软件的高级功能。利用如母版视图等高级功能，能够高效地对模板进行多方面的自定义。

3. 开始制作

在整体构思、选择模板到位之后，培训师将进入 PPT 课件的具体制作阶段。这一阶段的关键在于如何将收集到的素材和之前的构思有效结合，创造出既美观又实用的课件。

（1）高效制作 PPT 的三个方法

①先把 PPT 内容放在统一的文件夹

要想快速做好 PPT，就需要把 PPT 所需要的内容统一放到一个文件夹，比如内容素材放在一起、图片素材放在一起、视频放在一起，这样便于高效的调用内容。

②先做好框架 PPT，再逐步补充

有的培训师做 PPT 总是瞻前顾后，迟迟不能有具体行动，其实只要先动起来，就成功了一大半。根据我多年的经验来看，可以先把封面、目录页、章节过渡页、封底这几个做完，基本上框架就出来了，然后逐步补充完善。

按照这样的思路做 PPT 就会感觉简单很多了，先易后难利于行动的推进，当遇到有难度的或素材还觉得不完善的先空着，把简单的先制作完。

③巧用软件自带的插入功能

在制作时可以多用软件自带的形状、图标、图形、图片、新建幻灯片等功能。比如在 WPS 插入里面的新建幻灯片，可以选择正文页里面的选项，假如内容一共有三项，那就选三项，这样就会自动生成可承载三个内容的 PPT，这时只需要把里面的内容替换成自己的内容即可。

（2）制作的四个注意事项

①布局设计要美观

合理安排 PPT 页面的布局，使信息传递逻辑清晰，易于理解。避免在一个幻灯片上堆砌过多的信息。一般情况下，每一页展示一两个要点，使用清晰的标题和子标题区分。除此之外，排版时也要讲究对齐。

②插入并调整素材

根据每一页的内容安排，将收集到的文字、图片、图表、视频等素材插入到合适的位置。图片和图表要确保清晰且与内容紧密相关。对于文字描述，使用简洁精练的语言，并通过加粗或颜色变化突出重点。

③交互性增强

考虑到培训的互动性，可以在 PPT 中嵌入问题环节、互动小测试等元素，提高听众的参与度。比如，利用链接跳转到指定的文件、视频。

④统一和谐的视觉效果

确保整个 PPT 中使用统一的字体、颜色方案和图标风格，以营造专业和谐的视觉效果。比如，不同章节可以用不同颜色的分割页区分，但整体颜色方案保持一致。

4. 检查完善

PPT 课件制作完成后，接下来的步骤是进行细节检查和完善，保证课件在呈现时能达到最佳状态。

（1）内容准确性和逻辑性检查

复查 PPT 中的每一页内容，确保所有的事实、数据和论点准确无误，并且逻辑清晰连贯。此外，检查所有的内部和外部链接是否正确有效。

（2）设计细节检查

审视 PPT 的设计细节，比如字体大小、颜色对比、图片质量等，确保所有元素在视觉上都是清晰可见和协调统一的。

（3）拼写和语法检查

仔细校对文本，确保没有拼写错误或语法错误。可以利用 PPT 软件内置的拼写检查工具，也可以请同事帮忙校阅，以减少遗漏。

（4）观众视角预览

换一个角度，从听众的视角预览整个 PPT，考虑信息是否足够清楚，内容是否吸引人。如果可能的话，可以实际演练一遍，评估每一页的停留时间是否合理，转换效果是否自然。

（5）获取反馈并调整

在有条件的情况下，可以提前让一部分目标听众预览 PPT，收集他们的反馈意见，根据反馈进行必要的调整。这一步不但可以提高课件质量，还能预先感知听众的疑惑和兴趣点，为培训做更好的准备。

三、PPT 使用的三个小技巧

1. 黑屏

在演示 PPT 并希望学员的目光聚焦于自己或其他分享者而非屏幕上的内容时，简单地按下电脑键盘上的"B"键，屏幕就会立即变黑。当需要恢复屏幕显示时，再次按下"B"键，便会取消黑屏状态，恢复到演示内容。这个操作简单有效，能够让培训更富有互动性，减少视觉干扰。

2. 跳转指定 PPT

在授课时，我们总不可避免会遇到需要翻回到某页 PPT 的情况，传统的方法就是逐页翻动，可这样太耗时，很麻烦。最简单的方法就是通过按键直接跳转到 PPT 中的特定幻灯片。比如，在讲解到第 49 页时突然需要回顾第 30 页的内容，操作起来也非常直接。你只需要在键盘上输入"30"，然后按下回车键，PPT 就会直接跳转到第 30 页。这个快捷操作避免了烦琐的逐页翻找，极大提升了课程的连贯性和培训师的控场能力。

3.PPT 失控到掌控

我们借用他人的 PPT 模板，有可能该模板设置了自动播放，所以就需要删除自动播放功能，具体的操作是：

第一步：打开PPT里面的"幻灯片放映"菜单（WPS是选择"放映"菜单）。

第二步：选择"设置幻灯片放映"（WPS是选择"放映设置"菜单）。

第三步：之后选"推进幻灯片"里面的"手动"（WPS是选择"换片方式"菜单）。

第四步：选择"确定"即可。

要想做好PPT，就必须要准备好充足的素材，不管是内容素材，还是图片、视频等，因为PPT是这些素材的承载体。而要做出精美的PPT，就需要在完成初稿后不断打磨，精雕细琢，优化内容。PPT课件就是培训师呈现给所有学员的产品，只有足够的重视，才能研发出精品的PPT。

第七节　课程配套资料制作技巧

看一门课程能否落地往往取决于课程是否配备了配套的资料，而一门精品课程，往往都会有配套资料。

◎案例

标准化课程带来的好处

在企业的成长发展中，内部培训无疑是提升团队专业技能，塑造企业文化的重要途径。在这一领域耕耘有成的，便是腾明达，一个在公司中受人尊敬的市场部经理，同时他还承载了一份相当特殊的角色——内训师。腾明达在公司内部培训活动中的表现堪称典范，他的课程内容因富含幽默感、妙趣横生的"段子"而闻名，使得每一节课都成为员工们热切期待的精神飨宴。

他的课程之所以深受欢迎，原因在于其妙用案例讲故事的独到方法。即使是枯燥的公司介绍，腾明达也能够将它讲述成一段段引人入胜的历史，让人不知不觉中就了解了公司的过去和现在。更难能可贵的是，他的课程始终贯穿强逻辑性，以及他巧妙设计的互动环节，让每个学员都能成为课堂的一部分，积极参与进来。

不过，随着腾明达在授课方面声望的提升，也为他带来了不少额外的工作。他需要牺牲个人休息时间来准备和授课，同时为了配合讲课安排，不得不调整自己的本职工作计划。

由于无法长期担任所有培训课程的培训师，出于一种责任感，他开始寻求一种创新的解决方案，来平衡自己的工作、生活与培训三者之间的关系。他想到，可以通过录音的方法来整理自己的课程。遂在每次现场授课时，他都会进行录音，并将内容转录为文字，再亲自审阅和润色，确保文字稿件能够准确传达其所授课程的精髓。他积累下来的这整套文字稿件，配合精心制作的各类教学材料，最终形成了一套完善的课程资料。

在腾明达无法授课的时候，他将这整套课程资料共享给人力资源部，由其他培训师根据这些资料来讲课。随着资料的普及和应用，公司的其他培训师也能够利用这些丰富的材料迅速提升授课水平，即便他们不能百分之百复制腾明达的风格，但培训效果也能达到原来的八成。随着标准化教程的深入、成熟和普及，公司的培训品质得以保持，员工们的学习热情也得到有效的维持和提高。

公司领导意识到，建立一套不依赖个别人才的标准化课程体系，有着不可小觑的战略意义。他们将腾明达的教程作为一个成功案例进行系统的整理和推广，转化为一种新的学习模式，极大缩减了对课程研发人员的依赖。如此一来，即使非专业培训师只要凭借专业的课程资料也能够有效地进行授课，让培训效果稳定且可预测。

总结：在标准化课程设计上，其重点不仅在于创建知识共享的平台，更在于解放研发人员，让所有培训师都能够利用这些资源进行有效的传授，并保证每位学员都能获得一致的学习体验和知识吸收。如果一门课程在非原创者授课时效果大打折扣，那么这门课程在标准化方面还显然有进一步提高的空间。我们的终极目标是不论是谁来传授，学员们都能享受到一致品质的教学内容和体验。

在培训行业中，标准化课程的研发是提升课程质量的关键。对于培训师而言，开发一套高效的标准化课程及其配套资料包是一个重要的任务。这不仅能够帮助学习者达到学习目标，还能使非本课程的研发人员也能够依照资料包进行专业授课。

一、课程资料包含的元素

一份完整的课程资料包主要包含以下四个元素，如图 3-8 所示。

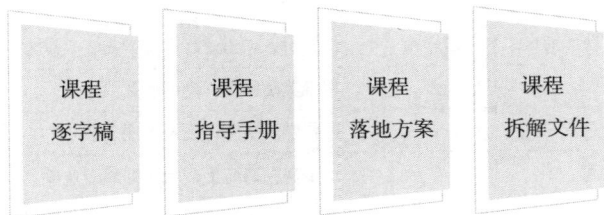

课程逐字稿　　课程指导手册　　课程落地方案　　课程拆解文件

图 3-8　完整的课程资料包所包含的元素

1. 课程逐字稿

逐字稿是课程 PPT 课件的文字记录，它按照培训师在课堂上的讲述内容，逐字逐句进行记录。这个组成部分的目的在于为非本课程的研发人员提供一个详细的内容蓝本。通过逐字稿，其他研发人员可以了解课程内容的每一个细节，包括培训师的言辞风格、用例、故事及专业术语的使用。

2. 课程指导手册

课程指导手册是标准化课程的航海图，不仅指导学习者如何高效学习，还帮助非本课程的研发人员掌握如何教授该课程。指导手册就好比一门课程的产品说明书一样，让每一个非课程研发人员能快速了解到课程的关键脉络，从而更好地完成课程交付。

课程指导手册主要包含以下内容：

（1）课程关键点

关键点主要包括课程解决哪些问题、课程的重点和难点是什么、如何快速掌握该课程及如何讲好该课程。

（2）课程物料清单

主要包括课程打印资料、专属物料、培训设备、配套物料、奖品等。

（3）课程时间参考表

主要包括三个方面的时间，比如培训开场的时间、每个课程模块的时间、培训结束结训的时间。通过这个时间表，就能更好把握培训课程节奏。

比例，"打造高效行动力"课程指导手册汇总（物料清单部分），见表3-4。

表 3-4　"打造高效行动力"课程物料清单

类别	事项	数量	备　注
打印资料	学员名单	1 份	需要打印出来，包括姓名、岗位、年龄、性别、学历，需要组织方准备
	行动力测试题	若干份	按照每人一份进行准备，需要组织方准备
	21 天行动计划表	若干份	按照每人一份进行准备，需要组织方准备
	100 天行动计划表	若干份	按照每人一份进行准备，需要组织方准备
专属物料	积分币	1 盒	用于奖励积极互动的学员或小组
	提醒铃	1 个	用作学员演练讨论及上课提醒
	课程话筒套	1 个	用于套在话筒上，增强课程专业性
	手举牌	10 个	每组发一张，用于团队展示、活跃氛围及合影拍照

类别	事项	数量	备 注
培训设备	投影和显示屏	1块	用于PPT课件呈现，需要组织方准备
	无线话筒	2个	若是装电池的，需要两三对备用电池，需要组织方准备
	音频线	1根	用于播放音视频，需要组织方准备
配套物料	主讲老师台卡	1个	内容为 — 主讲：××(姓名)，需要组织方准备
	大白纸	30张	按照五张/组做准备，需要组织方准备
	A4白纸	若干张	按照五张/人做准备，需要组织方准备
	白板笔	若干支	按照每组三种颜色白板笔各一支及给培训师准备三支不同颜色，需要组织方准备
	透明胶带	若干卷	按一卷/组进行准备，需要组织方准备
	信封	若干个	按照每人两个做准备，需要组织方准备
配套物料	信纸	若干张	按照每人一张做准备，需要组织方准备
	便签本	若干本	按照两本/组做准备，需要组织方准备
奖品	冠军奖	若干份	冠军小组成员人人有份，比如巧克力、书籍等，需要组织方准备，该项仅为建议
	优秀学员奖	3至5份	小礼物，比如U盘、自拍杆、书籍等，需要组织方准备，该项仅为建议

3. 课程落地方案

落地方案是确保学习成效能够在实践中得到应用的关键。它详细规划了学员在完成培训后应该如何将所学知识和技能应用到实际工作中去。落地方案包括后续的实践活动建议、实操项目、行动建议等。

4. 课程拆解文件

人的本能喜欢去归纳总结，同时人性也是懒惰的，倘若我们提前把课程的关键总结出来，进行分门别类的拆解，这样就可以让学员更快捷熟悉课程内容。课程主要包括三个拆解文件：

（1）课程导图

通过思维导图展示课程的内容，让人一看就马上明白课程的内容框架，如图3-9所示。

（2）课程案例故事汇总

把里面的案例故事汇总，一是便于其他授课人员快速了解；二是便于将这些素材进行保存，用于后续其他课程。

（3）课程金句汇总

金句在课程中起着画龙点睛的作用，有时一门课，学员最后可能学到了一句话，而把这句话真正领悟并执行到位了，也能实现显著的成长。

对于标准化课程的成功复制和传授至关重要的是一套全面、精确且具有指导性的课程资料包。通过精心设计的课程逐字稿、指导手册、落地方案及拆解文件，非本课程的研发人员不仅能够深入理解课程内容，还能有效地将知识和技能传授给学习者，确保学习效果最大化。

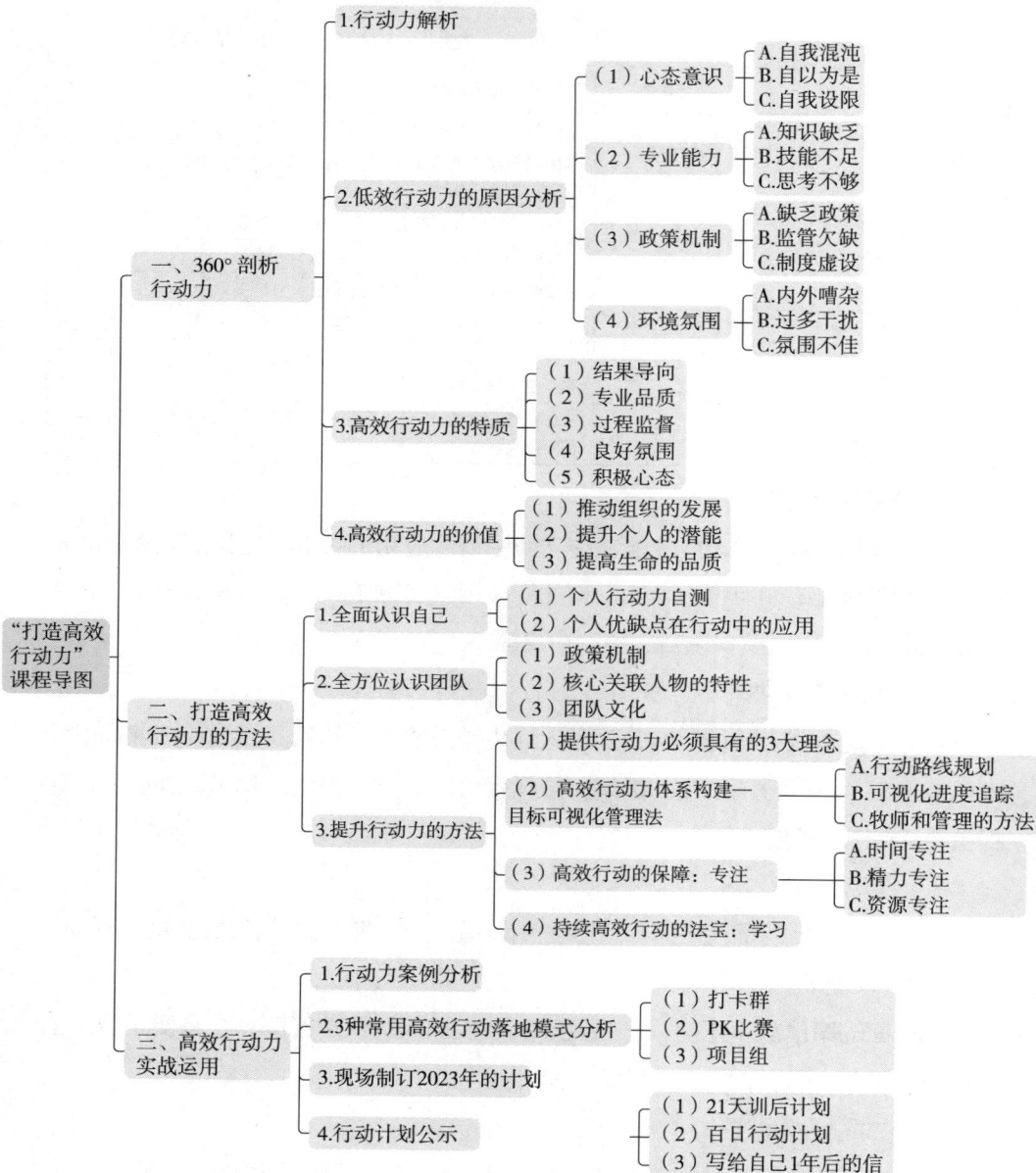

图 3-9　"打造高效行动力"课程导图

二、衡量是否为标准化课程的标准

作为标准化课程，首当其冲就是各方面都很完善，减少人为的影响，让每一个识字的人都能讲课。简单来说，衡量是否为标准化课程的标准是识字就能讲课。

这一标准似乎简单，实则蕴含了深厚的教育智慧和人文关怀。它不仅意味着课程内容需要有很高的清晰度，更意味着课程设计需要考虑到不同的授课者，确保任何具备基本文化素养的人都能够顺利授课。

达到这个标准，首先要做的是站在其他可能的授课人员的角度来审视和构建课程。这里的"换位思考"是关键步骤，它要求课程开发者不仅要有足够的专业知识和敏锐的教育洞察力，更需要有将自己置于他人位置的同理心，从而全面考虑到不同背景和经验的授课者所可能遇到的挑战和困惑。

三、课程配套资料制作技巧

课程若只有课程介绍，就好比是一套毛坯房。有了精美的PPT课件及其他素材，只能算是简装房。当有了逐字稿、课程指导手册、课程落地方案、课程拆解文件，那就好比拥有了一套精装房，让人可以拎包入住。

1. 课程逐字稿制作技巧

要针对PPT课件，把每页PPT的内容做好逐字稿，有两种常用的方案，可以根据个人的实际情况灵活运用：

（1）真实授课录制并转化

在真实授课的场景下进行录制，最后把录制的文件进行文字转化，这样可以获得一手的逐字稿内容。线上录制一般很方便，可以用录屏的形式，也可以单独录音；线下授课条件成熟的话可以全程视频录制，也可以录音，从操作上来讲，录音更具有可操作性，因为录音文件小，拿手机或录音笔即可，后期转化也方便。

（2）模拟授课录制并转化

模拟授课就是对着PPT把原本打算讲课的内容直接讲出来，然后通过录音记录下来。最后通过专业的语音转文字App直接进行转化。这种方式操作性很强，随时随地都可以进行录制。我们的版权课基本上都是用这种方式来作出逐字稿的。

不管用哪种方案来录制内容，在转化为文字后都需要进行加工。为了提升加工的效率，可以考虑这样来进行修改润饰：

第一步：将讲授的内容转化为文字。这个最好选择识别转化率高的App或专业的录音笔，因为专业录音笔自带声音转文字功能。在转化时，最好能自带格式，自动进行排版，这样可以为后期优化节约大量时间。

第二步：将生成的文字通过 AI 工具进行优化。把文字输入 AI 工具，配合适当的命令即可快速完成优化润饰。比如下达这样的命令：

请对下面的内容进行润饰，要求语句通顺、逻辑清晰、没有错别字、润饰后的总字数在 ×××（具体的数量）字左右。

第三步：对优化后的文字进行检查、修改调整。AI 工具只能起着辅助作用，还达不到替换的作用，所以在 AI 工具优化完成后，我们需要进行检查，并结合实际情况进行修改调整。

当完成这三步后，PPT 课件的逐字稿就完工了。在整体完成后，需要重新再检查一遍，看是否有错别字及是否语句通顺。

2. 课程指导手册制作技巧

要做好课程指导手册，就需要结合课程逐字稿进行整理，具体可以考虑如下几个小技巧：

（1）闭目思考课程关键点

第一步：选择环境。让自己处于一个安静的环境，这样便于接下来的深度思考。倘若条件不允许，可以考虑用降噪耳塞，这样可以过滤掉很多杂音和噪声。

第二步：静心。闭上眼睛，选择静坐或自己觉得舒适的姿势，然后深呼吸，放下一切杂念，把注意力放到自己的呼吸上，让自己内心处于宁静。

第三步：深度思考。开始重点思考课程的五个关键点，按照顺序逐个来思考。比如首先思考课程到底要解决什么问题，接着来思考课程到底以哪些内容作为重点，然后思考课程比较有挑战的难点是什么，最后思考如何快速掌握该课程、如何讲好该课程。

第四步：把刚才想到的点写下来。等思考结束后马上把思考的点记录下来，并进行加工。

（2）把课程要达到效果而配置的物料列出来

为了让培训课程达到最佳效果，需要配合相应的物料。课程研发人员对课程熟悉，而非课程研发人员则并不一定清楚，因此研发人员若能把物料清单罗列出来的话，非课程研发人员也能快速了解，以免因为物料准备不足影响到后期的授课效果。

（3）根据逐字稿推算课程时间

培训的时间一般分为培训开场、培训授课、培训结尾这三个时间段。

a. 培训开场时间。一般开场在 10 ~ 15 分钟，涵盖了破冰环节。

b. 培训授课时间。根据逐字稿的内容进行推算，一般人说话的速度是每分钟 180 至 220 个字，根据字数及互动的时间规划，我们就可以快速推算出每一个模块内容大概所需时间。

c. 培训结尾时间。一般在 5 分钟左右，时间太长会有一种拖拉的感觉。

3. 课程落地方案制作技巧

落地方案一定要结合课程内容来设计，重点思考如何落地和分阶段落地，更具有可操作性，比如训后多少天完成某一指定任务。那么每个阶段的任务设计就需要培训师结合课程情况来设定。

常用的落地方案可以分为两部分：

（1）考核

考核一般分为笔试考核和面试考核。笔试考核最好在培训现场完成，这样操作性更强。而面试考核则可以选好面试官，采取抽签模式来选择部分人进行考核。

（2）落地执行具体措施

包括写培训心得、训后转化训练营、启动特定项目等内容。

总之，要做好课程落地，还是要结合课程想解决哪些问题来部署，以解决问题为指导方向，这样通过后续的行动才能真正让问题得以解决。

4. 三份课程拆解文件制作技巧

（1）课程导图制作

建议用专业的 Xmind 思维导图软件进行制作，选择逻辑图形式，对照课程介绍来作图。可以说课程导图是课程介绍的图片版。

（2）案例故事、金句制作

在这两大块内容制作时，可以考虑如下两个小技巧：

a. 边做逐字稿，边把里面的案例故事和金句提炼出来。也就是遇到案例故事和金句时，先复制出来，单独建立文件，这样就不用回头重新去复制案例故事和金句。

b. 金句提炼时可以借助 AI 工具。比如扪一些核心内容通过 AI 进行提炼，然后把提炼的金句放到逐字稿里面，同时将金句复制到金句汇总的文件中。

标准化课程应以能识字就能讲课作为目标。这要求培训师具备专业知识、洞察力，以及同理心来考虑不同授课者的需求。通过精心设计的课程资料（逐字稿、指导手册、落地方案和拆解文件），以确保无论授课者背景如何，都能清晰准确交付课程内容，并实现教学成果的最大化。要达到这样的目的，对于培训师来说，这将面临更高的挑战，但这也是每一个培训师应该去追求的目标。当以匠人的心态让每一门课程都能脱离非研发人员，这样就完成了人生一件伟大的作品。

第四章　培训授课技巧

在本章中，详细阐述了培训授课的关键技巧。从培训前的准备工作，包括熟悉学员、课程推演、场地设备检查等，到培训师台风呈现技巧，比如表情、互动、肢体等方面的运用，再到六大授课方法、课后复盘技巧及突发情况的处理技巧，涵盖了培训过程的各个重要环节。这些技巧旨在帮助培训师更好地掌控培训现场，增强培训效果，提升学员的参与度和学习体验。掌握这些技巧是成为一名优秀培训师的必备条件。

第一节　培训前的准备工作

培训能否成功举办，在很大程度上取决于培训的准备工作。准备越充分，培训的效果越有保障。

◎案例

一堂精彩的经验萃取课

W老师是一名主讲经验萃取的培训师，有一次到北京给某大型国企授课。由于她的飞机晚点，到达酒店时已经是晚上10点半了。她刚办理好入住手续，就联系负责本次课程的助教，然后一起去会场检查。在此之前，助教已经按照W老师的要求全部准备到位。所以助教心里还在嘀咕，这老师是不相信我的工作吗？

到了会场，W老师把自己携带的计时器、提醒铃、积分卡等培训物品摆好，然后开始调试电脑，可发现课件里面插入的视频要么出现画面没有声音，要么有声音没有画面，而怎么调试也调不了。这时助教马上联系酒店工作人员，然后及时地处理好了。

事后W老师跟助教说，幸好提前检查到问题了，否则第二天早上再调试，势必会占用时间，这就给学员留下不好的印象，而助教却感觉很惊讶，因为用他的电脑调试时完全没有问题。

总结：课前设备的调试非常重要，因为系统软件不兼容的问题、设置的问题，都有可能导致 PPT 看不到画面，听不到声音。若不重视课前准备工作，最终为培训效果打折扣买单的还是培训师。

俗话说：运筹帷幄，方能决胜千里之外。

培训授课就好像是一场战役，要取得胜利，就需要做足各项准备工作。准备工作做得越扎实，那么现场授课呈现出来的效果就会越好。

那么课前准备应该从哪些方面进行准备呢？无外乎有如下五个方面，如图4-1所示。

图 4-1　课前五项准备

一、熟悉学员

俗话说：知己知彼，方能百战百胜。

1. 熟悉学员的基本情况

要想熟悉学员，需要让培训组织者按照要求提供名单。学员名单的信息最好要涵盖姓名、性别、年龄、岗位、联系方式、学历、入职时间，有了这样的名单就更利于把控授课时的深浅度。在看名单时，要重点把握三个信息：

（1）领导信息

名单里面若有领导，那在授课时就需要特别关注到，因为领导对培训师的印象直接影响到整个培训的评价。

（2）生僻字

若姓名里面有生僻字，那就提前查询，确保名字不要念错。对于一些少数民族的姓名，更需要咨询组织者如何称呼更好，或者问一下其他培训师。否则，现场念错名字则会让专业形象打折扣。

（3）特别信息

从名单中看到跟大多数人不一样的姓名，可以重点关注一下，最好能记住名字。比如参训人员中只有一个外地的学员、一个女性学员或男性学员、一个年龄特别大的学员、一个入职年龄最久的学员。

2. 了解学员对课程的疑问

了解学员对课程主题有哪些疑问和要求，只有了解到这些信息，课程在讲授时才能更有针对性。不过这部分工作很多是在课程研发前就要去做了，假若已经做了的话，可以再看看之前的调研数据，毕竟时间一久也很难确保都能记得住。

如果还未曾调研，那可以通过问卷形式进行线上调研，选择一部分学员进行电话沟通或面谈，了解到他们的实际工作情况及工作中的问题，毕竟文字信息是很片面的，呈现形式也不生动。搜集到这样的数据后，基本上就对学员有了很清晰的认识，在后期课程互动时也更能有针对性。

二、做好课程推演

课程要想讲得更精彩，课前推演少不了。推演做得越扎实，课程效果就越有保障，这也是讲好一门课的核心秘籍。那么我们该怎么来做好课程的推演呢？

接下来我们将用一个具体的案例进行分析：

◎案例

2019年，我为某企业开展了为期四天的内训师培训项目，其中包含三天的培训课程和一天的评审环节。重点在评审，要评选出初、中、高三个级别的内训师。课件做好后，我就开始了课程的推演，甚至是多次推演，具体的操作如下：

（1）确定本次培训的关键内容点

当时我们培训的重点就是课程大纲设计技巧、培训台风呈现技巧和培训暖场技巧。对于内训师来说，内容重于形式，如果连课程内容都过不了关，凭啥让同事来听你讲课，所以当时课程设计作为一个重中之重。这部分要达到的目标就是让学员掌握课程设计的公式框架。其次就是台风呈现技巧，如何让他们站在讲台上像一个培训师，这就涉及呈现技巧部分，而这部分也是后期训练的重点。最后就是暖场技巧，一个培训师开场开好了，培训就基本上成功了，就可以超常发挥。

（2）把整个课件过一遍

打开PPT课件，把课件一张张的过一遍，揣摩每一页应该怎么讲，如何讲才出彩。这部分也是花时间最多的，往往在培训前要过三遍左右。特别是每个章节，每页之间如何衔接起来，这都是要重点把握的部分。

（3）对重点部分进行模拟授课

光看和光想，这往往还是不够的，对于重点部分一定要讲出来。比如当时关于开场部分的讲法，我就换了多个版本，大概练习了不下于50次。这50次包括专心专意地在电脑前模拟讲课，也有走路时默念讲课，还有出差路上、睡前等时段进行默念讲课。没有一成不变的讲法，要依据学员的情况，每次做课程的调整，所以这些关键部分就要试讲。开场至关重要，所以我会花很多时间来模拟讲课，尽管自己是一名从业多年的培训师，但为了效果更佳，则需要更充足的准备。除了开场部分，还有课程里面的关键内容点及结尾，这几个地方都是模拟讲课的重点部分。把这些地方讲到位了，课程就基本上有保障了。毕竟不可能对所有的内容都模拟讲课，因为这太耗时间了，所以选择重点部分是很靠谱的。

（4）课程时间记录及部署

每次模拟讲课时，我都习惯去用秒表计时，这样就能预判整个课程的具体时间。比如开场控制在6分钟以内，那么就绝对不能超过太长时间，只有这样才能把控课程的节奏。

课程推演就如打仗前的推演，除了以上四点之外，还要有预案，比如万一这部分互动时间过长或过短，抑或没有人参与，应该怎么办，如果这部分学员演练的效果没有达到又应该怎么办等，诸多问题先提前预设，然后思考应对措施，这样在后期授课的过程中才能更从容。

三、课前踩点及检查

课前不踩点，迟到难避免；课前不检查，培训风险大。

1. 踩点会场

一个老师对会场越熟悉，在现场就会越从容。

（1）会场的准确位置

对培训会场进行提前踩点可以熟悉会场，有的需要七拐八拐才找得到，只有知道了具体位置才能做到心中有数。对于新人来说，消除紧张的一个办法就是提前熟悉培训的会场。

（2）到会场需要的时间

踩点还能更科学的规划好时间，比如从入住的房间到会议室或从餐厅到会议室需要多长时间，这都可以避免迟到这种情况发生。

（3）离会场最近的安全出口、洗手间所在位置

熟悉安全出口的位置可以以备不时之需，而熟悉洗手间的位置则可以在需要

如厕时或整理妆容时都能迅速找到合适的地方。

（4）会场的设施位置

主要是看会场各项设备及电源、音响、空调开关键的位置，这样便于培训时做到心中有数。

2. 调试设备

需要提前踩点对设备进行调试，最主要是调试三个设备：

其一是投影，看能否正常投放 PPT，能否正常播放音乐、视频。

其二是音响，看无线话筒是否正常使用，声音大小是否适合。

其三是灯光，看能否控制讲台前的灯光，因为投影播放视频时往往需要把前排的灯关掉，以确保投影的清晰度。

3. 检查物品资料准备情况

（1）检查自己物料准备情况

在培训授课中，经常会有看到培训师因为忘记带某些物品，而直接影响培训授课的效果。所以作为一名专业的培训师，一定要做好三个方面的检查：

a. 电子资料的检查。一般主要是看课件及其他配套的音乐、视频、文件是否都齐全，是否都能正常打开使用。

b. 培训八件物品检查。主要是检查翻页笔、计时器、录音笔或备用手机、笔、本子、提醒铃、U 盘、投影转换接头。这八件物品都属于培训必带物品，所以一定要仔细检查，尤其是要看翻页笔和计时器是否有电池。

c. 检查培训奖品。俗话说礼多人不怪，对于培训师来说，多备一些礼品给学员，这可以让学员更主动参与到课程中来，形成良好的培训氛围。礼品不一定很贵，比如常用的礼品可以是书籍、零食、小电子产品，甚至有的还会准备彩票，或者跟培训主题相关的物品。

（2）检查会场物料准备情况

检查会场中所需的物料是否都已经到位，比如白纸、白板、白板笔、便笺纸、胶带、课程配套的打印资料等物料。

四、做好课前的两项沟通

一般情况下，培训师最好提前半个小时到达会场，这样可以有充足的时间在课前做一些沟通，便于跟客户、学员建立起一定的情感关系，更利于课程的讲授。

（1）跟主办方沟通

在课程即将开始前，可以跟主办单位的相关负责人进行沟通，了解公司和学员的情况，一般来说还会了解如下几个问题：

a. 有没有领导参与。若有领导来，到时在培训中可以适当提领导的名字。

b. 培训学员的情况。比如人员是否有增减，是否有需要特别关注的学员。

c. 课程开课时间。看是否按照预定时间开始课程。

（2）跟学员沟通

到一个陌生的地方做培训，下面全是新面孔，又是第一次做商业培训，要说不紧张那是不可能的，所以在课前选择和一部分学员提前沟通，可以有效消除紧张感，还能让这些学员成为参与互动的首批人员。一般可以考虑来问这些问题：

a. 什么部门的、具体负责哪方面的工作、姓名是什么、什么时候入职公司的等，这几个问题都很简单，意在了解学员的基本情况。

b. 问跟培训主题相关的一些问题。这是沟通最关键的问题，有些问题可以在授课时直接拿出来进行分享，这也会让学员感到很受老师的重视，从而更投入到学习中来。

五、做好形象方面的准备

讲台是一个很重要的地方，为人师表，形象自然是要符合一个老师的基本要求。一个老师的气场在很大程度上也跟形象相关，专业的形象会树立起专业的感觉，而这种感觉往往会影响到学员学习的态度。一个培训师花了很多心思在形象上，至少证明是很重视该培训的。

1. 培训师的形象在授课中常出现的问题

（1）没有注重形象，留下不好印象

这几乎可以说是很多培训师最常见的一个错误，穿着打扮没有彰显一个培训师的专业性，须不知，在培训授课现场，培训师就是整个会场的主角，穿着职业化是对学员最起码的尊重。除此之外，还有的女性培训师头发散乱，也没有化淡妆或化太浓的妆容；男性培训师不修边幅，衣服皱巴巴的，皮鞋也有很多灰尘等很多问题。

（2）精神状态欠佳，缺乏气场

整个人看起来萎靡不振，说话很柔弱，学员听起来都吃力，脸上也没有过多的表情，给人感觉这个培训师完全不在状态。

2. 男女培训师的形象要求

（1）男性培训师的形象准备

对于男性培训师而言，着装通常强调的是专业性、权威感与简洁性。一个专业的男性培训师应当通过其着装来建立起权威，使学员自然而然地产生尊重和信任感。

①仪表

在正式的培训场合，推荐男性培训师选择商务正装，比如定制的西服套装，颜色以深蓝、灰色或黑色为宜，避免过于鲜艳或个性化的图案和颜色。衬衫宜选择白色或浅蓝色，搭配简约的领带，以展现专业严谨的形象。

②仪容

男性培训师应保持整洁的发型，避免过于潮流或不规整的发型。面部的胡须应修剪干净，以保持整洁的面容。确保指甲干净、修剪整齐，展现出细节的关注。在训前，最好去理发，这样可以给人的感觉很有精气神。

（2）女性培训师的形象准备

女性培训师的形象要求在专业与亲和力之间寻找平衡，通过着装和仪容展现出专业性，同时不失女性特有的温柔和细腻。

①仪表

女性培训师在正式场合下应选择合体的西装套装或职业装连衣裙，颜色宜选用深色或中性色，避免过分鲜艳或过于复杂的图案。服装应注重质感，剪裁要彰显职业特性，同时略带女性化的设计细节，比如腰线的强调，可以使整体形象既专业又不失柔美。在非正式场合，优雅的休闲装或时尚的混搭风格也是不错的选择，比如简洁的上衣配合高腰裤或半身裙，既展现亲和力，又不失格调。

②仪容

女性培训师的妆容应该保持自然、清新，避免过于浓重。发型宜整洁，可以是简单的盘发或自然下垂的长发，展现出干练而不失柔美的风格。指甲干净，可以适当涂抹淡色指甲油，增添细节之美。

一个好的形象不仅能够增强培训师的自信心，也能在无形中提高培训的效果和质量。通过专业的形象展现，培训师不仅能够建立起教学的权威性和专业感，还能有效激发学员的学习兴趣和尊重，为成功的教学提供坚实的第一印象。在开展培训前，培训师应根据培训的性质、场合及自己的个性特点，灵活调整自己的形象策略，做好形象的准备工作。

每一次成功的培训背后是一系列深思熟虑和精心策划的准备工作。这些工作不仅是对课程内容的梳理和推敲，更是对培训师自我形象的塑造和提升，以及与学员建立连接的桥梁。

深入了解学员、课程推演、场地设备检查、沟通策略，以及对个人形象的精心打造，共同构成了一次成功培训的五大支柱。在这个过程中，培训师不仅是知识的传递者，更是引领学员进步和成长的领路人。只有用心地准备，才能体现对学员的尊重，也彰显了培训师对职业精神的追求。

第二节　培训师台风呈现技巧

培训师的言行举止无不彰显其专业性，所以作为一名培训师，在讲台上的台风尤为重要。

◎案例

"雕塑型"的培训师

刘老师受邀为某地区的企业家开展一场"企业家十大法律风险防范"的专题培训。这次培训为期一天，因为该课题与每位企业家的切身利益紧密相关，所以吸引了 200 多位与会的企业家报名。这也是刘老师第一次面对这么多的企业家进行授课，为了确保培训的质量，他精心准备了大量的法律风险案例，期待通过这些实例生动地传达信息。

培训当天，刘老师站在讲台前，站的笔直，给人气宇轩昂的感觉。然而，尽管他准备了众多案例，可在整个培训的过程中，却未曾离开讲台一步，好似一座"雕塑"，再者加上也没有做什么实质性的互动，导致培训的互动性和动态性大打折扣。这种类似于工作汇报的培训方式，使得原本充满期待的课程内容变得枯燥，整个现场的氛围也显得异常沉闷。尽管刘老师在专业知识方面表现不错，但由于台风呈现能力弱，所以培训控场做的不佳，使得整个培训的效果并不理想。与会企业家的反馈也反映了这一点，他们认为刘老师的专业知识虽然扎实，但授课技巧略显平平。

总结：这个案例清楚地展示了即使是拥有丰富知识的培训师，如果缺乏恰当的培训授课技巧和台风表现，也难以激发现场氛围，更不用说最大化地传递知识了。这提醒所有培训师，除了深厚的专业知识，还需要重视自己的台风呈现能力，以确保每次培训达到预期效果。

在当今社会，培训师的角色变得越来越重要，无论是企业内部培训还是公开课程，一名优秀的培训师不仅需要掌握丰富的知识和技能，更要有良好的台风呈现技巧。良好的台风不仅能够提升教学质量，还能增强学员的学习兴趣和参与度。台风简单来说是指培训师在讲台上的整体风采，具体的台风要求如图4-2所示。

| 表情 | 互动 | 肢体 | 站姿 | 走动 |

图 4-2　培训时台风要求

一、表情

表情是培训师传达情感和态度的重要非言语工具，一个恰当的表情可以胜过千言万语。往往越是优秀的培训师，表情就越丰富。通过丰富的表情可以吸引学员的关注，从而更好地掌控培训现场。

1. 表情呈现技巧

（1）根据内容展示不同的表情

一名优秀的培训师，其表情应当是丰富且具适应性的。这意味着培训师需要根据讲解内容的不同，展示出相应的表情。比如，在讲述一个激动人心的成功案例时，培训师的脸上应当充满激情和兴奋；而在分析一个严肃的行业问题时，则应呈现出严肃和思考的神态。这种表情上的变化不仅能增强信息的传达效果，还能吸引并保持学员的注意力。

（2）用微笑塑造亲和力

微笑被誉为最具感染力的表情之一。在培训过程中，适时的微笑可以营造出一个轻松愉悦的学习氛围，让学员感受到培训师的亲和力和开放性。但微笑的使用也需要适度，过度或不适当的微笑可能会让人感觉不真诚或不专业，比如讲到一个很严肃的话题时，微笑肯定是不适合的。因此，培训师需要根据情境合理使用微笑。

a. 开场和结束的微笑：培训开始和结束时，都应给予学员一个温暖的微笑。这不仅能够为培训营造一个友好的开场，还能在结束时留下良好的印象。

b. 适时的鼓励性微笑：在学员参与讨论或回答问题时，给予鼓励性的微笑。这种微笑可以传递积极的反馈，鼓励学员更加开放和自信地表达自己。

2. 塑造丰富表情的技巧

（1）练习面部表情的灵活性

定期站在镜前，尝试表现出不同的情绪，比如喜悦、惊讶、思考等。这种练习可以帮助培训师在讲解不同主题时，能够自然地切换到相应的表情，使表情更丰富、更符合讲解内容。尤其是要保持微笑的表情，可以要对着镜子反复练习，让微笑可以成为一种职业习惯。

（2）模拟场景练习

在准备培训内容时，想象不同的听众反应和场景，预先准备对应的表情。比如，如果是分享一个成功案例，可以练习展示自豪和兴奋的表情；如果是要介绍一个严肃话题，练习展现严肃和深思的表情。

二、互动

互动是培训师授课的至尊法宝，要想让课程生动，让学员保持注意力，就需要频繁开展各项互动。

1. 互动的原因分析

（1）调节氛围的需要

培训不是演讲，讲究的就是双向沟通，而不是培训师单方的语言输出，因为培训的时间普遍比较长，缺乏互动会让整个氛围很沉闷，尤其是到了下午、晚上培训时，没有互动，整个现场会有一种昏昏欲睡的氛围。

（2）课程效果的需要

深层次的互动原因，其实就是因为：

- 讲了不一定会听。
- 听了不一定会听懂。
- 听懂了不一定会做。

所以作为培训师需要互动，只有不断互动，才能让学员不走神，更好的消化理解课程内容，使现场牢牢掌控在手中，从而让培训效果达到最佳。

2. 互动的技巧

（1）有问有答

互动的基本形式之一就是"有问有答"，这也是互动最常用的技巧。培训师要养成一个职业习惯，那就是培训时要习惯性先问再讲，不要动不动就把自己观点讲出来。比如我们在讲"培训的价值"这个内容点时，可以先向学员提问："各位伙伴，你们觉得培训有什么样的价值？哪位来分享一下"。在学员分享之后再来展开讲述，这样就充分调动了学员的积极性。

在问问题时，不少培训师是为了提问而提问，根本就没有让学员来回答就直接抛出观点了，让人感觉流于一种形式。

（2）及时鼓励

学员参与互动后，要及时给予奖励，最常见的奖励就是让全体学员给参与者鼓掌，然后口头表扬，也可以考虑加分，或者赠送小礼品。

三、肢体

肢体语言是培训师沟通的重要组成部分，它可以传达培训师的自信、热情和专业度，也能紧紧吸引学员的注意力。

1. 肢体语言表达的三个技巧

肢体语言，尤其是手势的运用，对于提升培训效果和增强教学表达力至关重要。一流的培训师之所以能够吸引听众，很大一部分原因在于他们能够灵活、恰当地运用手势，以增强信息的传递和情感的表达。在此基础上，掌握以下三个技巧对于优化手势语言，提高专业感至关重要：

（1）根据内容来展现手势

手势跟内容紧密相连，是内容的另一种呈现方式，可以极大地增强学员对内容的理解和记忆。比如我们需要让学员安静下来，就可以把右手的食指伸出来，右手的其他手指捏成拳状，然后把食指放到嘴边，这样就是一幅非常生动的让大家安静的画面。

真正的手势一定是随着内容有感而发表现出来的，不用刻意地去学，因为这是一种最自然的真情流露。就像我们说三个点时，自然而然伸出三个手指头；需要让现场的讨论暂停时，我们会伸出左手，然后掌心朝下，再伸出右手，把食指指尖顶在左手掌心。越是有感而发呈现出来的手势，越给人自然真实感。

（2）手势要有力度

恰当的力度可以传达出培训师的自信和热情，激发听众的兴趣和情感共鸣。比如在进行激励性讲话时，培训师可以使用坚定有力的手势，比如拳头紧握、手掌向下压等，以传递决心和鼓励。通过适当的力度调整，培训师的手势就能够有效地传达出相应的情感和态度，进而影响学员的情绪反应。

相反，过于柔弱或缺乏力度的手势，则可能给人留下不自信或缺乏准备的印象，也会让学员感觉老师没有精气神，给人一种负能量，而不是正能量。

（3）手势幅度不宜太小

手势的幅度需要适中，过小的手势不容易被学员捕捉到，难以产生应有的效果。适当的幅度不仅可以帮助信息的传递，还能够吸引并保持听众的注意力。大幅度的手势在强调重点或展示热情时尤为有效，但需注意控制，避免过度夸张，影响整体的专业性。

举例来说，在介绍广泛影响或大范围应用时，培训师可以使用较大的手势幅度，比如双臂展开，来形象地表示概念的广泛性或包容性。在需要集中学员注意力到一个特定细节时，可以适当减小手势幅度，但仍保持足够的动作以吸引视线。这样，通过调整手势的幅度，不仅能够使信息传达更为有效，也能够调节现场的氛围，使培训更加生动有趣。

2. 手势语言的三个应用场景

（1）强调关键点

培训师可以通过手势来强调讲话的关键点。比如，在提到重要概念时，可以用手的开合来吸引注意力，或者使用指向的手势指向屏幕上的关键词，这样可以帮助学员聚焦于重要内容。

（2）展示过程或方向

当解释一个过程或描述一个方向时，手势可以起到画龙点睛的作用。比如，培训师可以通过手势模拟一个物体的运动轨迹，或者用双手展示事物的大小、形状，这些都能使抽象的概念具象化，便于理解。

（3）调节课堂氛围

适时的轻松手势，比如，开放的手掌、轻松摇动的手指等，可以使培训氛围更加轻松愉快。这种非正式的肢体语言有助于缓解学员的紧张情绪，使他们更愿意参与讨论和活动。

四、站姿

看一个培训师是否是专业的往往看他的站姿就能看出端倪，因为站姿是培训师的基本功，就好比学武功往往要从蹲马步开始。

1. 站立姿态

（1）自信且开放

保持直立的姿势，脚距与肩宽相仿，这样既能展示出自信，又不显得过于僵硬。避免交叉双臂，因为这可能会给人一种封闭或防御的印象。

（2）平衡分配体重

体重平均分配在两脚上，可以防止长时间站立时产生的疲劳。偶尔改变重心，可以使站姿看起来更自然，同时也有助于缓解身体的紧张感。

（3）适当的面向

面对听众，保持身体的正面对准中间区域的学员，这样可以确保与尽可能多的听众建立视线联系。在需要移动视线或身体时，动作应平缓，避免突兀转动导致的注意力分散。

（4）适时调整站姿的位置

通过改变站姿的动态，比如从静止到移动，或者通过在不同的教室区域站立，培训师可以有效地调节课堂的节奏和氛围。

比如有学员在台上分享时，培训师可以站在另一侧，因为学员此时是主角；还有需要学员在座位上分享时，可以走到台下站在学员身边。

2. 根据不同场景调整站姿

（1）表现权威

在需要强调权威或重要性时，保持稳定且直立的站姿，这能够帮助传达出信心和确定性。

（2）展示开放性

在鼓励学员参与或提问时，可以适当向前倾斜身体，这个小动作显示出培训师的开放性和接纳性，使得学员感到更加舒适和自由地表达自己的想法。行业里面很多培训师在聆听学员分享时，会把两手自然垂下叠加放于腹部下方。

3. 避免不良站姿

（1）避免过度倾斜或弯腰

这可能会给人一种不专业或缺乏自信的印象，也给人一种萎靡不振的感觉。

（2）避免站在投影前

站在投影前，会直接影响到学员看 PPT 页面，而且有的投影光线会直接照射眼睛，影响身体健康。

五、走动

在培训师的台风展现中，走动是一个看似简单，却蕴含深厚技巧的部分。培训师通过在课堂上适时走动，可以打破传统的"一讲多听"的静态教学模式，创造出更加活跃和动态的学习环境。适当的走动不仅可以帮助培训师调动课堂氛围，还能有效促进学员的注意力集中，提升培训效果。比如，通过从讲台走向学员区，培训师能够拉近与学员之间的距离，使得学习氛围变得更加轻松和亲切。

我认识一位培训师，他每天授课基本上要换两件衬衫，每次上午讲完以后，他的衬衫都能拧出水来。他喜欢走动，会把每个角落的人全部掌控在他的手中，因为大家都知道培训场地越大，在后面的人越容易分散注意力。所以他很喜欢走到后面，这样就可以照顾到后面的学员。

目前很多培训师最大的问题是在心里有一道红线，不敢越过这条红线，而红线就是第一排对齐的这条线。就算走动也只是在讲台前面走动，根本不会走到学员中间去，更不用说走动到讲台后面了。

俗话说：走动到哪里现场掌控就到哪里。有些培训师培训现场掌控能力弱，其实就是因为没有学会走动的技巧。那么该如何走动呢？

1. 走 T 字线

所谓的 T 字线就是从左边走到右边，从前面走到后面。培训不只是要关注前面的学员，更要留意后面的学员。像有些较大的培训场地，你不走过去，怎么可能关注到后面的学员。通过走到学员中间，后面才能跟他们进行各方面的互动。遇到讲话的学员，也能通过走到其身边，让其停止说话。

2. 合理规划走动路线

培训师在课堂上的走动应避免随意性，而是应该有目的地规划。比如接近需要帮助的学员，或者需要台下的某位学员来参与回答问题。

3. 控制走动的节奏和频率

走动的节奏和频率应与课堂内容和气氛相匹配，过快或过频的走动可能会分散学员的注意力，而适时适度的走动则可以有效引导课堂节奏，提升学习效率。另外，培训师在走动时一定要稳，不能给人感觉弱不禁风的感觉。

4. 走动时尽量少讲话

有些培训师在授课时喜欢边走动边讲话，尤其是走向讲台时，就会出现背对着学员讲课的情况发生。作为一名专业的培训师，尽量等站定之后再讲话。

在现代职场和个人发展中，培训师的作用远超过知识的简单传递，他们的每一个动作、每一个微笑、每一次互动都可能成为学习者心中的一盏明灯。好的培训师，他们的台风不仅是技巧的展示，更是他们个人魅力和专业态度的体现。他们通过控制表情、调整身体语言、精心设计互动和恰当地走动，将枯燥的知识转化为一场场精彩绝伦的学习盛宴。

在这个过程中，培训师像是一位导演，精心布局每一个细节，确保每一位参与者都能成为这场盛宴的主角。表情的丰富度、身体语言的准确度、互动的及时性和走动的恰当性，这些看似简单的技巧背后，实则是培训师对于掌控节奏、把握氛围、理解人心的深刻洞察。

可以说，优秀的培训师就像是一个会讲故事的好朋友，知道什么时候该用一个微笑温暖你，什么时候该用一个肢体动作引导你，什么时候通过一个问题让你思考，什么时候走近你，让你感受到不仅仅是知识的传递，更有情感的交流和支持。他们用这些台风技巧，不仅让学习变得高效，更让这个过程变得有趣和值得期待。

所以，培训师的台风技巧，远不只是为了培训教学而存在，它们是培训师与学习者之间建立信任和联系的桥梁，是让知识生动、让学习者主动参与进来的魔法。精湛的台风，让每次培训都成为一次难忘的旅程，既传递了知识，也留下了温暖和启发，或许多年以后，学员早已经记不起曾经的内容，但仍然记得课程中老师的微笑，或者手势动作。

第三节　六大授课方法

培训是门技术活，掌握了授课方法，就好比获得了授课的秘籍，让授课变得轻松简单。

◎案例

备受煎熬的三分钟

W总是某科技公司的大区总监，也是公司的元老级人物，每年创造的业绩占据公司的三分之一。新任营销总监到位后，W总内心多少是不服的，所以暗处总是跟总监较劲。公司刚好开展内训师培养，W总也被指派参加，其实他内心是抗拒的，觉得做内训师没啥意思，反而占用自己的时间，更觉得自己做了十多年销售，上台讲话是小菜一碟。带着抗拒且又无奈的心情开始参加公司的内训师培训。

课程在进入到授课技巧的分享阶段时，授课老师要求每个人上台讲三分钟的自我介绍。W总感觉这是挺容易的一件事，于是也就很不在乎，没有用心准备。等他上台后，竟然感觉无比的紧张，讲了一分钟后，实在不知该讲啥了，只是碍于老师要求每人必须演练三分钟的要求，他也只好站在台上，那种煎熬的感觉让人羞愧万分。这平常也没少做自我介绍，为啥这次到台上就卡壳了，W总百思不得其解。

后面授课老师对W总的评价是：上台后过于紧张，以至于自我介绍没有逻辑，缺少主线，更谈不上互动，不会结合自己的经历来讲故事。所以导致上台没有发挥好应有的效果。

总结：台上一分钟，台下十年功。要想在台上侃侃而谈，需要大量的练习，不断学习上台授课的方法，若不知道暖场的技巧，就很难短时间破冰，让学员积极参与进来；若不懂得提问的技巧，就会让现场氛围很沉闷。总之，有丰富的工作经验并不代表能有效地讲出来，所以需要系统学习培训技巧，让自己的经验在台上才能实现有条不紊地流畅分享。

身边经常会有人说，你们这些培训师怎么就能讲个几天几夜，哪有那么多内容可讲，站着上几天课程身体怎么吃得消？对于培训师来说，这都不是个事情，有的甚至连续讲一个月也能撑得住，更别说几天了。这里面关于暖场、提问、学员讲话处理、找粉丝、调动积极性、课程结束都是有方法的，具体如图4-3所示。只要把握这些方法套路，就可以把课程讲好，好比掌握了九九乘法表，再来做乘法的算术题就不难了。

图 4-3 六大授课方法

一、暖场的方法

在培训开始之际，我们必须认识到，并非每位参训者都是出于自愿而来，他们可能被行政命令所要求，也可能正忙于应对棘手的工作，甚至有着紧迫的外勤任务等待着。因此，当他们踏入培训会议室时，我们无法确定他们的精神状态。然而，我们可以确定的是，在培训开场时，我们必须让所有人都集中注意力。只有通过有效的暖场技巧，我们才能够让学员们投入到培训内容中，从而使授课更富有价值。

在培训的开场阶段，一位优秀的培训师需着重准备如何把培训场面暖起来，而不是让现场有"冰冷"的感觉，因为培训的成败往往在这一刻就已经注定。暖场的目的在于激发学员的学习兴趣，为后续培训打下坚实的基础。

然而，有些培训师可能在准备课程内容上下足工夫，却忽略了暖场的重要性。对于一些学员来说，如果一个培训师在开场无法吸引他们，很可能会在心里给他贴上"无趣"或"不专业"的标签，直接影响到后续培训的学习效果。因此，作为每一位培训师，我们都应该高度重视自己的开场，以确保能够在培训开始时就赢得学员的注意和认可。

那么，在开场时应该如何暖场呢？暖场的技巧可以考虑如下七种方法，具体如图 4-4 所示。

1. 姓名解说

在培训开场时，解说自己的姓名，是众多培训师最乐于使用的一种方法，因为这不仅可以加深学员对自己的印象，更能快速塑造一种亲和力的形象，若用幽默的方式进行解说，还能很快赢

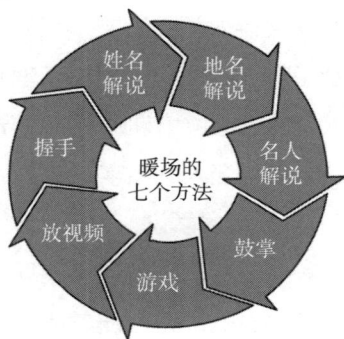

图 4-4 暖场的七个方法

得学员的笑声。

（1）拆字法

拆字法是一种将姓名分解成单个字，并赋予每个字独特含义的方法。

比如，我叫"张磊"，可以说："'张'开双臂，迎接知识的海洋；'磊'落做人，踏实做事。"这种解说方式简洁明了，容易让学员记住。

（2）幽默法

幽默法是用轻松幽默的方式来解说姓名，让学员感到愉悦和亲切。比如，有位培训师叫"吴忧"，他可以这样介绍自己："我叫吴忧，无忧无虑的吴忧，但其实我也有忧的时候，比如担心你们不认真听课！"这样的解说不仅能引发学员的笑声，还能拉近与学员的距离。

（3）故事法

故事法是通过讲述一个与自己姓名相关的小故事来解说姓名。比如，一位叫"王燕"的培训师可以说："大家好，我叫王燕。'燕'字让我想起了一个小故事。小时候，我特别喜欢燕子，觉得它们自由自在地飞翔很神奇。有一次，我试图模仿燕子飞翔，结果摔了个大跟头。从那以后，我明白了一个道理：脚踏实地才能飞得更高。"这样的故事不仅有趣，还能让学员从中得到一些启示。

（4）借用名人法

借用名人法是将自己的姓名与某位名人或知名事物联系起来，以增加姓名的记忆点。比如，叫"李东坡"的培训师可以说："大家好，我叫李东坡，虽然我不是苏东坡，但我希望能像他一样，给大家带来一些有趣的思想和观点。"

此外，有位叫"沈维"的培训师在湘西进行商务礼仪培训时，采用了极具地方特色的姓名解说方式。她在自我介绍时说："我是沈从文的沈，维维豆奶的维。"沈从文作为湘西的文学巨匠，深受当地人民的敬仰。通过这样的介绍，她不仅展示了对湘西文化的尊重和理解，还立即与学员建立起了一种特殊的情感联系，让人们感到这位培训师不仅博学多识，而且非常亲切。

借用名人的名字解说法，可以让学员对培训师的姓名产生联想，更容易记住。

2. 地名解说

通过对培训地点所在地的文化、历史或特色进行简短而精彩的介绍，不仅能激发学员的地方归属感和自豪感，还能增加学员对培训师的好感，从而拉近跟学员的距离。

比如，我上次到武汉去做培训，在开场的时候，我面对台下的学员说："非常荣幸来到咱们武汉，武汉是我们国内非常重要的一个城市，春秋战国以来它就是楚文化的发源地，千万级别人口的大城市，咱们武汉有 84 所高校，在全世界的话，高校人数规模是排在第一的，高校的数量规模仅次于北京，另外咱们武汉有 100 多个湖泊，号称"百湖之市"，难怪看咱们武汉的学员一个个都很有灵性"。

3. 名人解说

在培训开场时，介绍当地的名人是一种吸引学员注意力的有效方式。通过讲述当地名人的故事和成就，可以让学员们对所在地区的文化和历史有更深入的了解，同时也能为接下来的培训内容增添一份亲切感和趣味性。

比如，我有一次去绍兴做培训，当时我是这样说的："绍兴对我来说很重要。原因在于这是我极度崇拜的偶像——鲁迅的故乡，我对文学的热爱也让我对绍兴有一种特别的情感。踏足这里，我仿佛能强烈感受到那浓郁的文化氛围。

因此，能在这里与大家分享课程，我感到非常高兴。我也期待在接下来的几天里，我们能一起度过充实而又愉快的时光。我相信，通过大家的积极参与，我们一定能够达成我们的学习目标，收获满满。"

比如，如果培训地点是在深圳，培训师可以介绍马化腾这位知名的企业家。可以这样解说："大家好，我叫 [培训师姓名]，今天我们来到了创新之都深圳，提到深圳，就不得不提到一位本地的名人——马化腾。他是腾讯公司的创始人之一，他的创新精神和商业智慧为深圳的科技发展做出了巨大贡献。希望在今天的课程中，我们也能像马化腾一样，不断追求创新，开拓进取。"这样的解说不仅让学员对培训师的名字有了更深刻的印象，还能让他们对深圳的创新文化有一个初步的了解。

介绍当地名人时，要确保选择那些与培训主题或内容相关的名人，这样可以让学员们更好地将名人的品质和精神与自己的学习联系起来。同时，还可以邀请名人本人或相关领域的专家来分享经验，这样不仅能增加培训的吸引力，还能为学员们提供更宝贵的学习机会。

在用名人做解说时，一定要说大家耳熟能详的名人，否则讲了以后大家都无感，同时要把握一个原则，那就是去谈及有正向影响力的名人，切忌谈那些负面影响的人，否则会让学员很尴尬。

4. 鼓掌

鼓掌是一种简单而又直接的互动方式，能够在培训开场时迅速营造出积极的氛围。

在探讨鼓掌的艺术时，我愿与大家分享几种增强互动的方法，这不仅是一种表达热情的方式，还是激发现场气氛的小技巧。

（1）货币式鼓掌法

给掌声赋予一个价格，然后通过价格的高低来调整掌声的大小。

比如，当我跟大家问好后，有时现场会传来稀稀拉拉的掌声，这时我会半开玩笑地说："谢谢大家刚才给了我5毛钱的掌声，据说咱们这里的人都非常热情，那能否给我来一个2块钱的掌声。"往往这时就会获得雷鸣般的掌声，这时我又会追加一句："大家太给力了，你们刚才给了我100块钱的掌声，果然，咱们这里的人不是一般的热情，而是相当热情。"通过这样的引导，整个现场氛围一下就活跃起来了。

（2）价值鼓掌法

通过塑造鼓掌很有价值，从而引导学员积极参与鼓掌。

比如我在课程中，针对大家刚开始鼓掌不够热烈的情况，会这样说：

"我这个人有个小毛病，那就是掌声的热烈程度会直接影响到我的讲课状态，掌声越激烈，我就越专注和投入，超常发挥，从而能分享出更多有价值的内容。所以，各位你们想不想让我超常发挥，那你们应该怎么做？"

这样讲完后，瞬间掌声就会响彻整个培训室。

（3）幽默式鼓掌法

用幽默的语句化解鼓掌不热烈的尴尬场景，这就要求培训师根据学员情况灵活表达。

记得有一次，在做烟草零售门店的培训时，常常遭遇到散乱的掌声，于是，我这样说：

"看一个地方的收入情况，听听他们的掌声就知道了，为什么呢？因为收钱收到手抽筋（要配合收钱的姿势），所以鼓起掌来没有掌声。各位学员，你们太富有了"。

这句话往往会引起哄堂大笑，然后就会听到学员雷鸣般的掌声。

（4）感谢式鼓掌法

比如，"在这个美好的开场时刻，让我们以掌声开始今天的培训课程。在这之前，我想邀请大家一起，通过我们的掌声，表达我们的感激之情。

①感谢公司，感谢领导

首先，我们要深深感谢公司和领导，为我们提供了这个宝贵的学习平台和机会。在忙碌的工作之余，能有这样的机会来充电和成长，实属难得。公司领导的前瞻性让我们有机会站在巨人的肩膀上学习，这不仅是对我们能力的认可，也是对我们未来潜力的期待。试想，没有公司的支持，没有领导的鼓励，我们如何能有这样的机遇来拓宽我们的视野，提升我们的技能呢？所以，我提议把掌声送给公司，送给领导。

②感谢组织者

接下来，我们要感谢的是那些在幕后默默付出的组织者。正是因为他们的辛勤工作，我们的培训才能如此顺利地进行。从培训前的筹划，到现场的细节安排，再到内容的精心挑选，每一步都离不开他们的努力和付出。为此，我提议把掌声送给本次培训在背后默默付出的组织者们。

③感谢自己

最后，但也是最重要的，我们要感谢的是自己。因为自己为了成长，愿意放下手头上的其他事情，来到这里参加培训。这份对自我成长的执着，值得我们每一个人为自己鼓掌。在这个快速变化的时代，愿意投资自己，不断学习新知识、新技能的人，才能在未来的竞争中站稳脚跟。我们每个人的到来，都代表了对自我成长的一份承诺和追求。

世界著名的物理学家爱因斯坦曾说：'学习不是为了知识，而是为了学习能力。'正是这种永不满足，持续学习的精神，使得他成了众多伟大发现的创造者。我们每个人都应该向这样的精神学习，不断地充实自己，提高自己。这样的努力和投入，终将在未来的某一天，收获属于自己的成就。所以，现在把最热烈的掌声送给我们自己。"

当然鼓掌的方法远不止上述的四种，还有多种鼓掌法。总之，培训室要灵活根据现场的情况来实施，以确保氛围最佳。

5. 游戏

游戏是一种充满乐趣和互动性的活动，能够在培训开场时打破僵局，让学员们迅速放松并投入到学习中。适当的游戏可以帮助学员们更好地了解彼此，增强团队合作精神，同时也能够提高他们的学习兴趣。

游戏作为一种开场活动，它的魅力在于其简洁性和包容性。我的原则是尽可能地不使用任何道具，同时确保每个人都能参与进来。这样做的目的是激活现场的氛围，让每个人都能够成为这个活动的一部分，而不仅仅是旁观者。

比如，可以设计一个简单的拼图游戏，将学员们分成小组，让他们共同完成一幅拼图。这样的游戏不仅能够锻炼他们的团队协作能力，还能够让他们在轻松愉快的氛围中开始学习。

另外，也可以进行一个"名字接龙"的游戏。培训师先说出自己的名字，然后让下一位学员说出前一位学员的名字并加上自己的名字，如此类推。这个游戏可以帮助学员们更快地记住彼此的名字，增进彼此之间的了解。

在设计游戏时，要确保游戏的规则简单易懂，易于参与，并且与培训的主题或内容相关。同时，要注意控制游戏的时间和节奏，避免过度沉迷于游戏而影响正常的培训进程。

我常常采用的一种游戏方式，是利用身体的一部分——双手。首先，我会向大家介绍游戏的规则：举起右手并握成拳，随后向下挥动同时喊出"老鼠"；接着是左手，重复相同动作，但这次我们喊出的是"鼠"。这个游戏的趣味之处在于，随着我们加快速度，参与者很容易喊错，这不仅考验了反应能力，也带来了欢笑。当速度达到一定程度后，我会突然提问："猫怕什么？"大多数人会条件反射地回答"老鼠"，这一幕往往能引发一阵大笑，通过这样的方式，我们不仅活跃了气氛，也让参与者在轻松中找到了互动的乐趣。

在大家笑过以后，则马上进行引导性发言：

"每个人都容易被惯性思维所影响，从而让自己很难有大的突破，学习就是让我们走出现有的思维模式，让我们不被惯性思维所控制，从而获得新的突破，这也是我们开展这个培训的主要目的之一，接下来我们开启今天的课程分享。"

游戏不是目的，主要是通过游戏活跃氛围，让学员尽快进入到培训的状态中来，更利于培训的开展。

6. 放视频

视频作为一种视听结合的媒介，能够迅速吸引人们的注意力，激发情绪，为培训课程打下良好的开端。然而，并不是所有的视频都适合作为开场使用，这里有两个基本原则需要遵循：

（1）视频内容要与培训主题相关

当培训师选择一个视频来作为课程的开篇时，首要原则是确保视频内容与培训主题紧密相关。这种相关性不仅可以帮助参与者迅速聚焦主题，还可以增强信息的连贯性，使得学习更为高效。比如，在一个关于团队协作的培训中播放一段成功的团队合作案例视频，可以激发参与者对协作价值的认同和理解。

视频的选择应当精准对应培训的核心要旨，目的是快速引起学员的共鸣，或者激发出对问题的思考。如果视频内容偏离了主题，不仅不能达到预期的暖场效果，反而可能分散注意力，从而降低培训效果。

（2）视频要简短精练

时间是培训中的宝贵资源，每一分钟都应当被高效利用。在选择视频时，应优先考虑那些简短而精炼的内容，以免占用过多的培训时间。理想的视频长度应控制在3至5分钟内，这样既能够有效地维持学员的专注度，同时又可以确保关键信息和情感得到充分传达。

过长的视频容易引起注意力的分散，尤其是在培训初期，参与者的注意力更是宝贵而易散。简短的视频更有助于快速传达核心信息，激发兴趣，为接下来的学习阶段设定基调。

我这里有一个视频例子，讲述了一群80多岁的老人，他们骑摩托车环游世界的故事。这个故事不仅感人，更是充满了对生活的热爱和对自由的追求。

播放这样一个视频后，我通常会邀请现场的参与者分享他们的感想。这个过程不仅让参与者有机会表达自己的思考，也为我接下来的引导提供了切入点。通过分享和讨论，我会引导大家深入思考："我们活着究竟是为了什么？"这样的问题直击人心，让每个人都能够从自己的生活和工作出发，进行深入的反思。

随后，我会把讨论引向培训的核心主题：人生的意义不仅在于生存，更在于如何活得有尊严和意义。而在职场中，拥有实力和获得认可，无疑是实现这一目标的重要途径。我强调，作为领导者，我们有责任确保团队成员不仅能够在工作中实现自我价值，也能够活得有尊严。

总之，开场放视频作为培训课程的引子，对于建立氛围、吸引注意力和引出主题都具有不可替代的作用。遵循"与主题相关"和"简短精炼"这两个原则，能够帮助培训师更有效地使用视频资源，为整个培训活动的成功奠定基础。

7. 握手

握手法是通过肢体的接触，能让学员之间瞬间拉近距离，消除陌生感，建立起友好的关系，从而有利于后续培训讨论活动的顺利进行。

要握手的话，一定要做一些解说语言，不能这种干巴巴就让大家站起来跟前后左右的人握个手，那是没有意思的，一定要有前缀的语言，还要有调侃的语气。

接下来我把授课过程中常用的握手法全流程进行一个展示。

（1）伏笔——不断提问

仅仅站起来与人握手似乎太过机械和生硬，缺乏足够的情感交流和深度。为了让握手这一行为变得更加有意义，我们需要加入一些特别的元素，即适当的解说和幽默的调侃。我通常会以一个引人入胜的问题作为开始，比如询问大家中国有多少人。当得到"14亿"这个答案后，我进一步引导，以我们所在的城市为例，提到当下城市的人口规模。这样的引入不仅仅是为了提供信息，更是为了引发大家对于缘分和相遇的深思。

随后，我会用一些俗语来深化这种思考——"百年修得同船渡，千年修得共枕眠"。这些话语不仅增添了话题的趣味性，还让人们意识到能够在这里相聚学习是多么难得的缘分。当我提出我们之间至少有五百年的缘分时，这种说法既温馨又幽默，为接下来的握手环节营造了一个轻松愉悦的氛围。

（2）行动——实际握手

有了前面的铺垫后，我就会提议大家站起来和前后左右的伙伴握手问好。

往往到了这个环节，现场氛围就会变得火爆起来，此时只听到不断问好的声音，非常的和谐融洽。

（3）高潮——调侃与深意

在实际的握手环节中，我会加入更多的幽默元素。比如，我会调侃说某些男士握手时不愿意松开，仿佛下一秒就要擦出火花。这种幽默的调侃，不仅能让现场气氛变得更加轻松，还能让学员之间的关系更加亲近。我还会进一步开玩笑说，不要小看这次的握手，说不定对方将来会成为你的亲家或投资人。这样既幽默又充满可能性的想象，让大家在笑声中感受到人生的无限可能。

（4）强化——自我调侃

在大家回到座位之后，我会通过自我调侃来进一步加深与学员的情感连接。我会故作忧伤地说，自己长得不够帅气，以至于没有人愿意来握手。这种自我调侃往往会激发前排的人主动站起来与我握手，这不仅破冰了氛围，更拉近了我与学员之间的距离。

通过这样一系列精心设计的步骤，握手不仅仅是一种简单的肢体接触，它变成了一种强大的工具，用于建立和深化人与人之间的联系。这样的开场能有效激发学员的积极性，让他们对课程充满期待。更重要的是，它让每个人都能在轻松愉快的氛围中感受到被尊重和接纳，为后续的学习和交流打下了坚实的基础。

二、提问的方法

要想把课讲好，就少不了互动，互动越多，氛围就越活跃，大家的参与度越高，那么效果就会越好。怕就怕你在整个课程中都不怎么去做互动，每个人都有表达的欲望，我们不要压抑他们这种内心的欲望，尽量要多把他们表达的欲望给调动起来，所以我们需要不断去发问。

那么应该怎样在课程的现场跟学员进行提问互动呢？主要有自告奋勇法、内部推荐法、奖品引导法、扫描法、点将法这五种方法，具体如图 4-5 所示。

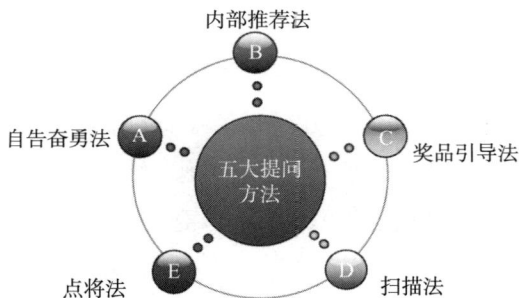

图 4-5　五大提问方法

1. 自告奋勇法

自告奋勇法是鼓励学员主动回答问题，这种方法可以极大地提升学员的积极性和参与度。当采用这种方式时，通常会发现那些积极主动的学员愿意分享他们的想法和见解。

比如，在讨论高效沟通的关键要素时，我可能会提问："在高效沟通中，我们应该关注哪些关键因素？哪位伙伴愿意来分享一下自己的观点。"

这样的提问方式不仅给了学员展示自己的机会，也活跃了氛围。

要想让自告奋勇法达到预期的效果，还需要考虑如下五个小技巧：

（1）创建支持性的环境

为了鼓励学员自告奋勇，首先需要创建一个支持性和包容性的课堂氛围。培训师应当明确表示，所有尝试都值得赞扬，无论答案是否完全正确。这种鼓励尝试的做法能够极大地减少学员的畏惧感，鼓励他们大胆表达自己的想法和见解。

（2）结合奖励机制一起使用

为了进一步激励学员的自告奋勇精神，可以引入一定的奖励机制。这些奖励可以是物质的，比如小礼品或奖状；也可以是精神上的，比如公开的表扬和认可。这种奖励不仅能够增强学员的成就感，还能激发他们更加积极地参与课堂活动。

（3）人为调控以照顾全场

如果总是同一批学员在积极参与，其他学员可能会逐渐变得被动。因此，这要求我们在使用自告奋勇法的同时，也需要考虑如何让更多的学员参与进来。

比如我们可以说："这个问题我想让一直未参与过回答的伙伴来解答，那些刚才已经参与的伙伴可以把机会礼让给其他成员，期待伙伴们的参与，下面哪位伙伴来分享一下？"

（4）给予充足准备时间

在提问之前，给学员足够的时间来准备他们的回答。这可以让他们更有信心地参与讨论，并且能够提高回答的质量和深度。比如，在提出一个复杂的问题后，可以说："我给大家几分钟来思考一下这个问题，然后再一起分享各自的观点。"这样，学员可以有时间梳理自己的思路，准备更全面和深入的回答。

（5）运用趣味元素

将一些有趣的元素融入提问过程中，使其更具吸引力和趣味性。比如，可以采用故事、案例或游戏的形式来引出问题，让学员在轻松愉快的氛围中参与讨论。比如，讲述一个相关的趣味故事，然后问学员："如果你是故事中的主人公，你会怎么做呢？"

培训师可以根据不同的课程内容和学员特点，灵活运用这些技巧，以激发学员的积极性和参与度。

在实际应用中，培训师还需要注意以下几点：

第一，尊重学员的观点和意见，不论他们的回答是否完全正确，都要给予肯定和鼓励。

第二，注意提问的方式和语气，营造积极、开放的讨论氛围。

第三，及时调整提问的难度和深度，以适应学员的水平和需求。

总之，通过合理运用自告奋勇法及其相关技巧，培训师可以更好地激发学员的学习兴趣和参与度，从而增强培训效果。

2. 内部推荐法

当发现现场没有学员主动回答问题时，内部推荐法就显得尤为重要。这种方法通过让小组内部推举一名代表来回答问题，不仅可以缓解个别学员面对公众回答问题时的紧张感，还能促进小组内的沟通和协作。

具体操作时，可以这样："现在，请第一组选出一位代表来分享你们的想法。"这样做的好处在于，学员在小组内部已经有了一定的交流和讨论，因此，被推荐的代表在回答问题时，更能准确地表达小组的观点。

在内部推荐法的具体使用上，有五个小技巧：

（1）确保所有人参与

为保持小组内每个成员的参与机会均衡，建议每次推荐不同的成员来回答问题。比如整个培训现场有十个问题，小组成员有十人，那么就要让十个人都参与进来。让所有人参与可以最大限度地确保培训的效果，因为学员只有参与进来才能有更大的收获。

（2）组长负责制

遇到有些需要思考讨论的问题，让组长负责推荐参与回答问题的人选。如果小组内成员都不愿意回答，最终可能由小组长代表回答，这种情况虽然不是理想状态，但也能保证每个小组都有参与讨论的机会。

（3）奖励引导

用奖励积分的形式来鼓励小组快速推荐人选参与回答问题。尤其是那些分数偏低的小组，为了能把分数追上，或者超过其他小组，就会更有冲劲。

（4）引导互相补充

在学员回答问题后，引导其他小组成员对代表的回答进行补充或提出不同的观点。这样可以促进小组之间的交流和互动，丰富问题的讨论角度。比如，培训师可以说："其他小组对这个回答有什么补充或不同的看法吗？"通过这种方式，可以让小组之间相互学习，共同提高。

（5）鼓励学员分享思路

在学员回答完问题后，鼓励他们分享自己的思考过程和解决问题的思路。这样做不仅可以让其他学员更好地理解答案的由来，还可以促进不同思维方式的交流和碰撞。

比如，培训师可以说："请分享一下你是如何得出这个答案的，以及你在思考过程中遇到了哪些困难和挑战。"通过这种方式，其他学员可以从回答本问题的学员的思考过程中获得启发，拓宽自己的思维视野。

3. 奖品引导法

俗话说：重赏之下，必有勇夫。

要想让学员主动积极参与回答问题，遵循及时奖励的特点，我们可以用奖品引导法来促使学员参与回答问题。

作为培训师，不管组织者是否提供了奖品，也可以自己准备一些奖品，不用花很多钱，但是效果非常好。

比如，有一年我们给烟酒零售店老板讲"门店经营能力提升"课程时，当时我们拉到了1000瓶白酒的赞助，所以每次培训都带了价值几千元的白酒，只要学员举手回答问题，我们就送酒。因为有了这个礼品，每场培训的氛围都非常好。有的人拿到奖品后还会送亲人，感觉我们不是在发奖品，更像在发奖金。

除此之外，我给创维集团讲"商务PPT制作技巧"时，则直接买了一大袋零食，有饮料、饼干、棒棒糖、口香糖、巧克力、果冻等。课程刚开始，我就直接告诉大家，今天只要积极参与互动，就可以获得奖品，而且这些奖品可以在现场吃。后面在培训过程中，大家的参与程度非常火爆，让我不得不从众多举手的人里面挑选人来回答。

在使用奖品引导法时，可以考虑如下四个小技巧：

（1）选数量多但价格低的奖品

在挑战奖品时，最好发那些数量多，价格实惠的奖品，比如我有一次给城投集团做"坚持的力量"课程培训时，直接买了10斤橘子，特别选了那种中号的，不到50元，却让学员参与回答了几十次提问，现场氛围非常活跃。

（2）即时奖励

即时奖励作为一种强大的激励机制，能够快速提高学员回答问题的意愿。学员回答问题后马上派发奖品，这样才能让奖励的价值最大化，从而激励更多人参与。倘若奖品要到培训结束后再派发，则效果就会大打折扣。即时奖励派发小礼品，价值高的奖品可以放到最后的结训典礼上派发。

（3）特色小礼品

选择那些特色的小礼品更易吸引学员的参与，比如地方特色标记物品、特色笔记本（封面会写六脉神剑、降龙十八掌）、定制的特色礼品等。

我在培训时喜欢买10元的彩票，在提问时，我会说："哪位伙伴来分享，有机会获得500万元。"然后拿出彩票在空中晃动一下，继续说："有想要的，赶紧举手回答问题。机会不可多得，别到时心中懊悔，曾经有一个 500 万元的机会摆在面前，我没有珍惜，当失去时才后悔莫及，如果上天再给我一个机会，我一定会说，老师，这些问题我全包了。"

培训师可以根据课程的特点定制一些特色礼品，另外在外出差时可以随时购买一些当地的特色小礼品，比如在杭州授课时，可以把在成都购买的带有熊猫标志的纪念品送给学员，学员就会有一种新奇感，对他们更有吸引力。

（4）赋予奖品的象征意义

奖品只有赋予了意义，才能让价值最大化，学员也才更有感触，即使是价值五毛钱的小礼品也可以被赋予深刻的意义。比如，培训师可以通过故事讲述，将一枚小徽章描述为一种荣誉象征，如同奥运会火炬手所承载的荣耀一样。这种策略通过提升奖品的象征意义，加深了学员对奖励的情感价值和荣誉感，从而进一步激发他们的积极性和参与度。

奖品在培训提问环节是调动现场氛围屡试不爽的神器，正所谓手中有奖品，互动有激情。

4. 扫描法

扫描法作为一种更加细腻和灵活的提问技巧，要求培训师通过观察学员的非言语信号，比如表情、肢体语言和眼神等，来判断哪些学员可能对问题感兴趣或准备好回答问题。这种方法强调培训师的观察力和对学员反应的敏感度，能够在不增加学员压力的情况下，鼓励他们参与课堂互动。

在具体使用扫描法时，哪些人才是扫描的重点对象呢？主要有三类人：

（1）重点人选——积极听课的人

站立于台上，需从左向右，从前向后进行观察，查看哪些人听课最为认真，且他们在持续给予回应。诸如"对，是的"，此类人正不断给予回应，表明其学习是出于真心。找寻这般人来参与回答问题，他们通常都会积极回答。

（2）关注人选——上课分神的人

课程中，亦不排除有些或许正在走神，我们可用这种扫描方式发现他们，再让他们来参与回答问题，借此将他们从走神的状态中拉回。我有时遇到玩手机或讲话的人，就会运用这种提问形式将他们拉回到整个课程中。

（3）特别人选——需要照顾的人

每一次课程，总会遇到一些学员很沉闷，参与性不强。有时他们刚想参与就被那些积极分子把机会给抢掉了，所以他们难以参与进来。

站在台上，我们必须通过观察去识别学员的非言语信号，捕捉到那些对特定问题感兴趣但可能不够自信公开发言的学员。我们对这些人员可以特别关注，把目光落在他们身上，鼓励他们积极参与回答问题。

比如，一名学员可能通过眼神或身体姿态表达出想要回答问题的意愿，但又因羞涩或不确定而犹豫。此时，培训师可以直接提名该学员发言，这种做法不仅能够增加学员参与的机会，还可以帮助建立其自信，鼓励更多的学员表达自己的观点。

5. 点将法

点将法是指培训师直接喊学员的名字，让其来回答问题。这种方法在提问时直接而高效，是很多培训师最乐于使用的一种方法。

要想让点将法达到最佳效果，有四个小技巧：

（1）让组织者准备好培训名单

要点名回答问题，前提是要有培训名单。拿到培训名单后，要熟悉一下名字，对生僻字提前做功课，确保点名的时候不叫错。名单上面最好信息全面一些，便于点名的时候更有针对性。比如姓名、职务、部门、年龄、入职年限、学历等。如果培训组织者不愿意提供这么详细的信息，至少要确保培训名单上有姓名、职务、部门这三个信息。

（2）加强课前、课间休息时的沟通

成功的点将法不仅仅是课堂上随机的喊名字那么简单。高效的做法是，在培训开始之前，培训师应该通过培训名单了解每位学员的背景信息，并利用课前、课间休息时的时间，选择一些学员做些沟通和交流。这种沟通可以是简单的问候，也可以是关于学员兴趣或背景的讨论，从而建立起师生之间的初步联系。这样一来，当课堂上学员被点名时，由于已经有过交流，他们更可能愿意积极响应。

比如，通过前期沟通了解到学员刚好是同乡，老乡见老乡，自然要多支持，当点名让其回答问题时，基本上还是会很积极响应的。

（3）公平性与预期管理

在实施点将法时，保持提问的公平性至关重要。培训师应确保每个人都有被点到的机会，避免总是点同一部分人。同时，透明地分享这种提问策略和预期，可以减少学员的紧张感，提高他们的参与度。比如，可以在课程开始时明确告知学员，提问将会涵盖全班，鼓励每个人都准备好参与。这种预期管理不仅能够激励学员积极准备，也可以在心理上帮助他们减轻被点名的压力。

（4）策略性的提问顺序

有效的点将法还涉及提问顺序的策略安排。通过从后排开始提问，逐渐转向中排再到前排，或者随机变换提问的顺序，可以激发学员的警觉性和参与感。这种不可预测性的提问模式会促使学员保持对课堂内容的持续关注，从而提高整体的学习效果。此外，通过观察学员的表现和反应，培训师可以适时调整提问策略，确保每位学员都能在适合自己的时机展现。

要塑造一场成功的培训，互动环节扮演着不可或缺的角色。它不仅令培训氛围活跃，还提高了学员的参与度，进而显著增强学习效果。培训中的每个互动，都是对学员内在表达欲望的呼应与满足，故培训师需巧妙地激发与调动这种动力。通过自告奋勇法、内部推荐法、奖品引导法、扫描法及点将法这五种策略，我们不仅能鼓励学员积极参与，还能确保课堂互动的公平性与有效性。

这些策略背后的共同理念是识别并满足成人学习者的独特需求：即时奖励的激励、参与感的培养及表达欲望的满足。奖品引导法通过实物或虚拟奖励创造激励，而扫描法与点将法则确保每个人都有机会参与，自告奋勇法和内部推荐法则充分利用了群体的力量和动力。

这种策略的深层价值，在于它们不仅增强了学习的效率和乐趣，更在于它们培养了参与者之间的互信和支持，构建了一个积极、包容的学习氛围。最终，这些互动不仅仅是知识传递的桥梁，更是塑造信任、相互支持的手段，为学员提供了一个既能学习也能相互成长的平台。因此，真正的艺术不在于使用哪一种方法，而在于如何将这些方法融入培训的每一个环节中，让学习旅程成为一次充满参与和互动的体验，从而激发每个人内在的潜力和热情。

三、处理学员讲话的方法

每一个上台授课的人几乎都会遇到学员现场讲话的情况，若现场的讲话不及时制止的话，特别影响培训氛围，因为有时讲话的学员为了抢声音，比老师在台上的声音还大。通过观察一堂课的纪律情况，往往能窥见企业管理的诸多方面。如果现场讲话现象频繁，声音大，甚至现场还接听电话的，这反映出其管理存在疏漏，培训管理这块是比较薄弱的。公司的管理并不是一朝一夕就可以有所改观的，作为授课人员来说，所能做的那就是确保自己的课堂，学习氛围好，学习纪律好，只有这样，才可以促成培训达到好的效果。

学员现场讲话是把双刃剑，如果全是老师自己讲，没有互动那就成了一言堂，而没有了互动就影响氛围，氛围又直接影响效果。可见，引导学员现场讲话是很有必要的。问题的关键就在于有的学员现场讲话并不是讨论培训课题，而是拉家常，或者老师已经喊停后和其他学员在发表意见时，他们依旧乐此不疲在讨论，像这一类的情况就是我们需要去处理的，也是要及时制止的。若生硬地让其停止可能会引起部分学员的反感。所以，我们需要艺术处理，以确保有效制止，又不影响他们后续的参与。针对学员讲话，如下五种方法是通过无数次实战验证非常行之有效的方法，具体如图 4-6 所示。

| 停止法 | 表扬法 | 走动法 | 提问法 | 抽奖法 |

图 4-6　学员讲话的五大应对方法

1. 停止法

停止法是一种通过暂时停止讲课来引起讲话学员注意的方法，其目的是让学员意识到自己的行为可能会影响到课堂秩序。这种方法简单而有效，不仅可以立即减少课堂上的不必要干扰，还可以避免直接冲突，维护培训师与学员之间的和谐关系。

（1）方法策略

a. 突然停止讲解。当培训师发现有学员在不适当的时间讲话时，可以立即停止讲课，用沉默营造出一种等待的氛围。这种突然的停顿会引起所有学员的注意，包括那些正在讲话的学员。

b. 保持镇定和友好的表情。在停止讲解时，培训师应保持镇定，面带微笑，通过非语言的方式传达出对学员的理解和尊重。这样可以避免让讲话的学员感到被针对或羞辱。

c. 等待学员反应。在停止讲课后，培训师应耐心等待，给予讲话学员自我调整的时间。大多数情况下，学员会迅速意识到自己的行为并主动停止讲话。

（2）应用实例

在一次"高效沟通技巧"的培训课上，张磊在讲解团队沟通技巧时，发现王鹏和李明两位区域经理正在私下讨论足球比赛。培训师立即采用停止法，并以微笑注视着讲话的王鹏和李明，由于老师不讲课了，课堂瞬时安静很多，只听到的两人讨论声，几秒钟后，所有的人都把目光投向他俩，王鹏和李明意识到自己的行为不妥，马上向培训师和其他学员道歉，并承诺不再私下讲话。此举不仅迅速恢复了课堂秩序，还避免了可能的尴尬情况。

2. 表扬法

与停止法相比，"表扬法"更侧重于通过正面激励来引导学员行为，强调对学员积极行为的认可和表扬。这种方法能够增强学员的自我价值感，激发其参与课堂讨论的积极性，同时也有效减少不适当的讲话行为。

（1）方法策略

a. 积极解读学员讲话。将学员在课堂上的讲话行为视为对课程内容的兴趣和热情的体现，从而给予正面的反馈和表扬。比如，培训师可以说："我非常欣赏你们对这个话题的热情，这种积极参与的态度让我感觉非常欣慰，因为成长都是从积极讨论开始。"这种不批评反而表扬的方式，让那些在非讨论时间讲话的学员不好意思，然后停止讲话。

b. 引导和鼓励更适宜的参与方式。通过表扬，引导学员在更合适的时机分享自己的想法，鼓励他们在课堂上作出更加积极且恰当的参与。比如，可以提出："你刚才提到的观点非常有趣，我们稍后会有一个讨论环节，届时非常期待听到你的更多分享。"

（2）应用实例

之前，我给乡镇零售门店的老板们讲课的时候，主办方为了感谢学员日常对他们工作的支持，会在课后邀请学员到当地有名的饭店吃饭。有些学员会把孩子带过去一起参加培训，一是因为没人照料，二是想带孩子来吃"大餐"。所以经常会有小孩来到培训现场。

印象非常深刻的一次，有位六十多岁的老板带着两岁多的孙子来参训。我在台前讲，他们爷孙俩在后面聊天，刚开始我没有制止，因为想着等会可能就不说了，可后面发现他们没有停下来的意思，直接影响到了其他人学习。于是我对全体学员说："我刚才才发现，咱们这里的老板为什么能挣钱，那是因为赚钱的能力从小就开始培养，后面这位老板不仅自己重视学习，还把孙子也带过来一起学习，这位老板也在就我刚才的话题跟孙子传授赚钱经验，这孩子以后定能挣大钱，孩子是我们的未来，我提议为我们这位老板和未来的商业领袖给予最热烈的掌声。"

这样一番话过后，不仅赢得了大家的掌声、笑声，也让那位老板意识到了他们给课堂带来的干扰，他随后便带着孙子暂时离开了培训室。

3. 走动法

走动法是一种巧妙而有效的课堂管理策略，其核心在于利用培训师的身体语言和空间移动来引导学员的注意力，减少学员现场讲小话的行为。这种方法可以避免正面"冲突"，还能牢牢掌控培训现场的氛围。

（1）方法策略

a. 平和的接近讲话学员。当发现学员在不适当的时刻讲话时，培训师可以缓步走向该学员，同时继续讲授课程内容。这种接近行为会自然而然地使学员感觉到培训师的存在，从而促使他们停止讲话。这种方法的妙处在于，它不直接指出问题，而是通过非言语的方式提醒学员。

b. 维护学员的自尊。走动法的运用避免了直接指名道姓，帮助学员在不失面子的情况下意识到自己的不当行为，这对于维护课堂的和谐及学员的自尊心极为重要。

c. 灵活变换教学位置。如果学员坐在教室的中间位置，培训师应灵活地在教室内移动，靠近发生讲话行为的区域。一旦讲话行为停止，培训师再改变位置，继续课程教学。这样的移动不仅减少了特定学员的讲话行为，还增强了整个课堂的参与感和活力。

（2）应用实例

在一次团队建设的培训中，一位经验丰富的培训师注意到后排有学员小声交谈。她没有中断课程，而是慢慢走向那一区域，边走边继续讲解沟通的重要性。当她靠近讲话学员时，学员们迅速意识到并停止了交谈。这种处理方式既保持了课堂的连贯性，也避免了直接的冲突。

4. 提问法

提问法是通过向学员提出问题来转移其注意力，从而达到控制课堂讲话的目的。这种方法不仅能够即时解决讲话问题，还能促进学员思考，增加课堂的互动性。

（1）方法策略

提问法是一种在学员讲话时可采取的方法。它虽略显突兀，却比直接让学员停止讲话要委婉不少。具体而言，运用提问法时，有以下一些方法和技巧：

a. 找准时机。要选择合适的时机进行提问。比如，当学员的讲话稍微停顿或转换话题的时候，培训师可以迅速提问，这样可以避免打断学员的思路，同时也能让学员自然地停止讲话。

b. 问题明确。提出的问题应该具有明确性，让学员能够清楚地知道需要回答的内容。避免提出模糊不清或过于广泛的问题，以免让学员感到困惑。比如，"对于这个案例中的具体操作步骤，大家是否清楚了呢？"

c. 难易适中。问题的难度要适中，既不能过于简单，也不能过于困难。过于简单的问题可能无法引起学员的兴趣，过于困难的问题则可能让学员感到挫折。比如，"在这个情境下，我们可以采取哪些可行的解决方案呢？"

d. 与课程相关。提问的内容要与正在进行的课程紧密相关，这样可以帮助学员更好地理解和掌握课程内容。比如，"我们刚才讲到的这个知识点，在实际工作中有哪些应用呢？"

e. 引导思考。通过提问引导学员进行深入思考，激发他们的思维能力和创造力。比如，"如果你是这个项目的负责人，你会如何制订计划呢？"

f. 给予反馈。在学员回答问题后，培训师要给予及时的反馈，肯定学员的正确回答，指出不足之处，并给予建议和指导。

总之，提问法是一种有效的处理学员讲话的方法，但需要培训师掌握一定的方法和技巧，才能达到良好的效果。通过巧妙地运用提问法，可以让学员更加专注于课程内容，提高学习效果，同时也能保持课堂的秩序和活跃度。

（2）应用实例

在讲解项目管理工具的培训课程中，培训师发现一名学员在讲话。他看准时机，立即提出了一个问题："基于我们目前讨论的项目管理工具，你认为哪个工具在时间管理上最有效？"并指名让刚才讲话的学员回答。这位学员被迫中断讲话，开始认真思考问题，并给出了自己的见解。这不仅使得课堂立刻回归到了正轨，还促进了其他学员对问题的思考，激发了大家对课程内容更深入的讨论。

5. 抽奖法

抽奖法是通过激励而非惩罚来提高学员的课堂参与度和集体约束力。这种方法巧妙地利用团队竞争和奖励机制，促进了学员之间的积极互动，同时减少了课堂中不适当的讲话行为。

（1）策略实施

a. 即时激励其他小组。当培训师在课堂上发现某个小组的学员正在讲话时，可以选择一个时机，宣布给其他未讲话的小组一次特别的抽奖机会。这种做法可以立刻引起所有学员的注意，增加他们遵守课堂纪律的动机。通过这种方法，学员们不仅期待能够获得抽奖机会，同时也会相互提醒，避免在不适当的时间讲话。

b. 促进团队内部自我管理。抽奖法通过对非讲话小组的奖励，间接促使每个团队内部加强自我管理和约束。这种内部的自我调节机制能够有效减少培训师的直接干预，让学员在团队内部学会相互尊重和倾听，进而提高团队合作精神和集体责任感。

c. 增强课堂互动和融合。此方法不仅仅是对课堂纪律的管理，更是一种促进团队间竞争与合作的策略。通过抽奖加分或小礼品的奖励，不仅增加了课堂的趣味性和参与感，还鼓励了学员之间的正向竞争和团队融合。学员们在追求个人和团队利益的同时，也学会了如何作为一个团队成员共同努力达成目标。

（2）应用实例

在一次管理技能提升的培训课程中，培训师发现一个小组中有学员在讨论与课程无关的内容。他没有直接指出这一行为，而是宣布给其他小组一个抽奖的机会，奖品是下次培训课程的优先选课权。结果，其他小组的学员不仅在课堂上表现得更加专注，还在小组内部积极提醒彼此保持课堂纪律。此外，这种竞争和奖励的机制也激发了小组之间的正向竞争，使得整个课堂氛围变得更加积极和融洽。

通过抽奖法的实施，不仅成功减少了课堂中的不适当讲话行为，还促进了学员之间的积极互动和团队之间的融合。这种方法证明了，通过创造性的奖励机制，可以有效地管理课堂纪律，同时增强学员的课堂参与度和团队合作能力。

以上五种方法都可以在各类培训中组合使用。总之，记住成人学员的特点：多鼓励、少批评、多互动，这样就可以激发培训学员的学习积极性。跟学员处理好关系，给对方台阶下，也是给老师自己台阶。要有技巧性地处理讲话问题，不让讲话学员持续破坏培训能量场合。艺术无处不在，当真正学会灵活运用艺术方式制止讲话，就可以举一反三，用到多个场合中。

四、找粉丝的方法

在培训行业，培训师与学员之间的互动关系对于课程能否取得成功至关重要。培训师不仅需要传授知识，还需要通过各种方法吸引和维护自身的粉丝群体。这些粉丝群体不仅能增强课程的互动性和趣味性，还能促进知识的有效传播和应用。以下是五种培训师可以采用的方法来吸引和维护自己的粉丝群体：奖品派送、鼓励赞扬、课前及课间沟通、全方位扫描及套近乎，具体如图 4-7 所示。这些方法不仅有助于增加学员的参与度，还能激发他们的学习热情，从而形成一个积极的学习氛围。

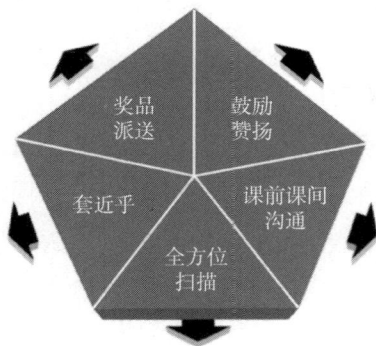

图 4-7 找粉丝的五大方法

1. 奖品派送

通过奖品的派送，培训师得以有效地吸引并维护自身的粉丝群体。从心理角度来剖析，当你给予我奖励时，我会愈发配合与支持你的授课。

要想让奖品派送达到最佳效果，吸引到更多的粉丝群体，可以考虑如下三个技巧：

（1）选对奖品

奖品的选择非常关键，它需要既能吸引学员的兴趣，又能与培训内容形成良好的衔接。比如，对于一门营销课程，派送营销相关的书籍，这样不仅具有实用价值，还能让学员在课后运用所学知识，进一步加深理解和掌握。通过这样的方式，学员在获得有价值奖品的同时，也更加认同并支持培训师，逐渐形成了一批忠实的粉丝。

（2）选好奖励对象

奖品的派送对象选择也至关重要。可以把奖品送给这三类人：

a. 积极参与的人。积极参与的学员应当成为奖品派送的首要对象。这类学员在课程中总是能够积极举手发言，热情参与到各项活动中去。他们的这种积极性不仅能够提升自身的学习效果，也能带动课堂气氛，从而激发其他学员的参与热情。

b. 表现出色的人。表现出色的学员是指那些在课程学习中取得显著进步或在特定任务上展现出优秀能力的人。他们可能是通过努力解决了一个难题，或是在实践活动中展现出了突出的表现。

c. 成长最大的人。成长最大的人指的是那些在学习过程中，无论是知识技能还是个人素养上都有显著提升的学员。他们可能起点不高，但通过不懈努力，取得了令人瞩目的进步。比如演讲培训，有的学员刚开始连台都不敢上，讲话也很紧张，到最后能站在台上自由表达时，就非常值得鼓励，而这类人也最容易成为培训师的铁杆粉丝。

（3）奖品的价值和独特性

对于那些获奖频率较高或获得特别珍贵奖品的学员，他们往往会因为这种认可和奖励感到荣幸，从而更加积极地支持培训师的课程。比如，一个培训师，带来了自己手写的五幅书法作品，用以奖励给表现优秀的学员，当这些学员拿到这种比较特殊的奖品时，会更容易建立起对培训师的信任，更尊重培训师，更愿意参与到培训中来。

2. 鼓励赞扬

通过正面的反馈激励学员，不仅能够提升他们的学习热情和自信心，还能够帮助培训师精准地识别并培养潜在的粉丝。

那么如何通过鼓励赞扬建立起自己的粉丝群体呢？主要有两种方法：

（1）及时的鼓励赞扬

学习过程中，每个人都可能会遇到困难和挑战，适时的鼓励和赞扬能够帮助学员克服心理障碍，保持积极向上的态度。比如，当学员要上台分享自己的方法经验，可平常很少上台，一到台上就紧张，语无伦次，在这个时候培训师可以及时鼓励，鼓励不要气馁，继续努力，这种认可和支持往往能够激发学员的内在动力，从而让学员突破心里这一关。当最终学员完成分享后，会感觉自己获得了巨大的提升，也会从心底深处感谢老师的支持，自然也就成了培训师的粉丝了。

（2）针对性的鼓励赞扬

培训师可以通过观察，识别出那些在特定领域表现出色或对某些话题有深刻见解的学员，然后给予他们针对性的鼓励和赞扬。这样的做法不仅能够让学员感受到自己的努力被看见和认可，也更容易激发他们对课程的兴趣和热情，从而更愿意成为培训师的支持者和粉丝。比如，一位学员非常用心地做准备到台上分享，培训师可以从刚才学员上台前的几个动作进行点评，然后就里面的关键词去剖析学员的用心，这样会让学员非常感动，因为付出被老师看到了，用心被老师感受到了。

3. 课前课间沟通

沟通才能了解彼此，也才能产生情感共鸣。培训师一定要多加强跟学员的沟通，除了更好地了解学员的情况、诉求，也能利用沟通的契机建立起跟学员的情感链接，促使学员更好地参与到课程中来，使学员成为潜在的粉丝群体。

在具体的操作上，可以重点把握好两个时间段的沟通：

（1）课程开始前的现场交流

培训师提前到达培训现场，与学员进行面对面的交谈。这不仅可以帮助学员解决对课程的任何疑问，还能通过亲切的问候和轻松的聊天减轻学员的紧张情绪，让学员感受到培训师的友好和专业，增强亲和力。比如，培训师可以询问学员对即将学习的内容有何期待，或是有哪些特别关注的问题，这样不仅能够使学员感到被重视，也能够让培训师在课程中有针对性地提供更加个性化的信息和帮助。

（2）课间沟通

在课间休息时，培训师可以借机与学员进行更加深入的交流，了解他们对课程到目前为止的反馈，包括哪些内容他们觉得有用，哪些部分可能需要进一步解释或调整。这种即时的反馈机会不仅可以让培训师及时调整教学方法，也是建立情感联系的良机。比如，培训师可以分享一些个人的经验或故事，使学员感到培训师是可亲可敬的人，而不仅仅是一个培训师，这样的情感连接有助于学员转变为忠实粉丝。

4. 全方位扫描

全方位扫描是培训师在整个培训过程中，通过观察学员的行为和反应来识别潜在粉丝的过程。这种方法不仅依赖于培训师的敏锐观察力，还需要对学员行为的正确解读。

下面的三类学员是最有可能成为培训师的粉丝：

（1）积极参与回答问题的学员

这类往往是最容易被识别为潜在粉丝的群体。他们通过积极举手、热情回答问题或主动分享观点来展示他们的参与度和对课程内容的兴趣。培训师可以通过认真聆听并积极响应这些学员的贡献，鼓励他们继续保持积极态度。比如，当一个学员回答问题时，即便答案不完全正确，培训师也可以肯定其参与的勇气，并指出答案中正确的部分，然后再温和地提供正确的信息或更深层次的解析，这种正向的反馈可以增强学员的自信心和对课程的满意度。

（2）非常聚精会神听课的学员

这部分学员也是潜在粉丝的重要来源。这类学员可能不多言，但他们通过全神贯注的姿态、认真记笔记或眼神中透露出的专注度表明了他们对课程内容的高度兴趣。培训师可以在课间或课后找机会与这些学员交流，询问他们对课程的感受及是否有任何疑问需要解答。这种个性化的关注不仅可以让学员感到自己的学习是被重视的，也有助于将这种专注转化为对培训师的认同和支持。

（3）反应积极的学员

比如经常点头、面露微笑或在讨论中积极互动的学员，同样是潜在粉丝的重要候选人。这些细微的非语言行为是他们内心态度和反应的外在表现，表明了他们对课程内容的认可和满意。培训师应该注意到这些行为，并通过适当的时机表达对这些正面反应的欣赏，比如在讲课中适时与这些学员进行眼神交流，或是课后感谢他们的积极参与。

5. 套近乎

为了快速地跟学员建立起情感关系，最简单粗暴的方法就是套近乎，这也非常考验培训师的情商。

在实际培训过程中，往往授课的时间并不长，目前一两天的为主流，半天的培训也不少。没有那么多时间去培养情感，只能采取更高效的方法来建立跟学员的情感链接，而套近乎无疑是最简捷有效的方法。那么该怎样跟学员套近乎呢？

（1）个性化的交流

在课程开始之前或课间休息时，培训师可以有针对性地对学员进行询问，比如学习的专业、参加工作的时间、哪里的人、有哪些兴趣爱好等，这种非正式的对话不仅可以减少学员的紧张感，还能帮助培训师发现学员的个性化需求和兴趣点，从而在课程中适时引入相关内容或案例。比如，如果一个学员对市场营销特别感兴趣，培训师就可以在讲解相关课程时，增加一些市场营销的案例分析，使这位学员感到课程内容贴近自己的兴趣，从而增强其对课程的关注度和满意度。

（2）情感共鸣的建立

培训师可以分享一些个人的经历或故事，特别是与课程内容相关的挑战和成功经验，以此引起学员的共鸣。当学员发现培训师不仅仅是一个传授知识的培训师，还是一个有着丰富经验和感受的人时，他们更容易产生情感上的认同和信任。比如，培训师在讲解一个技巧时，可以分享自己在实际工作中应用该技巧遇到的困难及解决困难的过程。这样的分享不仅能增加课程的实用价值，还能促进学员对培训师的情感认同，从而更容易将其转化为忠实的粉丝。

上述的五种方法在具体使用时，可以组合使用。不仅可以增强课程的吸引力和实效性，还能促进学员之间的积极互动和深度参与。这种多维度的互动和认可机制有助于形成一个积极的学习环境，使学员在获得知识的同时，也感受到个人价值的实现和情感的满足。培训师需要深刻理解这些方法的核心价值，将其融入日常的教学活动中，不断调整和优化策略，以最终实现教与学的共赢。

五、调动积极性的方法

学员的积极性调动起来了，培训效果才有保障，一般常用的调动积极性的方法有六种，具体如图 4-8 所示。

图 4-8　调动积极性的六种方法

1. 分组

分组是培训开始时常用的破冰手段。它的目的主要是让培训氛围活跃起来，尤其是在众多参与者中，可能彼此之间不甚熟悉。通过分组，参与者能迅速融入环境，消除后续交流中可能出现的障碍。

（1）分组的参考依据

那应该怎么来分组呢？先来看两个案例：

◎案例

案例1：一家食品公司开展培训会议，分成了十组，其中第一组被公司高管基本上占据，到了下午培训时，好几个高层领导都缺席，造成这一组明显空荡了不少，而且又在会议室最前面，负责照相的小刘确实很头疼，不管怎么拍照，领导所在的这一组都显得空荡，这样的相片放到网上去肯定不利于公司的宣传。而且由于各组年龄、性别不均衡，导致下午的培训对战环节明显不公平，大家颇有怨言，培训效果自然也受到了不少影响。

案例2：某互联网公司组织去户外活动，分成4组，现场抽签，使得公司本身仅有的8位女性基本上分到了1组或2组，而4组却是清一色的男性。在后期开展的活动中，第4组获得第一名，其余的小组则意见很大，说活动不公平，因为体力方面的活动，第4组明显占据优势。原本看着大家平时工作很累，公司组织户外活动也是希望大家放松一下，虽然比赛很激烈，可大家觉得组织的不够好，离预期的效果还有一定的距离。

以上两个案例都从侧面反映了分组的重要性，不能有效学会分组，是会导致矛盾产生的。俗话说：不患寡而患不均。小到培训的分组，导致对抗性的情绪产生，直接影响培训效果；大到人员的分配安排，直接影响到工作的开展。那么作为一名培训师，应该怎么分组才是科学有效的呢？这里除了分析活动、培训、会议或其他事项之外，更需要从参与人员的自身情况来着手，要对参与人员的情况有一个摸底。主要从职位、年龄、性别来着手。

a. 职位作为关键参考因素。这里说的职位包含了职务、部门、入职年限，比如五小组，一共有五个部门负责人，那么每组分配一个部门负责人。如果营销部有20人，一共有五组，那么每组分配四个营销人员。倘若不这样分配，就会导致在做分组讨论时，营销人员集中的这一组热火朝天，技术研发这一组就冷若冰霜。入职年限也是要作为考虑的关键点，倘若一组中全是入职10年以上的职工，另外几组都是入职一年左右的，就会明显感觉到参加工作时间越久的人，参与投入的状态就会越低，毕竟他们作为老员工知道有些东西是无力改变的，也就积极性不高了。

b. 兼顾老少均匀。各个年龄层次都有，这样的分组才显得均匀，更利于各项事项的开展。毕竟在这样的分组中，年龄大的会照顾年龄小的，年龄小的支持年龄大的，就好比做一些调研，各个年龄段都需要采集，这样才能得到最真实的市场数据。

c. 要注意性别搭配。俗话说，男女搭配，干活不累。每组的男女要相对来说均衡，这样才是公平公正的。在男或女比较少的团队中，偏少的性别可以起着润滑剂的作用，毕竟异性相吸这是一个亘古不变的道理。

按照这几个维度基本上问题不大，要想用心开展好培训，是需要多花费一些心思的。

（2）分组的三个技巧

a. 把握好分组的时间。分组尽量安排在培训开始时，可以通过有趣的方式进行分组，比如依据个人爱好、出生月份、分组游戏、随机抽签等方法，甚至在训前就可以分好组。若已经提前分好组，那么开场破冰的时候就可以直接执行分组所需做的任务。

b. 执行分组的四大任务。分组后的重要任务是四个，分别是选组长、定组名、确定口号、团队展示。在分组后，首先让各组快速选出每组的组长，接着由组长确定本组的名字，并制定组别口号，最后就是让各组上台进行简短的展示。通过这样的安排，可以快速促进团队间的融合，活跃现场的氛围。

c. 分组应根据课程时长灵活把控。对于三小时以上的培训，分组活动是必要的。但如果是短时培训，比如只开展一小时的培训，则可以不用分组，或者可以把会场摆成小组的形式，但不再去选组长、定组名及口号、上台展示，这样就可以避免因执行分组的任务占用过多的培训授课时间。

2. 奖罚考核

在提升培训互动性和参与度方面，奖罚考核法扮演着不可或缺的角色。通过合理运用奖励和惩罚，培训师可以显著提高学员的积极性，使得学习过程既高效又富有乐趣。

（1）奖励

a. 物质奖励的魅力。物质奖励能立即吸引学员的注意力和兴趣。比如，回答问题的学员有机会获得一张可能中大奖的彩票、一个果冻、一根棒棒糖，又或是一瓶饮料等。这种直观的奖励不仅能激发学员的参与热情，还能增加培训的趣味性。

往往氛围很闷的培训现场，都有一个特性，那就是培训没有任何奖励。

b. 积分奖励伴随全程。对于那些无法提供大量物质奖品、只能提供少部分结营奖品的情况，或者说只能提供证书的情况，采用积分制也是一种有效的激励方式。学员通过积极参与回答问题，可以获得积分奖励，最终积分还可以转换为具体的奖品、证书和奖状。这种方法不仅增加了培训的互动性，也提高了学员的积极性。

所以，为了提升大家的参与度，培训师可以准备好积分卡或积分币，只要学员在课程中有参与的行为，就奖励积分卡或积分币。到时看每个小组培训结束后得分情况，这样就可以评选优胜小组和优秀学员。

（2）惩罚

a. 轻松有趣的惩罚。在制定惩罚规则时，让学员参与进来，可以使惩罚变得更加人性化和有趣。比如，迟到的学员可能需要做俯卧撑、上台表演，或者是给大家发红包。这样的惩罚不仅减少了负面情绪，还能增加培训的趣味性和团队的凝聚力。

b. 惩罚的正面效应。适当的惩罚可以有效地维护培训的秩序，同时也能激发学员的参与意识和团队精神。看到其他人因迟到而进行表演，不仅能增添几分乐趣，也让大家意识到时间的重要性。

有效的奖励机制能直接激发学员的内在动力，而合理的惩罚规则则能维持培训的秩序，确保培训活动的顺利进行。培训师应根据实际情况灵活运用奖罚考核法，以达到最佳的培训效果。

3. 学员参与

在任何培训课程中，引导学员积极参与是提升培训效果的关键。相比于单向的授课方式，一个互动性强的课堂能够显著提高学习效率，同时也让培训过程变得更加生动和有趣。因此，培训师应采取各种方法，激发学员的参与热情，使他们成为课程成功的共同创造者，而不仅仅是被动的接收者。

那么，如何让学员参与进来呢？主要有五个技巧：

（1）问题互动

一堂成功的培训课应留有充足的时间供学员参与和互动。培训师可以通过抛出问题的方式，邀请学员分享自己的想法和答案。这种做法不仅可以活跃课堂气氛，还能加深学员对课程内容的理解和记忆。

（2）观点分享

观看视频或案例分析后，鼓励学员表达自己的观点。培训师可以说："我们刚观看的这段视频，大家有什么感想或见解吗？欢迎大家踊跃分享，分享的朋友可以为小组加分。"这样的互动不仅促进了学员之间的交流，还激发了他们的参与意识。

（3）积分激励

为了进一步鼓励学员参与，可以引入积分系统。积极参与讨论和活动的学员及其团队可以获得积分奖励，这不仅增加了游戏的趣味性，也提高了学员之间的竞争和合作精神。

（4）学员点评

如果时间允许，培训师可以邀请学员对某个话题或问题进行点评，然后由培训师进行总结分享。这种方式不仅能够让学员感受到自己的意见被重视，还能增加他们对课程内容的投入感。

（5）小组任务

通过设置小组任务，就可以让小组成员之间展开讨论交流，同时最后让每小组派代表来分享小组汇总后的意见。通过这样的形式就可以让所有学员都参与进来。

通过有效地设计和实施上述策略，培训师可以大幅度提升学员的参与度和课程的互动性。记住，"学员参与有多深，收获就有多深"。

4. 故事案例

人们普遍喜欢听故事，因为故事能够触动情感，激发想象；喜欢听案例，因为具体不抽象，更有场景代入感。

一个精心设计的故事或案例，可以迅速抓住学员的注意力，使复杂的概念变得生动和易于理解。此外，它们还能够激发学员的情感，促进学员之间的互动讨论，从而加深学员对课程内容的记忆。

在具体运用时，故事案例的应用有如下五大策略：

（1）开篇引入

很多培训师在讲课的时候，开始时他不讲观点，而是讲故事或案例，只有学会讲故事和案例，课程才会变得生动起来，大家听起来才会感觉老师的课讲得有趣味。

在课程一开始就讲述一个相关的故事或案例，可以立刻吸引学员的注意力。这种策略不仅可以确定课程的基调，还能激发学员的好奇心和学习动机。比如，在讲授团队建设的课程时，通过讲述森林中大象因食人蚁而奔跑的故事，寓意即便是再强大的个体也可能被团队的力量所克服，从而引出团队合作的重要性。

（2）情景模拟

故事和案例可以作为情景模拟的工具，让学员置身于特定的情境之中，从而进行角色扮演或决策模拟。这种方法不仅增加了学习的互动性，还有助于学员在安全的环境中探索不同的解决方案，提高解决问题的能力。比如，假设整个团队因为一个虚构的飞行事故被迫在一个偏远的沙漠地区降落。团队的目标是利用有限的资源，从沙漠中成功逃生到一个预定的安全地点。为了增加真实感，培训师可以提供一份包含各种物品（比如水、食物、指南针、急救包等）的清单，并要求团队成员讨论并选择哪些物品是最重要的，以及如何使用这些物品来确保团队的生存和成功逃生。

（3）讨论与反思

故事和案例分析后，引导学员进行小组讨论，分享他们的见解和感受。培训师可以进一步提出引导性问题，促使学员深入思考，加深对课程主题的理解。这样的互动不仅增强了学员之间的沟通，也促进了知识的内化。

（4）联系实际

将故事和案例与学员的实际工作经验相结合，让学员寻找与自己经历相似的情境，分享他们的经验和应对策略。这种方法能够增加课程的实用性和现实意义，使学员能够更好地将所学应用于实践。

故事和案例能够让抽象的概念具体化，复杂的问题简单化，同时还能激发学员的情感，增强记忆。

5. 游戏化教学

在培训开场时，游戏更是起着快速破冰的效果，让学员快速融入培训场景。尤其是下午、晚上的培训，在此之前做个游戏，可以让大家以更饱满的热情来听课。

在我开展的无数场的培训中，往往做游戏的时候，氛围会非常火爆，整个氛围达到了最高点。

很多刚入行做培训师的人，我都建议他们至少要会50个培训游戏，这样就可以随手拈来，调动培训的氛围。在做游戏时，尤其培训开场时，实施培训游戏还要注意三点：

（1）游戏尽量全员参与

培训开场唯有全员参与的游戏才能调动整个现场的氛围，若只是一部分人参加，那就只能调动部分人的积极性。人只有在自己参与时才能融入，否则就会带着看表演的心态看他人参与游戏，不利于达到调动全员参与的目的。

（2）不要借助培训道具物品

但凡需要借助物品，在实际操作时可行性就会降低，因为道具物品不可能随时携带；每次培训人数不一，所需道具物品也不尽相同；培训物品会使得规则更复杂，更耗时间，不符合快速破冰的初衷。

（3）游戏要简单

越简单的游戏越容易实施，如果一个游戏光规则就要讲很久，这样的游戏效果就会打折扣，因为每个人的理解能力不一样，对规则的理解各有差异，导致游戏不能呈现出来。我曾经在培训现场见过多位内训师在讲解游戏规则时，把自己给绕进去了，最后游戏只好不了了之，而原本想通过游戏调动氛围，最后却成了一场闹剧。

基于培训游戏要注意以上的三点，接下来，我们来分享一些常用的适合全员参加的培训开场游戏。

游戏1：老鼠及鼠老游戏。

游戏解说：喊老鼠时，就把右手握成拳头，同时举起来，然后往下做一个鼓劲加油的下拉动作；接着喊鼠老时，就把左手握成拳头，同时举起来，然后往下做一个鼓劲加油的下拉动作。接着培训师随意喊老鼠或鼠老，速度逐步加快。每个人在做动作时要一起跟随培训师喊出老鼠或鼠老。

反复持续15至20秒后，然后问大家一个问题：猫怕什么？

几乎所有人都会回答：老鼠。

培训师此时可以来现场调侃：我长这么大，第一次听说猫怕老鼠，彻底刷新了我的三观，这年头猫也太没地位了。说完后，几乎所有人会笑起来。

收尾点评：刚才这个游戏，有的人会说是我给大家下了一个套，其实这就是一个人的惯性思维，当你们重复一件事时，会被惯性思维所左右。所以，一个人要想获得成长，就不能被老的思维方式所束缚。学习就是帮我们打开思维，获得新知识和新方法。

游戏2：摸额头游戏。

游戏规则：请在座的每一位跟着我一起做一组动作，据说经常触摸这些部位可以让身体更健康。请大家跟我先摸摸自己的耳朵，再来摸摸自己的眼睛，再来摸一下我们的额头，此时培训师的手要放在鼻子上，说完后让大家马上别动，然后让大家现场看看，有多少人是手在摸鼻子。

大概率的情况，应该有90%以上的人都会在摸鼻子。接下来由培训师进行发问：为什么你们把手放在了鼻子上？我的指令是摸额头吧！

收尾点评：一个人说什么没有用，而是要看具体都做了什么。就好比刚才我说的是摸额头，做的却是摸鼻子，而你们跟我做了同样的动作。所以说，我们要想让他人按照自己的意思来，那就要做给别人看，要做好标榜，就好比我们经常劝孩子要好好学习，那自己在家时就不能老是玩游戏和看电视，得要自己做出学习的榜样。

游戏3：双手交叉游戏。

游戏解说：请现场所有人跟随我一起做一组动作，请先伸出你们智慧的右手，再伸出你们快乐的左手。

然后把两只手掌心对掌心交叉在一起。（现场进行动作示范）

不要松开，接下来要揭晓重大的秘密了（伴随微笑）。

刚才右手大拇指在上面的，对，就像我这样右手大拇指压在左手大拇指上面的，向我挥挥手，让我看看都有哪些人员？

右手大拇指在上面的，据科学家（实为调侃）研究发现，这些人都是财商很高的，这一辈子注定都是有钱人，所以刚才大家要注意是哪些人举了手，以后要找投资就找刚才举手的人，他们天生就是赚钱的一把好手。

左手大拇指在上面的人，向我挥挥手，让我看看都是哪些人？

然后我来揭晓左手大拇指在上面的答案了，像我这样就是左手在上面的，这种，你们猜是一群什么人（停顿3秒），这群人就是情商很高的人，可能初中还未毕业就已经谈过两次恋爱了，这些人懂得关注他人，会察言观色，天生就是做管理做领导的，因为做管理就要情商高，这样带出来的团队也很棒。

还有没有两个大拇指并排的，有的话朝我挥挥手。

这种人天生是做领袖的，五千年也难得遇到一个。

收尾点评：通过刚才这个游戏，我发现在座的每一位一个个是非常棒的，因为愿意积极参与，俗话说参与有多深收获就有多深。

培训游戏作为培训过程中的有效催化剂，在促进学员融入培训情境方面具有独特作用。它能够拉近学员与培训师之间的距离，增强彼此的情感联系，进而提升学员对培训的投入度。

在培训开始之前，学员们往往带着各种生活和工作中的情绪及思绪。比如，有的学员可能因为早晨与家人的争吵而心情不佳，有的可能因工作中的项目难题而倍感压力，还有的可能为个人职业发展的迷茫而忧心忡忡。这些复杂的心理状态会干扰学员在培训中的注意力和参与度。

而培训游戏能够巧妙地打破这种僵局。通过有趣的规则、互动的环节及竞争或合作的模式，吸引学员的注意力，从而激发他们的兴趣和积极性，使学员能够暂时忘却外界的烦恼和困扰，将注意力迅速聚焦到培训活动中来，实现从生活和工作场景到培训场景的快速转换，为培训的顺利开展奠定良好的基础。

除此之外，对那些站在讲台上还有些紧张的培训师来说，游戏还可以起着调节紧张的作用。

6. 课程实用

一门课程如果只充斥着脱离实际的理论，与学员的实际工作毫不相关，那么无论采用多少高明的教学技巧，都难以持续激发大家的学习热情。要想让培训课程真正落地，变成学员能够在日常工作中直接应用的实用技能，培训师就需要巧妙地融合课程内容和实践工具。

那么该如何让课程更实用呢？

（1）提供实用的工具

实用工具的提供是将理论知识转化为实际操作能力的关键。这些工具可以是软件、模板、框架、检查列表、案例研究等，它们能够帮助学员在面对实际问题时，有一个具体的操作指南或参考。

a. 案例研究。通过引入与课程主题相关的真实案例研究，培训师可以展示理论知识是如何在实际情境中被应用的。案例研究不仅能够提供具体的学习模型，还能够激发学员的思考，促使他们讨论并模拟在类似情况下的决策过程。

b. 操作模板和框架。提供各种操作模板和框架可以帮助学员理解和记忆复杂的流程或策略。比如，在项目管理培训中，可以提供项目计划模板、风险评估框架等。这些模板和框架不仅简化了学习过程，还能被学员在将来的项目中直接使用，大大提高了课程的实用性。

c. 互动式学习工具。利用互动式学习工具，比如在线模拟、虚拟实验室等，可以让学员在一个模拟的环境中利用他们所学的知识进行实践操作。这种方法不仅能够加深学员对理论知识的理解，还能提升他们解决实际问题的能力。

d. 实践活动。组织实践活动，让学员在实践中尝试使用新方法技巧。这些活动可以是角色扮演、团队合作任务或个人项目等，目的是让学员通过实践来巩固学习成果，并获得实际操作的经验。

（2）提升课程实用性的教学策略

a. 整合实践经验。在讲解理论的同时，培训师应该分享自己或同行的实践经验，让学员看到理论知识是如何转化为实际操作的。这些经验可以是成功的案例，也可以是失败的教训，关键在于它们是否能够提供真实的学习价值。

b. 问题解决导向。课程设计应该围绕解决实际问题展开。培训师可以收集行业内常见的问题或挑战，设计课程内容来针对这些问题提供解决方案和策略。这种方法能够确保课程内容的高度相关性和实用性。

c. 灵活讲解课程内容。考虑到学员的背景和需求多样性，培训师可以根据需求灵活讲授课程内容，比如课程一共有四个知识点，但是大家明显对其中一个知识点感兴趣，那么就多花一点时间把该点内容讲透彻。

通过提供案例研究、操作模板、互动式学习工具和实践活动，以及分享实践经验、采取问题解决导向的课程设计，培训师可以大大提升课程的实用性和学员对课程的满意度。

有效的培训并非单一方法的堆砌，而是对多种策略的灵活运用和综合考量。每一种方法都承担着激发学员积极性、促进参与和增加实用性的任务，相互之间形成支持和补充。成功的培训是一个系统工程，需要培训师根据具体情况综合运用多种策略，从而达到增强培训效果的目的。

六、结束的方法

在培训的最后阶段，我们所呈现的内容和方式尤显重要。因为众所周知，人们往往对最近接触的信息记忆最为深刻。一个精心设计的结尾不仅能够为整个学习过程留下印象深刻的尾声，还能极大地影响学员对培训的整体满意度和评价。若结尾处理不当，不仅会削弱之前所有努力的成效，还可能导致学员带着疑问和不满结束课程。因此，培训的结尾环节不应被忽视，它是整个培训过程中不可或缺的关键一环，需要高度的重视和精心策划。

一般来说，常用的培训结尾的方法有如下四种，具体如图 4-9 所示。

图 4-9　培训结尾的方法

1. 答疑提问

培训过程中，学员往往会有许多疑问或不明白的地方。因此，培训的结尾应当留有足够的时间进行提问和答疑。这不仅可以帮助学员澄清疑惑，加深理解，还能增加他们对课程内容的掌握度。比如，在一场为期一天的管理技能提升培训中，培训师在最后 30 分钟安排了一个开放式的问与答环节，鼓励学员提出在实际工作中遇到的相关问题。这种互动式的学习方式不仅让学员感到被重视，还极大地提高了学习的实用性和针对性。

要做好答疑提问，需要掌握一定的技巧，这样才能达到最佳效果，主要有四个技巧：

（1）预设好时间

有效的答疑提问环节需要良好的时间管理。培训师应该在培训计划的初步阶段就为答疑环节预留出足够的时间。这意味着你需要根据课程内容的复杂度和预期的互动程度来决定这一时间段的长短。理想的做法是将时间安排在课程的尾声，确保在传递完所有必要信息后，给学员留出足够的空间提出疑问。这样既能确保课程内容的完整性，又不会让答疑环节显得仓促。

比如，在做"高效沟通"的培训时，留出 20 分钟用于课程答疑，并且在培训刚开始时就告诉学员，让学员做到心中有数。

（2）提前搜集问题和现场搜集问题双管齐下

为了最大限度地提高答疑环节的效率和效果，建议培训师采取双管齐下的策略：提前搜集问题与现场搜集问题。提前搜集问题可以通过电子问卷或让学员在课程中途休息时提前把问题写在便签纸上，然后交由组长统一提交给培训组。

这样不仅能帮助培训师提前准备，还能确保那些害羞或不愿在大庭广众之下提问的学员能够被听见。而现场搜集问题，则可以采用匿名形式手写问题或直接口头提问的方式，增加互动的即时性和参与感。这种结合使用的方法能够确保各类问题都能被充分收集和回答。

比如，有一次我们在做培训的时候，老师让大家来提问，因为领导在现场，所以没有一个人来提问，老师后面换了一种方式，让大家把问题写在纸条上，然后再递上来，老师根据纸条上的问题再来回答大家的疑问。

（3）有选择的回答

由于时间限制，培训师在答疑环节不可能对所有问题一一回答。因此，选择哪些问题进行回答变得尤为重要。一般来说，应优先回答那些被多次提问或对大多数人有帮助的问题。对于那些高度专业或特定情况下的问题，可以建议私下交流或提供额外的资源进行解答。这样不仅能确保答疑环节的高效运行，还能让更多学员感受到自己的疑问得到了重视。

（4）棘手问题的处理

面对棘手或敏感的问题，培训师的应对策略将直接影响到培训的整体效果和氛围。培训师需要保持冷静和专业，对于那些无法立即给出答案的问题，可以诚实地告诉学员进行更深入的研究后再给予答复。对于敏感问题，可以采取转移话题或是提出在更适宜的时间和场合讨论的方式处理，以维护培训的正常进行和积极氛围。

2. 课程总结

在培训的尾声，进行一次深刻而全面的课程总结是至关重要的，它不仅有助于巩固学员的学习成果，还能显著提升整个培训的效果和质量。课程总结的技巧主要有如下三个：

（1）关键点回顾

优秀的培训师在课程总结时，应系统地梳理并回顾课程的核心内容和关键点。特别是对那些容易被遗忘或理解上有难度的概念，更应重点强调，帮助学员加深理解和记忆。比如，如果当天的培训是关于有效沟通技巧，那么培训师应重点回顾如倾听的艺术、非言语沟通的重要性及反馈技巧等关键点。

（2）参与式总结

培训师可以采取参与式的方式来引导学员进行总结，提高他们的互动性和参与感。比如，通过提问："今天我们学习了哪些关于团队合作的关键要素？"这样的互动不仅促进了学员的思考和回顾，还增加了课程内容的留存度。通过这种方式，学员能够在回答中重温当日的学习内容，同时也有机会表达自己对于某些知识点的理解或疑惑。

（3）利用辅助工具

利用视觉辅助工具，比如思维导图，可以极大地提升课程总结的效果。在培训结束时展示一张包含所有主要知识点的思维导图不仅有助于学员整理和回顾学到的信息，还能帮助他们在大脑中构建起结构化的知识框架，从而提高记忆和理解。培训师可以提前准备出导图，并在总结时引导学员逐一回顾，同时解释各个知识点之间的联系。这样的导图也可以作为学员日后复习的重要资料。

比如，在一场关于项目管理的培训中，培训师可以使用思维导图来回顾项目启动、规划、执行、监控和结束等关键阶段，以及每个阶段的主要活动和目标。通过这种视觉化的总结，学员不仅能更好地理解课程内容，还能在实际工作中更有效地应用所学知识。

3. 学员分享

在培训接近尾声时，恰当地引导学员进行分享，不仅能够加深他们对课程内容的理解，增强团队间的交流和互动，还能把培训的正向效果进行强化，获得更高的满意度。

在让学员分享时，可以参考如下五个技巧，最大限度确保分享这一环节达到预期效果。

（1）正向分享的定调

培训师需要明确地向学员传达分享的主旨是正向的。这意味着鼓励学员集中讨论他们从课程中获得的启发、知识和技能，以及这些收获如何对他们的个人或职业生活产生积极影响。可以这样引导："请分享你在今天培训中最有价值的学习点，以及你打算如何将其应用到你的工作或生活中。"

千万不要跟学员说："你觉得课程哪些地方还讲得不是很好，可以提一下自己的看法。"

这样说，就会强化负面效果，是典型的给自己挖了一个火坑。所以，我们一定要从正向去引导，最常用的引导语有：

a. 谈谈有哪些收获？

b. 分享一下自己最受启发的地方是什么？

c. 你觉得课程带给你的启发是什么？

（2）抽选代表进行分享

为了确保每个小组都有机会参与，可以采用随机抽选的方式决定哪个小组的代表上台分享。这种方法不仅保证了公平性，还增加了环节的趣味性。比如，可以利用数字随机生成器或简单的抽签法来选出分享者，也可以让每组自行推荐一个代表进行分享。

（3）借助"分享反思卡"道具进行分享

为了帮助学员组织思维和语言，可以提前准备一些"分享反思卡"。这些卡片上可以印有图片，让参与分享的人自行选择适合自己的一张图片，然后给大家几分钟时间，再上台结合图片来谈自己的课程收获。通过这种方式，即使是平时不太愿意发言的学员，也能有一个参考物来表达自己的思考和感悟。

（4）定好分享的时间

为了保证分享环节高效而紧凑，需要明确每位代表的分享时间限制。通常，每人一两分钟的分享时间是合适的。这不仅确保了时间的有效利用，还促使分享者更加集中精力表达最核心的观点。比如，在上台分享前，我们可以设置一个提醒铃，提前告知学员规则，在结束前20秒会按一次提醒铃，时间到了就会按三次。

（5）做好拍摄记录

培训结束后，学员分享的内容和精神面貌是非常宝贵的资源。提前进行视频拍摄或摄影记录，不仅能让参与者留下美好的回忆，还为培训组织者提供了展示培训成效的实物证据。此外，这些素材可以在后续的培训中作为案例分享，或者用于内部交流和外部宣传，从而增强培训的影响力和吸引力。

4. 故事、金句、寄语、感谢

在培训课程即将结束的这一阶段，一个有力且令人难忘的结尾是至关重要的。它不仅为整个学习经历画上圆满的句号，还能激发学员未来采取行动的动力。为了实现这一目标，培训师可以采用以下四种策略：

（1）讲故事

人们天生喜欢听故事，因为故事能够激发情感，促使听众产生共鸣。培训师可以通过讲述一个生动的故事，将课程内容与实际经历相结合，让学员更好地理解课程。

◎案例

在"问题分析与解决"版权课程结尾讲故事：

各位优秀的伙伴们，在"问题分析与解决"课程中，我们一起潜入了难题的海洋，学习了如何成为那些慧眼识珠、剖析困境的航海者。请允许我以一个故事结束我们今天的旅程：

有一个寓言，说一个年轻人跟睿智的老者打赌，他手里抓了一只小鸟，握在手中，他说，"智者，既然你能够洞悉一切，你现在告诉我，我手中的这个弱小的鸟它是死还是活？"这个年轻人认为他胜券在握，他想老人如果说鸟是活的，他食指轻轻一动，就能把小鸟捏死，如果老人说小鸟已经死了，他手心一张小鸟就会被放飞，老人一定会输。这个自以为聪明的年轻人是否能把睿智的老人难倒，而这位老人又做出了什么样的回答？老人的答案会给我们的人生一个怎样的启示呢？这个时候老人淡淡地对他说了一句话——生命在你手中。每一次培训过后，培训到底有没有效果，其实掌握在你们自己手中，如果你们去实践，就一定会有收获。

（2）分享金句

一个强有力的金句可以在学员的心中留下深刻的印象。培训师应挑选或创造一句简短而富有深意的话，总结课程的核心精神或鼓励学员未来的行动。这句话应当易于记忆，且富含智慧，能够激励人心。

◎案例

在"管理者情商能力提升"版权课程结尾分享的金句：

最后，我想给大家留下一句金句："没有优秀的个人，只有伟大的团队。"记住，这不仅仅是管理者的使命，也是我们每个人的责任，因为我们都是一个团队的一部分。不论在哪里，不论在何时，我们的关系、我们的沟通必须充满情感的智慧。

（3）行动寄语

最后，培训师需要通过寄语激励学员将学到的知识和技能付诸行动。这可以是一个问题，促使学员思考他们将如何将课程内容应用到自己的工作或生活中，也可以是一个具体的行动建议，比如设定一个目标或执行一个小项目。

◎案例

在"打造高效行动力"版权课程结尾的行动寄语：

学习好比黑夜的一盏灯，可以照亮我们前行的路，但想要到达目的地，还需要我们用脚去行走。至于是选择现在走，还是等会走，是坚持走，还是只走一段，决定权在你们身上。而你们的决定，就会直接影响到你们的人生。

行动就是火柴，知识干货好比干柴，能否点燃人生，成为行动高手，取决于你是否划动火柴，相信你们可以做到。

（4）感谢学员

作为培训师，在课程结束时表达感谢至关重要。我们必须认识到，学员们坐在那里聆听我们的讲解，其实也是一份不小的付出。站在讲台上的我们可能会感觉更为轻松，而对于长时间坐在下方的学员来说，有时候真的会感到相当不适。因此，作为培训师，我们需要心怀感激，对学员们的聆听和参与表示真诚的感谢。实际上，许多培训师在课程结束时会向所有学员鞠躬，作为对他们耐心倾听的敬意。我认为，如果一个培训师能够做到这一点，展现出这种谦逊的态度，将会给人留下极佳的印象。

比如，可以简洁地说："今天的课程就到此结束，感谢大家的参与。"然后配合一个面向学员进行鞠躬的动作，这样一句简单的话，只需五秒钟，却能有效地收尾。

在培训的终章，通过故事讲述、分享金句、行动寄语，以及感谢学员，培训师能够深化学员的学习体验，激发他们将新知转化为实践的动力。这样的结尾不仅令人难忘，还能促进学员对课程内容的深入反思和应用。

故事能够触动人心，金句在心灵深处留下印记，行动寄语激励实践，而对学员的感谢则体现了培训师的诚意和敬业。这四种策略共同作用，为培训画上完美的句号，不仅增强了课程的吸引力和影响力，让学员在课程结束时感受到成就感和满足感。

第四节　课后复盘技巧

课后不复盘，问题会再犯。复盘是培训师训后最关键且最重要的一项工作。

◎案例

改掉的口头禅

我之前授课喜欢说口头禅，最多的就是"那么""然后""呃"。直到后面有朋友跟我反馈这一问题，我把当时课程录制的视频进行回放，看到了最真实的自己，确实如朋友所说。

在看视频回放时，我把出现频率高的口头禅记录下来，在后期授课时，就会有意识的控制住，然后就发现口头禅变少了，表达更流畅了。假如没有后面的复盘，那么问题会一直存在。

总结：课后复盘对于培训师来说至关重要，因为决定了课程的品质口碑。一个培训师不做复盘，个人的能力会一直卡在一个节点，很难有突破，因为人总会被习惯所支配。

培训师的学习有三种途径，其一是通过书本、课程来学习经验知识；其二是向身边的人去学习其优秀的地方；其三是向自己过去的经验和教训学习。

这三种学习途径中最重要的还是向自己学习，向自己学习最好的方式就是通过复盘。每一个想成为优秀培训师的人，都不能忽视复盘所带来的魔力。

那么，培训师在做完每一场培训之后，应该怎样来做复盘呢？接下来我将从五个方面来做详细的分解。

1. 课前准备复盘

为什么说课前准备也要复盘呢？因为课件是在课前就完成的。前期准备工作做得越扎实，课件打磨得越专业，那么呈现出来的效果就会越好。

课前准备应该从哪些方面进行复盘呢？无外乎有如下五个方面：

（1）需求沟通

每次培训都是基于解决问题而来的。在前期有没有跟培训主办方把需求沟通好，在培训后就能得到验证，各方对课程满意，那就证明需求沟通到位了；若绝大多数人不满意，那自然是需求沟通没有到位。

在很多培训中经常会遇到领导的需求和员工的诉求不一致，因为他们站的位置不同，所以考虑问题的出发点不一样。聪明的培训师总是会跟三类人做需求沟通，一个是主办方领导，一个是培训学员代表，一个是培训组织管理者。因为这三个人代表不同的角度，对需求的理解也不尽相同。

每一个培训师在做完一场培训后，一定要好好考虑一下需求工作有没有做到位。目前一些培训师只是被动地接受主办方发来的需求，没有做过多深入地沟通。对于时间成本非常高的培训师来说，他们愿意把更多的时间用在课程制作及授课上。看一个培训师是否负责用心，从需求沟通上就可以看出端倪。

（2）课件制作

要打磨一份精美的 PPT 课件，是需要花时间的。有些培训师在授课的时候打不开插入的链接，然后播放的时候幻灯片会自动播放，这些细小的问题都会影响到学员对培训老师专业性的评价。

因此在课件制作的时候，是否做到了版面简洁、色彩统一、内容完善、设计播放到位、插入链接是否正常打开等，在复盘时，欠缺的地方要进行调整。

（3）物料准备

在课程中所需要的物料是否都已经到位？有些培训师在培训授课时会遇到忘带物料的情况，比如 U 盘、闹钟、翻页笔、转换器等。一旦缺少某些物料，在一定程度上会影响到培训的效果。

有些课程，有物料工具做辅助，效果会更好。比如做产品包装知识的授课，现场给每组准备几个包装盒、包装袋，让学员可以直接看到包装的物品，这样更利于现场的消化吸收。因为讲完课后，就会有很深的感受，觉得在哪些地方更需要物料做支撑，那么就记录下来，下次授课时再提前准备好物料，以使培训效果更佳。

（4）会场熟悉

我每次去做培训都会提前到会场进行踩点，一个老师对会场越熟悉，在现场就会越从容。比如这次培训是否因为会场不熟悉影响了培训效果。有些培训会场不好找，可能就会因为不提前了解具体的地点，导致培训迟到的情况发生。所以，要来复盘一下会场熟悉度，看踩点工作是否都做到位了。

（5）设备调试

复盘时可以回忆一下，在培训之前，有没有提前做设备调试呢？其中投影设备的调试至关重要，我们要确认它是否能正常播放，画面是否清晰、稳定地呈现，声音是否能正常输出且无杂音或音量异常等问题。

另外，在调试设备的时候，有没有留意音响和话筒声音的控制键在哪里呢？这一点在现场调控中非常关键。熟悉这些控制键的位置，我们才能在活动现场根据实际情况迅速、准确地调整声音大小、音色等参数，保障活动的视听效果不受影响。如果在这方面存在疏忽，可能会导致现场出现各种突发状况，影响整个活动的质量，所以这是我们复盘时需要重点关注的内容。

2. 时间复盘

优秀的培训师总能够按照既定的时间规划来完成每一场培训。但还是有不少培训师要么课程提前结束，要么拖堂。尤其是到了饭点的时候，假如培训师还在那里进行授课，下面学员的心早都已经跑到食堂去了。培训不是刚性需求，在跟人的生理需求发生冲突的时候，会秒败。

（1）整体时间复盘

看课程是否按照预计的时间开始和结束。有些培训师两天时间要讲五个章节的内容，有可能前面三个章节就讲了一天多时间，还有后面两大章节，由于时间太赶，一个小时就讲完了，甚至半个小时就讲完了。这是典型的时间规划不合理的情况，那我们就要看这前面三个章节是不是互动做多了，或者讲得太多了，而导致后面的内容时间不够。

（2）重点内容讲授时间

每一门课程都有自己的核心内容，是不是在核心内容上花了足够的时间把这些内容讲透。假如整个培训共四个章节的内容，其中第三章是重要内容，按照预定计划应拿出 50% 的时间来讲，那是否真的执行到位了？对于重点内容，倘若时间不够，就会造成讲不透的后果。

（3）互动演练时间

在很多课程里面有一些需要耗时比较长的互动演练环节，可能需要半个小时甚至一两个小时的情况都有可能，我曾经在讲商务礼仪的课程时，光情景演练就花了半天的时间，那么互动演练是不是超时了？假设超时了，那下次是不是可以用时钟提醒器来避免此类情况再次发生。

3. 仪表仪容复盘

培训师代表的是专业形象，自身的穿着是否符合培训师的专业形象，在做复盘的时候一定要考虑清楚。

（1）仪表

假如说夏天给企业做培训，五天的时间都是穿一套衣服，那会让下面的学员怎么去想？大家感觉老师非常不爱卫生，所以去外地做培训时，行李箱要带几套衣服。

记得我之前合作过的一位培训师，他在 7 月天气炎热的时候，依然穿西装，打领带，这让我当时非常震惊，于是就跟老师说："温度太高了，老师可以只穿衬衫，这样身体好受一些。"

后面老师直接回复说："我是一名职业培训师，所以也会高标准要求自己，穿正装是对学员的基本尊重。"

听老师讲完后，我由衷地敬佩。时隔多年，这位老师当时所讲的内容，我早已忘了，可他专业的形象我却记忆犹新。

在现实生活中，我们有不少老师因为衣服装在行李箱，有些皱皱巴巴，也没有做任何熨烫，穿在身上给人感觉非常不好，所以在复盘时也需要考虑自己的着装是否都到位了。

（2）仪容

作为女性培训师是否化了淡妆，男性培训师是否保证了面部干净，整个人的精神状态如何，头发是否干净等。

培训师是喜欢经常熬夜加班的，在授课时是不是有打哈欠等情况，是否有掏耳朵、抠鼻子等小动作，这都是培训的大忌，所以在复盘的时候还要考虑到这一块是否做到位了。

4. 内容的复盘

内容的复盘是提升课程品质的核心关键，可以从逻辑性、实用性、新颖性这三方面进行复盘。

（1）逻辑性

每一门课程，哪怕设计得再专业，想得再充分，讲完后通过复盘才能检验课程是否专业。因为只有讲完以后，才会感觉整个课程是不是有逻辑，每个章节之间是否有联系，每页 PPT 之间是不是比较顺畅。

很多培训师在授课过程中，给人的感觉是毫无逻辑性。所谓的逻辑性就是有一根主线，大家顺着这个主线就可以了解整个课程，比如说在做行业分析的时候，是不是先从大环境分析开始，再从小环境开始切入等。

（2）实用性

内容是否实用其实从现场学员的眼神就可以找到答案。如果内容实用性非常强，大家参与度就会更高。有些培训老师习惯性的去讲理论，但坐在台下的学员可能是非常不喜欢的，他们更愿意听到那些可以对工作带来实际帮助的干货。

其实判断复盘内容是否实用，一个最简单的方法就是换位思考。假如自己是学员，会不会去运用课程所讲的内容，若自己都不愿意学，自然是实用性不够强。

（3）新颖性

如果是一门反复讲的课程，课程里面是不是有一些迭代的新内容，比如一些新的故事和案例，还是整个课程一成不变。如果课程总是一成不变，这要坚决予以杜绝，一定要确保每次课程都有新的内容，这样才能让课程保持活力。

5. 培训技巧复盘

这是复盘中最核心的一块，时常做此方面的复盘可以快速提升自己的授课技巧。

（1）流畅度

不少培训师在讲课时会感觉有些内容讲不顺畅，那么在下次讲的时候，就要考虑清楚到底应该换一种什么样的方式来讲，来确保此部分的内容讲起来更流畅一些。我曾经见识过有些培训师，整个课程从头到尾，没有一句废话，非常流畅，这才真的叫高水平。

（2）互动

课程互动是否做到位，还是说一言堂，尤其是在下午授课的时候，学员整体状态不如上午好，因此要保持高频的互动。学员只有参与进来，才不至于分神。在讲到一些关键内容的时候，大家是否都在用心地听，还是说有的已经开始跑神了，或者有的在打瞌睡，又或者有的经常进进出出，就要考虑互动是否做到位了。

（3）氛围

在有些培训中，有领导在场的时候，如果领导没有发言，下面的学员有时都不敢发言，像这样的情况下应该如何去调控呢？这是需要考验一名培训师功底的，如果氛围很沉闷的话，培训效果也会大打折扣，所以就要考虑自己授课是否生动幽默。

一个授课生动幽默的老师，课堂氛围一定是活跃的。一个经常有互动的培训现场，氛围也不会差，怕就怕既没互动，老师授课又不幽默生动，这样的课程氛围绝对是很沉闷的。

（4）出彩度

课程中是否有讲得非常出彩的地方。这可能是在训前做培训推演的时候都没有考虑到的，因为在现场跟学员进行互动交流的时候，会有一些临场发挥的情况。讲得非常好的部分，就一定要将其传承下来，到下次培训时还可以继续进行复制，怕就怕都没有去做复盘总结。

（5）开场

开场是不是做到了让大家快速融入整个培训现场中来。是否在开场引用了案例、游戏、视频、故事等形式，总之就是开场一定要快速调动起全场人学习的热情。如果这一点没有做到的话，学员可能一下还进入不了培训状态，势必就会影响到整个培训的效果。有些培训师会花大量的时间用在培训开场的准备上，因为他们深知一个道理，把开场做好，这个培训效果基本就有保障了。

（6）结尾

课程是不是做了一个总结，做了一个归纳，带着学员一起进行了复盘，然后在整个复盘的过程中，自己有没有总结出一些金句或对后续的培训和落地提出了一些自己的建议，这些都是需要去考虑的。

一个好的结尾会给学员留下一个非常深刻的印象，因为大家都知道人总是会对近期发生的事情记忆最深刻。

一名培训师必须要重视复盘，因为这是自我成长必不可少的一个环节。只有通过复盘不断做总结，才能够提升培训授课水平和综合能力。否则，做再多的培训，对于个人成长来说也是很有限的。复盘总结是一个普通培训师成为卓越培训师最快且最靠谱的方法。

第五节　突发情况应对技巧

在培训开展的过程中，难免会遇到一些突发情况。如何去应对突发情况非常考验一个人的智慧。应急情况的处理能力是衡量一名培训师专业水平的重要指标之一。处理好了，可以给他人留下非常专业的印象，若处理不当，则可能留下不好的口碑。

1. 投影仪用不了

投影仪用不了在培训中是最常见的一种情况。为有效解决这一问题，我们需要了解出现这类问题的主要原因：

（1）电脑和投影设备不兼容

像这种情况是非常普遍的，近些年，新出的笔记本电脑大多配备了高清接头。然而，由于投影仪比电脑耐用，许多旧款投影仪并不支持高清接头，所以我们要自己常备一个投影转换接头。

（2）电脑和投影在软硬件上无法兼容

这也会直接导致投影无法正常使用，规避这种情况最简单的方法就是要把课件备份到U盘上，然后用其他的电脑来连接投影。建议培训师每次出去授课时都用U盘备份课件，同时在网上（邮箱、网盘等平台）也进行备份，这样的话万一电脑用不了，U盘也用不了，还可以到网上进行下载，这样可以做到万无一失。

（3）投影仪本身的问题

比如说我们在使用的过程中投影突然黑屏、死机，这种情况在培训中是经常会遇到的，特别是夏天，因为气温本身高，当投影仪温度到达一定高度的时候，可能会造成投影无法使用。遇到这种情况，就需要及时来调整培训安排。比如如果投影无法使用了，那我们可以在接下来的时间组织大家进行小组讨论、提问、演练、布置实操作业等，或者说下课休息，这些都是很好的应对方法。

优秀的人总会很灵活自如地处理这些事情。然后在下课或在讨论的过程中安排专人来对投影进行重新调试。

2. 设备没有声音

设备没有声音分为以下两种情况：

（1）话筒没有声音

这种情况一般来说是由于没有电池造成的，也是最常见的。那我们为了避免这种情况，可以提前先准备好备用电池。如果有多个无线话筒的话，可以让培训组织者提前准备好，以确保可以随时切换另一个话筒。

（2）电脑的声音不能正常发声

这类可能是音频线的问题，我们可以自己备好一根音频线，随时放在电脑包里。在放视频的时候，如果声音听不到，视频的效果会大打折扣。

对于培训师来说，自己备一个小蜜蜂移动音箱是非常有必要的，因为万一有突发情况，"小蜜蜂"可以随时拿出来讲课，另外也可以准备好便携式的小音箱设备。

3. 培训起冲突

记得有一次培训，给一家水果公司做魔鬼训练营，为了达到培训效果，老师异常严格，有一位学员当时发飙了，挥起拳头准备打培训师。这时培训主管赶紧过去劝学员，然后公司领导过去做工作。等学员情绪恢复后，老师继续上课。直到整个项目快结束时，这位学员现场给老师鞠躬道歉，因为他是受益最大的一位。

培训现场的冲突无外乎就是学员跟老师的冲突，学员之间的冲突，学员跟其他人员的冲突。可能有的人会认为培训还能起冲突吗？是不是说得太严重了。那只能说你没有经历过，但并不代表就不会发生。遇到冲突发生时，处理好了还能增强彼此之间的感情，正所谓不打不相识。

如果遇到冲突，首先把发生冲突的双方分别拉到培训室外。

正如要救火，得先把火源找到。培训讲究氛围，冲突会把氛围拉到最低，所以要首先把人拉到培训室外，以免造成更大的负面影响。把人拉到室外，最好是要分开，不要让他们再待在一起，以免在会场外造成更大的冲突，这样也便于下一步的沟通交流。

其次，临时安排会场的其他学员做作业、互动讨论或中途休息。

现场忌讳出现突发情况后，没有人及时站出来安抚现场情绪。当会场出现冲突的时候，难免会引起一点小骚动，这个时候我们要及时站出来告诉大家，接下来可以进行小组的讨论，或者直接安排正常休息。

最后，安排合适的人进行劝解。

劝解是非常需要讲究技巧的。第一，谁去劝解，这是一个很关键的问题。要么是有一定影响力的人，或者说有一定利害关系的人，再或者与被劝解的对象关系比较不错的人。因为这几类人可以直接影响到被劝者的这种情绪，可以让他快速的平静下来。第二，就是在劝解的时候有个关键点，我们一定要了解事情的缘由。那么像这种情况，不要第一时间对被劝者给予否定，首先要倾听他，看他怎么说，然后再进行劝解。重点是要让他们从大局来考虑，讲清楚利害关系，这是最关键的一个点。

冲突处理好后可以化为一次机会。有一次在培训现场，我和学员出现了冲突，等我再回到会场时就开门见山问大家，对刚才的冲突有啥感想，然后讲出这是一次有目的性的冲突，是自导自演的，主要就是为了加深大家对冲突的认识及处理的技巧。这样一讲，反而会让学员觉得课程更有情景感。

4. 培训因应急情况需要提前结束

记得有一次在给一家企业做培训的时候，因为当时来参训的人员都是岗位上的核心骨干人员，再者加上刚好是汛季。原本计划培训两天，但第一天上午开始下起了暴雨，由此直接导致了部分线路设备的损坏，所以这些人也必须要紧急回到各自的岗位，培训需要提前结束。在跟各位领导协商后，我给出的解决方案是：

（1）灵活调整并做好录音

与抢修有关岗位的人员立即结束培训，课程全程录音，回头再补学。经过评估后，有些核心岗位的人必须马上回去。对于那些晚一天不会对工作有影响的学员，就继续留下来参加学习。培训的目的本身就是为了更好地解决问题，但当问题发生时，还是要把工作列为第一位。

培训师千万不要跟人性去做斗争，也千万不要跟工作硬碰硬，特别是这种紧急情况发生时更需要灵活处理。

（2）课程提前结束

鉴于突发情况发生，我对课程时间进行了调整，也就是原本的培训安排是：

8：30 ~ 11：30，14：30 ~ 17：30

调整后的课程安排是：

8：30 ~ 12：30，13：30 ~ 17：30，18：30 ~ 21：30

这样原本 12 小时的课程调整为一天上完，时间改成了 11 个小时。第二天所有人员可以回到自己的工作岗位。

由此可见，在设置两天课程、三天课程或更多天课程时，一定要设置一些演练实操环节，这样既可以调整学习氛围，促使培训成果现场消化吸收，又能在突发情况发生时作为灵活调整的部分，比如原本 12 小时的课程，有 3 个小时演练互动，那么我们可以压缩到一个小时或半个小时。但若课程全程安排得满满的，出现紧急情况时缩减掉哪部分的内容都会影响培训的效果。

在提前结束课程时，还有一些补救方法可以减少因课程时间不足而导致的培训效果打折扣的负面影响。比如通过布置作业、线上补充授课这些方法，但若是内训师授课，还可以考虑重新安排时间进行培训。

对于商业讲师来说，时间就是金钱，在遇到需要提前结束培训时，可以通过在下一次培训时多增加时间来弥补之前培训时间上的不足，这样企业方心里也会好受一些，而且还可以争取到下一次的培训机会，这都是一种非常有效的应对策略，化不利为有利。比如某商业讲师原本给企业授课两天，但因企业方临时有事提前半天结束，按照合同约定是付两天的款项，培训师后面承诺下一次课程原本两天的内容，可以增加到三天，这样讲得更透彻。企业一听这个解决方案很人性化，一下就答应了，也没有再去纠结要培训师退半天课酬这件事情了。

5. 因课程节奏过快导致提前结束

在企业内部培训过程中。培训老师因时间没把控好而导致课程提前结束的这种情况还是比较常见的。对于商业讲师来说这种情况则比较少。在我为一家大型建材集团做知识官的几年时间里，做得最多的一件事就是指导内训师如何把课程讲好。刚开始时，原本计划上午安排三个内训师讲课，每位老师讲一个小时，但有些老师课程讲 20 分钟就讲完了，提前 40 分钟结束。像这种提前 40 分钟结束的情况，若不及时去调控的话会给学员留下非常不好的印象。所以，为了避免这种情况的发生，我们可以用以下几个方法来把控：

（1）准备好案例及现场演练

这一招在培训中用得非常多，原本在课程快结束的时候，我们发现如果 2 个小时的课程，在还有 30 分钟才到下课时，我们就可以跟学员们讲：接下来用 30 分钟的时间对刚才所讲的内容进行实战演练操作。这种互动演练实操的环节，我们就可以来灵活把控时间。比如说离下课只有十分钟了，那我们可以加快演练互动，将原本准备选两组进行演练互动，改为选一组即可。

记得有位内训老师在讲下订单的流程时，原本 1.5 小时的课程，因为流程比较简单，所以他用了不到 10 分钟就讲完了，后面我安排马上进行模拟训练，分成几个小组，看哪组下的订单速度最快，然后进行对抗比赛。这样不仅使得整个培训氛围更加活跃，同时也让培训在规定时间内结束。

（2）播放视频

有些培训老师在授课内容讲完了以后，发现还有一段时间才下课，这时他们一般会巧妙地说这么一句话：接下来我们来播放一段视频，这个视频是非常有参考和代表性的，对我们所讲的课程内容起着一个回顾的作用。回头如果时间充裕的话，我们可以安排一个人对视频做一个分享。

在讲企业文化战略课程的时候，其实可以播放公司的一个宣传片，通过播放宣传片会更加形象、立体的来展示公司的一个大致情况。在播放的过程中，我们的时间可以得到有效的控制。有一位内训老师在讲销售拜访技巧的时候，本身就一个知识点，不需要花很长的时间，但是他把这部分呈现得非常透彻，因为他在课程中穿插了一个视频，这个视频讲了一个销售人员如何去拜访客户的过程，视频非常有冲击力，大家看了以后非常有感触。

（3）安排问答及分享环节

这个环节在培训中经常用到，比如课程原计划一个小时，讲到 40 分钟时就结束了，那么我们可以特意对学员们说，接下来是互动分享环节。我们可以让学员手写自己想问的问题，然后统一交上来，由老师自己选择一部分来进行回答。这种方式会让老师更加从容地来回答问题，如果是现场让大家举手来提问的话，有可能学员问到的一些问题非常的刁钻，老师一下回答不了，这可能会出现非常尴尬的一个局面，所以为了保险起见，让学员把问题写在纸上，然后统一的递交上来，这样的话时间会更长一点。这是一种方式，如果这个方式用完了以后还剩下 10 分钟，那么接下来的话我们还可以考虑，比如说现在开放两个名额或各个小组可以推荐一个人来对刚才的课程做一个总结分享及谈谈你的感受与感悟。

内容讲完了课程时间还没到的情况下，我们不管用上哪一种招数，一定要强调一个点，这是特意安排出来的时间跟大家交流、分享、做演练操作、观看视频，不要让学员感觉到你是因为还没到下课点而加上这一块内容。

6. 授课中途突然脑袋一片空白

授课中突然忘记了接下来的内容是许多培训师都可能遇到的尴尬情况。这时，如何迅速恢复并继续授课，是对培训师临场反应能力和专业素养的重大考验。

（1）保持镇定，用深呼吸缓解紧张

保持镇定是关键。可以通过深呼吸来缓解紧张情绪，这不仅可以帮助自己迅速恢复平静，还能给学员留下冷静专业的印象。比如，可以边轻微转动身体边进行几次深呼吸，以掩饰自己的窘迫情绪，同时给自己争取时间回忆。

（2）利用教材或笔记快速恢复思路

如果场边有教材或自己的笔记，可以适当地低头翻看，找到中断的点。这种方式虽然简单，但非常有效。培训师可以在讲解过程中，将教材或笔记放置在容易获取的位置，一旦发生空白情况，即可迅速查阅。

（3）转换话题或邀请学员互动

当回忆不起来时，可以临时转换话题，或是提出一个相关的问题，邀请学员参与讨论。这样既可以转移学员的注意力，又能给自己争取时间回忆或调整授课进度。比如，如果忘记了某个理论的详细解释，可以问学员是否有人知道或有相关经验，这样既能维持课堂的活跃度，也能有效掩饰自己的尴尬。

7. 因中途交通事故导致迟到

交通事故导致迟到，可能会对培训的整体安排和学员的情绪产生不利影响。在这种情况下，如何妥善处理并尽快进入授课状态，是测试培训师应急处理能力的另一个重要场景。

（1）提前通知并道歉

一旦预见到可能会迟到，应立即通过电话、邮件或短信等方式，提前通知组织方和学员，并表达歉意。这种主动沟通的态度能够表现出对学员和培训活动的尊重。

（2）调整授课计划，确保内容完整

到达培训现场后，根据迟到的时间，快速调整授课计划。可以适当压缩某些部分的内容，或利用原定的休息时间进行授课，确保核心内容得到完整传达。比如，如果原计划有两个小时的授课时间，因为迟到而缩短为一个半小时，那么可以将一些辅助案例或活动简化，确保主要理论和技巧得到充分讲解。

（3）利用额外资源弥补

如果时间紧张导致某些内容无法详细讲解，可以提供额外的学习资源，比如在线课件、推荐阅读材料或录制的视频讲座，以供学员课后自学。这不仅能弥补因迟到带来的不足，还能展现培训师对学员学习成效的负责态度。

第五章　培训管理能力提升

培训师作为培训管理的核心人物，其能力和素质直接影响着培训的效果和质量。本章将深入探讨培训管理能力提升的关键要素，包括培训需求精准定位、培训方案撰写技巧、培训现场布置技巧、提升培训满意度的方法，以及培训落地转化技巧。通过对这些方面的详细阐述，为培训师提供全面、系统的指导，帮助他们在培训管理工作中更加得心应手，实现培训效果的最大化，为企业培养出更多优秀的人才，推动企业持续发展壮大。接下来，我们将详细剖析培训管理的各个环节，揭示其中的奥秘与技巧。

第一节　培训需求精准定位

培训需求能否把握精准，直接影响着培训的效果。只有重视培训需求，才能让课程更有吸引力。

◎案例

一堂领导不满意的培训课程

M老师是一名主讲管理的培训师，有一位客户给其打电话，说公司想开展一次"如何实现生产业务型向经营管理型企业转型研讨班"的培训，然后及时地把需求进行了描述。当时，客户强调企业正处于由传统的技术性向经营管理性转型升级的关键时期，因此想做一天的课程来指导这一转变过程。再三确认了客户的需求以后，我们就安排专业的师资开始来备课。整个前期工作都还算是顺畅，直到在培训当天，现场参与培训的领导说培训有点跑题了，原来公司高层所期待的培训需求并不是从技术到管理，而是希望开展综合性的经营管理培训。所以，那一天的培训效果并不是非常好。

这一次的培训，一直是人力资源部跟M老师进行沟通，需求也是人力资源部直接告诉他的，而且课件也是提前审核好的，现场学员反响还不错，课出现领导不满意的情况，确实让人非常尴尬。

总结：做培训要是得不到领导的认可，基本上培训就算是失败了。在做培训时，培训师在设计课程、讲课时需要综合各方需求，这样才能尽最大可能确保培训的满意度。

一把坚实的大锁挂在门上，一根铁杆费了九牛二虎之力还是无法将它撬开。钥匙来了，他瘦小的身子钻进锁孔，只轻轻一转，大锁就"啪"的一声开了。铁杆奇怪地问："为什么我费了那么大的力气打不开它，你却轻而易举就把它打开了呢？"钥匙说："因为我最了解它的心。"

作为一名培训师，最需要去懂得受训单位和学员的内心需求，只有这样才能让培训真正贴近客户的需求，从而取得满意的培训效果。

尽管有很多培训师在训前都会来实施需求调研，但并不代表做了就做到位了。

一、培训需求的信息来源渠道

培训需求的信息来源主要分为内部信息源和外部信息源。

1. 内部信息源

（1）公司管理层

从公司管理层获取培训需求信息是至关重要的。管理层对企业的战略方向和发展目标有着清晰的定位。他们能够从宏观的角度出发，识别整个组织在技能和知识上的缺口。比如，一个企业决定拓展新的市场领域，管理层可能会指出需要在市场分析、地区法规等方面加强员工培训，以支持这一战略转变。

（2）人力资源部

作为培训需求分析工作的牵头部门，人力资源部门拥有大量关于员工技能、能力水平的数据。通过定期的绩效评估和员工发展计划，人力资源部可以精确地识别哪些技能培训是必需的。此外，他们对每个岗位的具体要求和最新变化了如指掌，能够提供最具针对性的培训建议。比如，随着某技术的更新，人力资源部可能会发现工程师团队需要在新技术应用方面接受培训。

（3）员工本人

员工是培训活动的直接受益者。直接向员工询问他们感兴趣的培训领域或他们认为自己在哪些方面需要提高，是获取培训需求信息的重要途径。这种自下而上的信息反馈可以极大地增加培训计划的接受度和实用性。举个例子，通过员工调研，培训部门可能发现时间管理和项目管理是多数员工希望提升的通用技能。

（4）上级

上级对于下属的工作表现和能力发展有着直观的了解。他们能够准确地指出下属在工作中的优势和不足，从而为培训内容的确定提供依据。在一些情况下，紧急的培训需求可能来自上级的直接指示，特别是在项目执行过程中发现的技能缺口。比如，项目经理可能会要求为团队成员提供培训，以提高工作效率。

（5）下级

通过与下属的沟通，可以了解到他们对上级管理能力的看法。这些反馈可以揭示管理层在人际沟通、领导力、决策制定等方面的不足，为管理层自身的培训需求提供线索。比如，如果多数下属认为部门经理在解决冲突方面表现不佳，那么就可以考虑为该经理安排相关的培训课程。

（6）同事

同事之间的日常互动和合作能够揭示员工在团队合作、沟通技巧等方面的潜在需求。同事的观察和反馈往往更加直接和具体，可以为人力资源部门提供关于团队动态和个人互动技能培训需求的宝贵信息。比如，在团队会议中，如果发现某个团队成员在公开演讲时显得紧张，同事的反馈就可能指向公开演讲技巧培训的需求。

2. 外部信息

俗话说：当局者迷，旁观者清。从企业外部获得的信息有时更客观，更有利于明确企业的培训需求。

（1）管理顾问和专家

咨询管理顾问和行业专家是提供外部培训需求信息的重要渠道。这些专家凭借他们在特定领域的丰富经验和深入研究，能够提供独到的见解和建议。他们的分析往往能够深入问题的核心，揭示企业在技能和知识管理方面可能忽视的盲点。比如，一位财务管理专家可能会指出，由于财务报告规则变更，企业需要为财务团队提供相关的最新培训，以确保合规性和准确性。

（2）客户、供应商及其他外部人员

与企业直接互动的客户、供应商及其他合作伙伴同样是宝贵的信息来源。他们的反馈可以提供关于企业服务或产品实际表现的客观视角，有助于识别培训需求。这种信息特别对于提升客户服务质量、产品质量及优化供应链管理等领域的培训非常有价值。比如，客户反馈指出客户服务团队在处理投诉方面的响应速度和解决效率不足，这一信息便可直接转化为针对该团队的沟通技巧和客户服务培训需求。

只有对培训需求进行多角度、多层次的分析和理解，才能有助于培训师开展有针对性、实用性和前瞻性的培训。来自内部外部的每个声音、每个数据都有其价值，只有把这些都考虑进来，我们才能找到精准的培训需求。

二、调查表设计的三个妙招

做好培训调研，首当其冲就是做好需求调查表。那么，到底该如何快速设计好一份培训需求调查表，归纳起来有三个妙招：

1. 三段式结构

要想把一件事快速完成，就需要掌握其规律，抽丝剥茧，把复杂的东西简单化。记得十多年前写论文，一天可以写八篇，就是掌握了写论文的底层逻辑：提出问题、分析问题、解决问题。

对于培训需求调查问卷，基本上涵盖三方面的内容：

（1）学员基本情况

要把课程设计好、讲好，就要根据学员的岗位、年龄、性别、学历等情况来设定课程的难易程度、讲述方式和互动方式。假如学员里面有 50% 的管理岗位，有 50% 的非管理岗位，在课程设计时就要兼顾两个群体，否则就会顾此失彼，作为培训师需要兼顾学员的需求，才能有效掌控好培训现场。

（2）课程关联问题

这部分是问卷中的关键部分，课程的需求 80% 是来自这部分，只有充分了解到这部分的需求，课程内容才能打动学员，才能真正地以解决问题为导向。这部分主要就是要了解学员是否参加过此类的学习，有哪些痛点，有哪些具体的想法等。只有摸准了这些点，才能跟学员打成一片，成为一名接地气的培训师。

（3）补充问题

补充问题一般是以问答题为主，让学员自由表达看法。但凡不好归类的都可以纳入补充问题中。

不管设计哪一类的问题，在整个问卷调查设计时，要做到三点：首先，题目不宜过多，太多了容易让学员有压力，也会因此占用学员太多时间而导致他们不愿意填写。其次，多用选择题，少填空题。最后，要设定一些必答题，以免学员漏答重要问题。

调查问卷的具体内容如下：

◎案例

以下调查问卷是为了解 TTT 企业培训师培训需求的问卷，为了确保您参加该项目能有所收获，请认真填写本问卷。问卷的所有内容将严格保密，仅作为此次课程定制化设计的重要参考。感谢您的认真反馈！

1. 您的姓名是什么？ 【填空题】

_____

2. 您现在的岗位是什么？ 【填空题】

_____

3. 您的性别是什么？ 【单选题】

○ 女

○ 男

4. 您的年龄是多少岁？ 【填空题】

_____

5. 您的学历是什么？ 【单选题】

○ 硕士、博士

○ 本科

○ 大专

○ 大专以下

6. 您入司的时间有多久了？ 【单选题】

○ 1 年以内

○ 1～3 年

○ 3 年～5 年

○ 5 年以上

7. 您参加工作的时间多长了？ 【单选题】

○ 1 年以内

○ 1～3 年

○ 3～5 年

○ 5年以上

8. 您对 TTT 企业培训师课程了解的程度如何？【单选题】

　○ 不了解

　○ 了解一些

　○ 非常熟悉

9. 您目前是否已经是公司的内训师？【单选题】

　○ 是

　○ 否

10. 您目前每年授课（演讲）的频率是什么？【单选题】

　○ 0次，从未上台过

　○ 1 ~ 5次以内

　○ 6 ~ 15次

　○ 15次以上

11. 您是否参加过专业的 TTT 企业培训师培训？【单选题】

　○ 参加过

　○ 没有参加过

12. 目前，您希望想学习哪方面的培训技巧（可多选）？【多选题】

　□ 经验素材整理开发技巧

　□ 课程开发技巧

　□ PPT 制作技巧

　□ 课程授课技巧

　□ 课程效果转化技巧

　□ 其他（请说明）

13. 您希望通过本次培训重点提升自己哪方面的能力？【填空题】

　_____

14. 您对本次 TTT 企业培训师，还有哪些方面的建议？【填空题】

　_____

2. 三步成型法

记得有一个经典的小品片段，就是如何把大象装进冰箱。其实就三步，打开冰箱、把大象装进去、关上冰箱门。

当然这是一个小品。一个人不愿意去做一件事，就会觉得复杂，拿我们炒菜放调料品来举例，为什么很多人还是喜欢直接拿着盐袋放盐，而不是用调料盒里的勺子把盐撒到菜上，只因为用调料盒多了两个步骤，那就是把盒子打开，然后还需要用勺子去装盐。

谈起做培训需求调查表，有些人也会觉得很复杂，其实简单起来就三步：

第一步，思路。这个阶段是把自己想问的问题全部写出来，不要管是否合适，是否有逻辑，想到啥就写啥，可以天马行空地写。

第二步，搜集素材。做事情最简单的方法是参考借鉴模板，这比自我摸索速度快多了。我们可以通过网络搜索各种需求调研表。这点也需要把握一个原则是：首先，先粗略看一下是否合适，合适的放到收藏夹或保存下来；其次，就是对所有搜集保存下来的进行细看，看哪些问题选项合适；最后，把所有合适的选项单独摘选出来。

第三步，整理制作。有了自己的思路，和可借鉴的问卷素材，接下来就是整理制作了，把自己所想到的结合素材中的问题选项进行加工，就变成了一份适合自己的培训需求调查表。

3. 建立问卷库

为什么有经验的人处理工作效率会快很多，那是因为他们积累了大量的经验和素材。比如我当初写论文很快，那是因为我建立了论文资料素材库，其中，人力资源规划、招聘、培训、绩效、薪酬、劳动关系各有一个文件夹，里面保存的全是此类的文章素材。需要写什么主题的论文，就可以到素材库里快速找到合适的内容。

作为一名培训师，要有自己的素材资料库，在电脑里设置一个文件夹作为问卷库，比如我的电脑里就有一个调查问卷的文件夹，里面有年度培训需求调查问卷，单次培训需求调查问卷，管理、营销、通用技能培训需求调查问卷，培训师培训调查问卷等。这让我每次做问卷设计时就有了模板做参考，遇到不同的培训稍微调整一下问卷调查的问题选项即可。

有了问卷库，培训需求调查就简单很多了，甚至有的问卷可以直接拿来就用，这可以极大地提高工作效率，以腾出更多的时间来做课程的研发。

培训需求调查表是培训师跟学员之间的一座桥梁，可以在训前拉近彼此的距离。在诸多培训场合，我曾将学员的问题拿到课程中去讨论，效果非常好，因为学员可以感受到培训师的用心。

不管是内训师还是商业讲师，都应该重视培训需求，这才是以学员为中心的培训理念。一个优秀的培训师，其课程一定是涵盖了自己的专业、方法、技巧、观点，融入了企业的培训目标，结合了学员的需求。三方共赢的课程才是好课程，而开启好课程的钥匙就是培训需求调查问卷。

三、调研的具体策略

调研的对象、问卷、时间都定下来后，接着就是开展具体的调研工作，根据不同的调研形式，在具体实施过程中所采用的方法也不尽相同。

1. 面谈调研的方法策略

如果面谈时完全按照所准备的问题来，则可能调研时完全进行不下去，因为有的人有自己的一套，不会完全按照提问者的思路来，所以在做面谈调研时要把握几个关键点：

（1）提前通知

最好要把每次调研的主题告诉对方，然后约好具体的时间。特别是跟领导的面谈沟通，往往时间经常有变动，所以需要提前预约，又要灵活应对，比如预约的时间可以是浮动的。只有先告诉对方主题，才能让对方决定是否参与调研，或者提前做好相关准备工作。比如给销售老总提前打招呼说："王总，下周三或周四上午想跟你交流一些关于下次经销商培训的事情，大概占用您20分钟，不知是否方便？"这样提前打招呼，让对方心里明白大概会用多长时间，以及是来谈什么事情。

（2）调研人数根据实际情况调整

比如跟领导调研最好是单个进行沟通，但若是批量调研，那可能采取座谈会的形式，把所有对象叫到一个会议室，进行集中调研访谈。比如要做一次技术培训，从各部门抽两个人到办公室开调研沟通会。

（3）调研提问要灵活应对

比如你只要跟有的领导开口，他自己就会噼里啪啦把培训的想法讲出来，若领导在讲话时已经谈到了想问的内容，就没有必要再去提问了，否则领导也会觉得你没有把他说的话当回事。但是如果调研的核心问题领导没有提出来，就可以重点来进行访谈。遇到不善言辞的领导，就进行引导提问，从而使其回答问题。

（4）调研时最好把录音一并用上

做面谈时，应当以笔记录为主，录音作为辅助。比如有时让培训师研发课件，把部分有代表的调研录音直接发给老师，可以让老师更直接听录音了解培训需求，便于备课。这样做可以减少因信息多次转述，而导致的理解偏差过大的问题发生。当然在做录音时，还是很有必要提前跟被访谈人说明，以免被调研人有意见。当然，在告知时就是一把双刃剑，有的听到会录音后则讲话有所顾忌。总之，录音一定要根据实际情况来定。

2. 问卷调研的方法策略

问卷调研一般用于大规模调研，可以快速了解培训所需要的信息。为了提升调研的参与性，在设计问题时，有些关键问题一定要设置必答，否则容易造成有的人空着不回答的情况发生。除此之外，还要设置好提交时间及相应的约束机制，否则容易造成有的人不填，或者迟迟不上交问卷的情况发生。在做这块时，一定要跟紧，多催促，找关键人物来催。比如研发部的问卷迟迟没有交，找到研发部相关负责人，让其催交问卷则效果更好。

3. 电话调研方法策略

电话调研时，要把握核心的两个关键点：

（1）要选好调研的时间

跟被调研对象约好电话沟通的时间，唯有如此才能得到准备全面的信息，否则随时可能中断，比如被调研对象正在坐高铁，此时打电话肯定难免断断续续，调研的效果自然不言而喻。

（2）要说明电话的目的

这点看起来很简单，但也要讲究方法策略，要学着先抬高对方，再说明培训的重要性，被调研人就会更重视，更愿意敞开心扉沟通。

4. 面谈调研方法策略

（1）明确调研目的

在跟调研对象做调研访谈时，首当其冲表明调研的目的，告知对方的意见很重要。对于基层管理者、员工还需要告诉他们调研结果会保密。倘若不做这样的承诺，则可能了解不到真实的需求信息。

（2）了解具体表现

在沟通培训需求时，受训单位或受训个人经常会提出一些比较模糊的需求，比如说觉得整个团队凝聚力不强，觉得管理者管理能力欠缺，像这些都是非常模糊化的语言，并不一定是真实的培训需求，甚至这些需求可能是伪需求。

我们必须要了解这些需求背后的具体表现，比如我们可以这样说：

"如果你觉得公司的团队凝聚力不强，能不能给我举个例子？"

通过一些具体的例子，可以看出是因为公司的一些政策不合理问题导致了团队凝聚力不强，还是说其他问题导致的。在课程研发的时候，假如围绕凝聚力不强这个问题来设计课程，学员可能会认为培训师压根都不懂公司的具体情况，现在根本不是团队凝聚力不强的问题。学员会觉得课程没有针对性。所以，在做需求调研时，一定要问具体表现，如果说管理能力不强，那就让他举几个例子，通过这些例子可以甄别真需求和假需求。具体的内容可以参考如下的面谈提纲：

◎案例

一、针对高层的面谈问题

1.公司的核心竞争力是什么？

2.公司现有管理不足的方面有什么？

3.公司管理最有效的和最缺乏的方面分别是什么？

4.公司绩效管理目前存在的困惑或问题分别是什么？

5.公司人才培养是怎么做的？

6.如何对管理层进行考核？

7.对公司管理人员的期望和要求是什么？

8.公司以后的规划是什么？

9.员工对公司的目标清楚吗？

10.希望在哪方面加强管理者的培养？

二、针对基层的面谈问题

1.个人情况：

（1）哪里人？参加工作多久？来公司多久了？

（2）您的工作主要是什么？（具体岗位职责）

2.个人感觉在公司工作开展得怎样？

3.工作中遇到的困难和瓶颈是什么？

4.跟其他员工沟通怎样？

5. 觉得公司战略执行得怎样？问题出在哪里？

6. 平常学习得多吗？通过什么途径来学习？

7. 自己想在哪方面得到提升？

8. 希望公司在哪方面改善提升？

四、培训需求的精准把控

通过前期的需求调研，我们可以收集到详细的需求信息，这些信息来自各类群体，有老板、高管的，也有部门管理者的，还有受训对象的，我们到底该听谁的呢？这很考验一个人的智慧。在不同的情况下，我们要具体情况具体分析，灵活处理。

1. 以老板或高管的意见可能导致的结果

培训需求按照老板的意思来，培训开展后，有可能会导致老板觉得效果好，但学员觉得效果不理想，最终也会直接影响到老板对整个课程的评价。很多企业的老板对人力资源这一块儿并不是非常地了解，所以他们给出的一些建议，也只能作为一个参考。培训师一定要拿出自己的专业能力去跟老板沟通。比如老板觉得要加强商务礼仪培训，原因只在于有一次客户过来，员工没有帮忙主动按电梯，可员工并不知道那是客户，而且自己也知道商务礼仪，这样的情况下开展商务礼仪培训，有可能还是解决不了老板所关注的那个问题点。而培训师要是了解老板开展这个培训的背后是有这么一个事情，那跟当事人了解缘由，再给予解决之道，效果则会更好。解决问题是每个培训师真正的价值所在，培训只是解决问题的一个手段而已。

另外，如果培训总是一味地按照老板的需求来，久而久之员工对培训的兴趣会大大降低。因为他们在培训时总是被动地接受，后期培训抵触心会加强，甚至会找各种理由不参加。

2. 以员工的意见可能导致的结果

既然不能完全按照老板、高管的需求来，那么是不是培训需求完全按照员工的需求来开展就可以了呢？这也是不行的。因为公司考虑的面会更广一些，会基于公司的整个层面来思考。而员工各有各的需求，作为企业并不可能满足所有人的需求，甚至一些不合理的需求更不会满足，但可以在综合考虑公司实际情况的基础上，尽可能地满足员工的培训需求。

3. 在多方需求找到平衡点

最好的培训需求是既要考虑老板的需求，又要考虑员工的需求，站在双方的立场考虑彼此的需求，寻找一个合理的解决方案。这样总需求在最后培训落地执行时才能既得到老板的认可，获得经费上的支持，又能获得下面学员对培训的支持，为后续培训的持续开展打下一个好的基础。

调研是获得精准培训需求的有力抓手，也是获得培训好评的第一步。一名培训师只有真正地把握准了需求，才能够为学员解答疑惑。千万不能为了调研而调研，一定要去聚焦于解决学员的问题。

学会用系统的调研问卷、高效的提问方式来获得精准的需求信息，这是每一名培训师都必须要掌握的一项技能，如果不能从繁杂的问题表象背后找到问题的根结点，那么培训课程就永远是浮于表象，不能落地。记着行业中的一句真理：培训从需求开始。

第二节　培训方案撰写技巧

培训方案融合了培训的需求，是培训的行动指南。一个好的培训方案可以确保培训能真正落地。

◎案例

一个价值 120 万元的培训方案

某世界 500 强企业为了提升项目经理的综合能力，决定针对全国的项目经理开展系统专业的培训，当时也没有具体的预算，只是有了这样的设想，至于怎么做？上什么课程？能做出什么效果？花多少时间等系列问题，都是未知的。我当时得知这一消息后，跟对方负责培训的对接人进行了沟通，对方希望我先拿出一个初步的方案。对于我要做深度调研后再做方案的诉求，并没有同意，因为在项目还未立项，还未确定我们来交付的时候，对接人肯定不想让更多人牵扯进来，更何况他们还同时跟其他培训师在联系。

得知这一消息后，我赶紧加班，用了两天的时间，结合对接人的信息，用 PPT 格式做了一份培训方案，方案把对接人的诉求全部涵盖进去了，而且还有拔高，涵盖面更广。很快客户给了反馈，觉得我们的方案比较符合他们的预期，然后进一步提出了更详细的诉求，让我们继续完善方案。为了方案更能打动领导，对接人主动分享了他们的一些资料信息给我，我用了不到两天时间重新作出了更细致的培训方案，里面的关键词都是从他们领导的年度会议讲话中提炼出来的。

最终通过激烈的竞争，我们拿下了该项目，针对项目经理的培养周期为两年，实施不少于 30 天的培训，我们开展了相应的体系建设、白皮书制作和咨询等工作。

总结：一份好的培训方案可以帮助培训师赢得机会，获得更多的培训资源，赢得更多支持。做方案一定要深度结合需求来设计，要立足于需求，又要明显高于需求，唯有如此才能打动客户。

一、培训方案解读

一名优秀的培训师应当具备方案呈现能力、课程设计能力、培训授课能力，而方案呈现能力直接影响到培训师的生存发展，因为方案不达标，连展示自己课程设计、培训授课两项能力的机会都不会有。就好比一个销售人员连客户都找不到，纵然有再强的谈判能力，也于事无补。

要成为优秀的培训师，就必须会写培训方案，这是职业谋生技能。

1. 撰写培训方案存在的误区

虽说撰写培训方案是培训师工作中的基本技能之一，但在实际工作中，许多培训师在编写培训方案时，往往会陷入一些常见的误区。

（1）以我为中心

许多培训师在设计培训方案时，往往过分依赖自己的过往经验和个人偏好，忽视了培训对象的实际水平、需求和偏好。自我为中心主要体现在三个方面：

a. 没有结合需求。培训师在设计培训方案时，首要的任务是要深入了解培训需求。然而，在实际操作中，很多培训师却常常按照个人的经验和偏好去制定方案，对培训对象真实的需求视而不见。比如，一名在企业管理方面有丰富经验的培训师，擅长战略，可能会想当然地认为所有的培训参与者都会对战略规划感兴趣。因此，他设计的培训方案也许会重点讲述各种复杂的管理理论和战略模型，却没有考虑到很多参训者实际上更需要的是如何提高日常工作效率和团队管理技巧。

b. 时间安排不合理。一个合理的培训时间表是保障培训效果的基础。但许多培训师在撰写培训方案时，往往会基于自己对于某个主题的熟悉程度来安排培训时间。比如，一个餐饮公司有培训需求，而培训师设计的方案时间往往都是两三天的，这个从执行上就很有难度，因为这种窗口型的服务行业，中餐、晚餐两个时间点都是需要人员在岗的，若连续几天来听课，大概率是不会获得老板批准的。

c.方案格式不匹配。自我为中心的问题不仅体现在对培训需要的理解和时间安排上，还直接影响到培训方案的具体呈现形式，即方案格式的选择上。具体来说，很多培训师在撰写培训方案时，习惯于运用自己熟悉和偏好的工具及格式，而忽视了企业文化或培训对象的实际需求和习惯。这种做法也会导致实际效果并不理想。

在现代职场环境中，不同的组织和团队因为其独特的文化和工作习惯，会偏好使用不同的工具和格式来接收信息。比如，一些公司可能更倾向于使用 PPT 来展示和讨论所有的培训、项目计划和汇报，因为 PPT 的直观性和便于集中讨论的特点更符合公司之间沟通的习惯。然而，有些培训师可能因为个人对 Word 文档的偏好，习惯于用文档形式来撰写和展示培训方案，这在某种程度上会影响方案的接受和理解。

以一个具体的场景为例：假定某公司的培训项目要求培训师提交一份培训方案，公司习惯使用 PPT 作为主要的工作和交流工具，因为他们认为 PPT 能更加直观地展示信息，便于团队讨论。然而某培训师出于个人习惯，决定使用 Word 文档来呈现培训内容，包括课程结构、学习目标和活动计划等。虽然内容丰富、结构清晰，但在实际交流时，接收方却发现与公司的沟通模式不匹配，需要额外花费时间将文档转换为 PPT，这不仅增加了准备工作的复杂度，也影响了信息传递的效率和培训方案的初始接受度。

从上述例子不难看出，以自我为中心易导致培训方案脱离实际，无法满足培训对象的真实需求。作为培训师，应当时刻保持自我反思的态度，从培训对象的角度出发，避免以自我为中心的错误，使得每一个培训方案都贴合实际需要，从而达到既定的培训目的。

（2）内容太简单

在培训领域，一个周全的培训方案不仅是培训成功的蓝图，传递培训价值和预期成效的重要工具，也是培训组织者以此作为向上汇报的参考依据。某些培训师在设计方案时，可能因为忽视细节，致使方案内容显得单薄。其典型表现包括以下几个方面：

a.内容浅尝辄止。一些培训师在制作培训方案时，仅仅提供了最基础的信息，如课程目录、课程介绍、费用报价及培训师介绍，而没有深入到培训的具体内容、方法论、参与者互动等关键部分。比如，在一个针对新入职员工的培训项目中，培训师可能只列出了大纲和介绍团队协作的重要性，却忽视了如何培养的思路、培养的预期成果、培养的流程等更为实质的内容，使得培训的成果无法达到预期效果。

b. 主次颠倒，缺乏重点。有时即便培训师没有忽视深入内容，也可能出现重点不突出的问题。他们可能会过度强调理论学习，而没能有效地结合实际操作，或者在介绍培训师的资历时过于详细，而对课程本身的实用性和实施细节轻描淡写。比如，在一个销售技巧提升的培训方案中，培训师可能花费大量篇幅介绍自己过去的销售成就，但对如何应用这些经验教训于日常工作中去帮助培训对象提升销售业绩却只字未提。

在设计培训方案中，培训师应当以客观、细致的态度来组织培训内容。通过细化培训细节，并明确有针对性的培训重点，才能提供一个实质效用高、响应培训需求的方案。

（3）美观度不够

一个培训方案的外观设计，对于其整体的呈现和接受度有着直接的影响。即便内容准确无误，若美观度不够，同样容易让人产生不专业的印象。通常，这种问题具体表现在以下几个方面：

a. 关键内容没有重点标记。在培训方案中，关键信息应当突显，以便快速捕捉读者的注意力，促进信息的有效传递。然而有些培训师在制作方案时，忽视了这一点。比如，一个关于领导力培训的方案，假如其中的关键技能或模型并未通过加粗、斜体、不同颜色或突出框等方式进行标记，领导可能难以第一时间识别出这些核心元素。

b. 字体及颜色问题。字体的选择和颜色的搭配在视觉呈现上扮演着关键角色。不当的字体可能会令人感到不舒适，甚至分散注意力，而颜色搭配不协调则会降低阅读的愉悦性。比如，一份方案里面有七八种颜色的字，而且采用过于花哨的字体，或者高饱和度颜色填充大量文本，不仅会使人感觉到阅读疲劳，同时也会让方案看起来不够专业。此外，过多使用文字特效如阴影、发光边缘或不一致的字体大小和颜色亦容易令人分心，不利于信息的稳定传递。

c. 排版问题。良好的排版是确保方案易于理解和跟踪的基础。若排版杂乱无章，将严重影响方案的阅读流畅性和清晰度。举例来说，如果一个培训方案中标题、子标题、正文、图片、图表等元素没有很好地对齐或分隔，或者页面边距不一致，就可能会让读者难以区分信息层次，从而使得方案显得杂乱无序。此外，段落之间如果没有适当的间距，或者页面过于拥挤，也会使阅读体验大打折扣，导致读者对内容的吸收和理解产生障碍。

无论是关键内容的突出标示，还是字体颜色的协调搭配，抑或是清晰有序的排版，这些元素都对培训方案的总体效果起着至关重要的作用。这要求培训师不仅要关注方案的内容完整性和实用性，还要注重其表现形式，以确保方案既具备实质性价值，也具有良好的视觉呈现效果。

（4）方案亮点少

许多培训师在编写方案时，常常忽略了创新亮点的重要性，导致方案平淡无奇，无法引起潜在客户的兴趣。我将从以下三个方面说明培训方案所缺失的亮点问题：

a. 课题、课程内容无新意。方案里面的课题及课程内容都属于非常传统的内容，毫无新意，给人一种"老生常谈"的感受。比如，如果一个关于执行力的培训方案课题名字就叫"执行力"，课程内容也就是简单的执行力误区、执行力重要性、提升执行力的方法，而没有结合当今社会的新情况，如数字化、AI等热门话题，那么这样的方案就显得缺乏新意和吸引力。反之，如果培训方案能够精准把握行业发展趋势，紧跟时代步伐，设计富有创新性和前瞻性的课题，就能够提高方案的竞争力。

b. 培训组织形式传统。除了课程内容外，培训形式的创新也是增加方案亮点的重要手段。传统的课堂授课、案例分析或小组讨论等形式虽然经典，但不足以满足现代参与者的多样化需求。举例来说，一个培训方案若只包含传统课堂式教学，缺乏行动学习、沙盘、模拟情境体验、角色扮演等富有互动和体验性的教学模式，就难以给参与者提供全方位的学习体验。在互联网技术日渐成熟的当下，采用线上线下相结合、虚拟实操并举的多元化培训方式将是提升方案吸引力的关键。

c. 无打动人心的亮点。任何一份成功的培训方案，都需要具备一两个能够立即抓住读者注意力、引发共鸣甚至实现情感触动的亮点。缺乏这样亮点的方案很难留住潜在客户的兴趣。比如，方案中缺乏适合客户需求的方案名称，没有融合领导的意图，或者与众不同的培训成效保证措施。比如，培训方案可能需要添加一些富有人性化的设计，如有特色的开营仪式，或者结业时的个性化反馈和行动规划支持等，这些都能作为方案的亮点，增加其吸引力。

在设计培训方案时，培训师不仅要关注方案的学习实效，更要展现出创新思维，制定出具备独特亮点的高质量培训方案，唯有如此才能提升方案被选中的概率。

2. 优秀培训方案的特质

优秀的培训方案给人一种赏心悦目的感觉，更让人感觉到培训师的专业实力，并对未来的培训充满了期待。一个优秀培训方案所具备的特质主要有如下三点：

（1）方案制作精美

优秀的培训方案在制作上应当注重美学设计。层次要分明，使读者能够一目了然地看到方案中的重点信息。比如，在培训方案中，相关的学习目标或关键成果应通过不同的字体加粗、斜体或高亮色块突出显示，以便快速吸引目光。而在颜色和字体的使用上，须保持整体的和谐与统一，选择易于阅读的字体，采用符合视觉美感的色彩搭配，使得方案既具有专业性，又不失优雅感。排版清晰也是至关重要的，包括了适当的行距、间距及分区，确保每个部分都有足够的空间，避免过分拥挤，从而提供清晰的视觉路径。

（2）符合阅读习惯

一个优秀的培训方案需要充分考虑目标受众的阅读习惯。根据甲方的喜好和需要提供相应的格式与结构。比如，如果客户习惯于通过 PPT 来接收信息，则培训方案可以辅以精美的 PPT 演示文稿；如果客户倾向于文档式的详细描述，那么文字版的详细培训计划则是更佳的选择。适宜的方案是能够让客户在最短的时间内理解并认可的，因此培训师在设计方案时需灵活调整，确保内容的展示模式与客户的阅读偏好吻合。

（3）多套解决方案

优秀的培训方案通常包含多套可供选择的解决方案，为客户提供灵活性。在实际应用中，可能会提供两三套不同的课程安排方案，从紧凑型到拓展型，或者从基础知识到高级应用等不同层次与深度，以满足不同客户的具体需求和偏好。比如，对于初级管理者的培训，可以设置初级、中级和高级培训计划供企业选择，以便企业根据自身员工的实际情况和培训目标，挑选合适的培训计划。这样的做法不仅体现了培训方案的灵活性和包容性，也能让客户感受到服务的个性化和专业性。

（4）配套保障到位

为了确保培训可以达到预期目的并解决实际问题，优秀的培训方案需要具备以下完善的配套保障措施。

a. 方案制作前应细致地进行课前调研以深入了解客户需求。通过问卷、访谈等方式收集数据，了解参训者的基础知识水平、学习期望及企业面临的挑战等，确保培训内容切合实际需求。

b. 方案中应提供相应的学习工具和资料，助力学员将所学知识转化为工作实践。例如，可以提供课程学习手册、案例分析工作簿或在线学习平台等资源。

c. 优秀的培训方案还会包括考核机制，如考试、项目作业或表现反馈，以便培训师能够及时跟踪学习进展，并对参训者的学习效果与运用情况进行评估。

在制定培训方案时，培训师需要站在客户的角度去思考，从方案的设计精美程度、符合阅读习惯、方案选择灵活性及配套保障等方面，全方位打造出培训方案。

二、培训方案涵盖的内容

培训方案的编写是一个精心的过程，它为确保培训活动的有效性和顺利进行提供了详尽的指南和规划。一个全面的培训方案至关重要，它不仅昭示了培训的目的和方向，还为培训的每个环节提供了清晰的指示。在此基础上，一个完整的培训方案主要包括六个核心部分：方案整体介绍、课程安排计划、课程大纲、老师介绍、时间进度计划及投资预算。这些部分相互关联，共同构成了培训成功的基石。

1. 方案整体介绍

任何培训方案的起点都是一个全面而精准的介绍，它为整个培训项目设定基调，包含以下几个方面：

（1）方案名称

方案的名称不只是标识，更是一个品牌，它能够给人留下深刻的第一印象。名称应该简明扼要，同时传达出项目的核心价值与目的。以一个专门针对技术人才的培训方案为例，即"某公司2023年技术领袖成长计划"，该名称可以清晰地表明公司对于培养技术领导力的重视和对未来的展望。

（2）需求分析

深入的需求分析是培训能否取得成功的关键。通过前期的沟通，概括出培训需求，这是整个培训方案的背景，所以必须要有所体现。

比如，我给某制造型企业做的内训师培养方案，其中需求分析如下：

◎案例

1. 提升现有内训师专业能力。

针对现有的内训师团队进行系统分阶段培养，使其在课程研发及授课技巧的专业上更上一层楼。

2. 制定出更贴切可行的政策。

为了确保项目的可持续发展，针对现有的政策制度，结合当下实际重新优化。

3. 兼顾各分支机构。

考虑到成都、合肥、衡阳、湘潭、长沙五地的地域及产品特性，在培训时的分组、作业、训练等方面兼顾各方情况，促使项目落地。

4. 为未来课程标准化、系统化、版权化作好铺垫。

结合公司战略发展需要，尝试打造六门精品课程，为未来课程标准、系统化、版权化作好铺垫。

（3）培养方式

现代培训方式多样化，可以根据培训对象的特点和培训内容的复杂程度选择最适合的形式。比如针对分布在全国各地的营销人员，就需要加大线上培训的力度；针对管理人员，他们的学习意识强，除了面授培训还可以做自学内容的设计安排。

我给某大型集团公司做的管理干部培养方案，其中的培养方式如下：

◎案例

项目将重点以中层干部打造为核心，突破传统单一的培养模式，采取如下五大模式开展，从而确保整个项目的灵活高效。

1. 专题培训：三大主题方向管理培训课程

2. 实操训练：管理工具实操

3. "雄鹰"思辨会（案例讨论）：1.5天（共举办三次，每次为0.5天）。

4. 自学：每人阅读四本书，并利用每次培训时组织一次读书分享会，每次30至60分钟，采取临时抽签的形式决定谁来开展分享。书单如下：《中国式管理》（曾仕强著）；《经理人员的职能》（切斯特·巴纳德著）；《卓有成效的管理者》（德鲁克著）；《一分钟经理》（布兰查德著）。

5. 辅导：做好全年的学员跟进服务。协助班委做好每次训后的作业跟踪服务及作业的点评辅导服务。

（4）培养时间

对于培训周期的规划，需要根据培训内容的深度和员工可用时间进行设计。时间安排应尽量避免干扰正常工作，同时兼顾培训效果。比如，针对管理人员的培训，可以每个季度开展一期或每两个月开展一期。

（5）项目思路

项目思路可以说是整个方案的灵魂，要让客户明白整期培训是打算怎样来开展的，以及有哪些特点。比如，针对储备干部的培训，可以考虑安排选班委、一线工厂实习、一线门店实习、定期比赛、导师制度和线上线下学习等项目思路。

我给某制造型企业做的内训师方案，里面的项目思路如下：

◎案例

1. 重宣传、重训练、重成果

宣传保障项目贯彻落实，赢得较好口碑；重训练才能促使学员消化吸收和掌握；重成果用考核成绩说话，让学员有压力和动力。

2. 考评贯穿全程

通过评选"星级经验""星级课件""星级人才培养师""最佳贡献"四个奖项督促学员将所学用到工作中去。

3. 全方位的奖励机制

设定甲乙丙三等奖学金在最终考核时奖励给相对应的人员，并颁发相应的荣誉奖牌；平常学习设定团队奖品；比赛设立特别奖品。

4. 分阶段进行，系统培养

依据循序渐进的模式，采取培训＋辅导＋练习等模式巩固，并从提炼经验、课程研发、授课技巧三方面来着手进行培养。

5. 建一个展示平台

在公司网站、公众号建立一个"某某公司大讲堂"，采取提前录制形式，每门课程在15至90分钟内，主要是给人才培养师提供一个集中展示才能的平台。

6. 灵活有力的政策

制定人才培养师管理办法，明确奖惩，建立积分制、学分制，以保障整个项目的落地实施。

（6）项目成果

在方案中预设培训项目的具体成果，有助于让客户很清晰了解到培训的效果，因为培训不是目的，而是管理的手段。在成果方面，一定要做到数字化和具体化，让人一目了然。

比如，我给某制造型企业做的内训师方案，里面的预期成果如下：

◎案例

项目预计成果：

1. 打造一支队伍

打造出一支30人的能提炼经验、研发课件、上台讲课的人才培养师团队。

2. 研发出至少21门课程

（1）研发出至少15门普通课程。包含15个课程介绍和15个PPT课件。

（2）研发出六门精品课程。包含六个课程介绍、六个PPT课件、六个文字版详细讲义和六个课程视频。

3. 研发出经验手册一套。包含一套案例手册、一套FAQ手册和一套经验手册。

4. 制定出一套人才培养师管理办法。包含人才培养师管理办法、培训管理制度、金杯岗位经验管理办法。

5. 制作出一套人才培养师宣传资料。包含30位人才培养师海报、电子版简介、PPT宣传片。

方案的整体介绍是培训方案中不可或缺的组成部分，它相当于给整个培训项目定下了基调和方向。从方案名称到需求分析，再到培养方式、时间安排、项目思路和预期成果，方案整体介绍贯穿了培训方案的每个环节，为后续的详细规划提供了坚实的基础。

整体介绍好比论文的摘要部分，可以让客户快速了解到整个方案的精髓，从而提升方案阅读的效率，帮助客户节约时间并快速作出相应的决策。

2. 课程安排计划

课程安排计划是培训方案里面最关键的内容，一般最常用的方式是用表格形式进行呈现，阅读起来更直观明了。比如A课程方案、B课程方案、C课程方案。每个课程方案对应不同的课程安排，这样做的目的就是便于客户进行课程方案的甄选。

比如，我在给某事业单位做第二阶段的内训师培养的课程安排时，课程安排见表5-1。

表 5-1　课程安排

序号	课　程	主要内容	时间
1	课程设计开发	●课程设计方法理念 ●课程设计技巧	3 月（1.5 天）
2	版权级课件 PPT 设计训练	●高级 PPT 制作技巧	5 月（1 天）
3	培训辅助工具制作技巧	●图片处理技巧 ●视频剪辑技巧 ● Flash 制作技巧	7 月（1 天）
4	案例开发及案例教学技巧	●经验分析提炼技巧 ●故事文字视频提炼技巧 ●案例教学技巧	9 月（1 天）
5	授课技能提升	●讲故事式的授课技巧 ●幽默风趣的授课技巧	11 月（1.5 天）

3. 课程大纲

课程大纲是培训方案中对课程内容与目标的详细描述。通过这部分内容可以让客户非常清晰地了解到课程大概讲什么内容，做到心中有数，这部分的内容也是课程的关键内容。

在具体制作时，要判断是单次的培训方案，还是系统或年度培训方案，具体问题具体分析。如果是单次培训方案，可以把完整的大纲放上来；如果是系统或年度培训方案，那么大纲建议放到 2 至 3 级即可，因为要是放到 4 至 5 级大纲，可能导致内容过多，影响阅读。假如说有六门课程，每门课程完整的大纲有五页，那光这一部分内容就有 30 页，这就会导致阅读起来有压力。

4. 培训师简介

培训师简介也是客户是否确定合作的关键因素，因此这部分要把培训师的商务照、专业资质、工作经验、工作业绩、培训经验等内容进行展示，让客户快速了解到培训师的背景。

比如，我在方案里面写个人的简介时，就会重点介绍我的专业资质头衔、工作业绩经历，比如从事咨询培训行业有 20 多年的从业经验；写了 200 多万字的培训师培养、人才培养的文章；做了几十个内训师培养的项目经验；培养了 1000 多位内训师、商业讲师；研发了 100 多门课程，包括 17 门版权课程等经历；拥有组织策划 3000 多天企业内训的交付经验。

培训师介绍部分要把握一个关键点，即只介绍跟培训课程相关的内容。假如一名培训师是复合型的人才，能讲多门课程，那在该培训方案里，只需要重点凸显跟课程相关的履历即可，切忌放一大堆跟课程无关的介绍，这样做反而会降低专业形象。

5. 时间进度计划

时间进度计划一般来说采用表格和图表形式，详细列出了从培训启动到结束的整个时间线，包括每一阶段的关键日期和里程碑。通过时间进度计划，可以让客户非常清晰了解到整个项目的进度。

比如，一个月的培训项目可能在第一周安排开班仪式，制定培训目标，第二和第三周主要进行课程学习和实操练习，第四周进行评估和闭幕式。时间进度计划可确保所有参与者都对即将发生的事情有清晰的期待和准备，同时也方便管理者监控培训进度和成效。

6. 投资预算

任何培训项目都需要资金支持，投资预算部分详细罗列了培训过程中的各项开支，包括教材费、课酬、方案策划费、奖品、税费等。比如，对于一次管理技能培训，预算可能详细到每份教材的成本、培训师的酬金，以及交通补助等。此外，还应当包括一定比例的预备金以应对不可预见的开支。编制精确的投资预算，罗列具体的费用明细，可以帮助客户有效地控制成本。

总之，要让培训方案有价值，就要涵盖上述关键的内容，整体介绍是核心，课程安排、课程大纲是关键，投资预算更是客户多关注的点。每一个部分都需要用心对待，这样呈现出来的方案才能把价值彰显出来，才能赢得培训的机会。

三、培训方案撰写流程

要想高效率的完成培训方案撰写，就必须掌握一定的方法，结合我写过的上千个的培训方案经验来看，撰写培训方案只需要遵循四步即可达成。

1. 时间规划阶段

做任何事情都必须要有时间概念，只有在特定的时间要求下，我们才能实现高效率。所以，做培训方案，首当其冲是先来规划好时间。

比如，可以把写培训文案的时间细化到具体的时和分，精确分配给每个阶段：

思路构想阶段：分配 30 分钟，用于自由发散思维。

素材搜集阶段：分配 60 分钟，致力于收集跟方案有关的信息和数据。

提纲及内容规划阶段：分配一两小时，因此在这一环节中需要花费更多心思来整理和构建培训方案的骨架。

方案成型及检查阶段：分配两三个小时，用来确保方案的准确性和完整性。

2. 思路阶段

在这一阶段，不受任何限制的头脑风暴至关重要。培训方案的撰写是一个创造性的工作，此时应让思绪如野马般奔腾，不论是传统的方法，还是标新立异的点子，都可以毫无顾忌地记录下来。在具体的操作上，我常用的方法如下：

首先，把闹钟调为倒计时30分钟。

其次，打开草稿纸、笔，开始自由畅想。

最后，把想到的点写在草稿纸上。

这一步的关键就是天马行空，不要管可不可行，也不用管逻辑性，想到啥就写啥，让思想自由奔放，唯有如此才能打开思路。

3. 搜集素材阶段

有了思路的大胆设想后，就需要将其转化为切实可行的培训内容。这需要大量的素材支持，包含调研的数据、相关的图片、行业的报告等。比如，我们给某企业做方案时，就会到其官网查询该企业的年度总结、财务报告、最近新闻和企业文化等内容。

4. 提纲撰写阶段

整合思路和素材，开始制定一个清晰而逻辑性强的提纲。该提纲不仅应概括培训方案的全貌，还应明确培训的具体环节。

比如，我在写提纲时，操作如下：

首先，完成一级提纲内容制作。比如先写出方案整体介绍、课程介绍、老师介绍、项目操作实施介绍、投资预算这些一级大纲。

其次，完成二级提纲制作。

再次，再写出每个一级大纲下面要涵盖的框架内容。

最后，完稿及检查。提纲成型后，就要进入内容充实阶段，之后对照提纲完成整个文案的撰写。完成后，审视全文是否流畅通顺，信息点是否齐全，数据是否准确无误。比如，我每次完稿后会将其调为打印预览状态，先看整体的排版是否到位，再逐一检查里面的文字是否有误。

撰写培训方案是一项既需要创造性思维又要求逻辑严格的工作，对培训师来说，它既是挑战也是成长的机遇，需要规避以自我为核心、内容过度简化、设计无吸引力和缺少创意等误区。良好的时间管理能力和高效的工作流程是完成这一任务的关键。

从时间规划到思路发散，再到素材搜集、提纲制作及最终的完稿和检查，每一个步骤都不可或缺，它们相互支撑，确保培训方案的质量和实效。这个过程不仅是对培训内容的塑造，更是对培训师思维能力和专业技能的锤炼。因此，掌握撰写培训方案的科学方法不仅可以提升工作效率，同时也是培训师专业成长路径上的一块基石。

第三节　培训现场布置技巧

培训现场如何布置将会直接影响到培训的实施。优质的培训项目往往在培训现场布置上就体现出对细节的极致把控。

◎案例

8个人的培训现场

彭军老师为了拓展业务，到各个城市开设公开课。有一次公开课培训原本应该有25人参加，因为临时有一家单位突遇安全事故，所以该单位的17个人被临时叫回去处理事故，最后只剩下8个人。原本设计了5组的会议室，顿时感觉很空荡。彭军于是赶紧让会场服务人员把多余的桌椅给撤掉，然后临时调整成U字形的桌位，讲台左右两边各放3个桌位，正对着讲台的一排放两个桌位，靠近讲台这一侧就不放桌位。因为人数少，所以彭军授课时的互动更多，他也时常走到U字形桌位里面，这样跟学员的距离更近，整个现场的氛围并没有因为人少而受影响。那一次培训过后，学员满意度竟然达到了100%。

总结：培训师是培训现场的主角，会场布置不到位会直接影响到培训师的气场。在培训的现场，各种情况都有可能发生，所以优秀的培训师总能根据现场情况来灵活调整培训会场。

培训的场合是一个能量场，所以优秀的培训师好比一个能量场的设计师，通过布局出一个有能量的培训空间来提高学员的学习效率，同时也能增强学员之间的互动，进而促进知识的吸收与技能的提升。然而，如何根据不同的培训内容和目标来设计最合适的座位布局和会场设置，仍是一个值得探讨的话题。

一、常用的座位摆放

在企业培训领域，合理的座位摆放不仅能够营造一个良好的学习氛围，还可以提升培训的效果，促进学员之间的互动和沟通。在实际应用中，要根据现场的情况、学员的情况及培训的要求来灵活安排最合适的座位摆放方式。

1. 小组讨论式

小组讨论式的座位摆放方式适用于促进学员之间的互动和沟通，尤其适合于团队协作、案例分析等需要团队合作的培训活动。在这种布局中，一般将桌子摆放成若干个小组，每个小组 4 至 10 人，学员围坐在一起，便于进行小组内部的讨论。

这种座位摆放的形式适合更适合培训氛围活跃的课程，这类课程基本上都会采用小组讨论式的座位摆放方式。

比如，我们开展"ITTA 国际企业培训师训练营"的课程，在 20 人参与的情况下，我们会分成 4 个小组，每个小组 5 个人，这样就可以以团队为单位开展后期各项研讨活动。

小组讨论式也称为岛屿式，具体的摆放如图 5-1 所示。

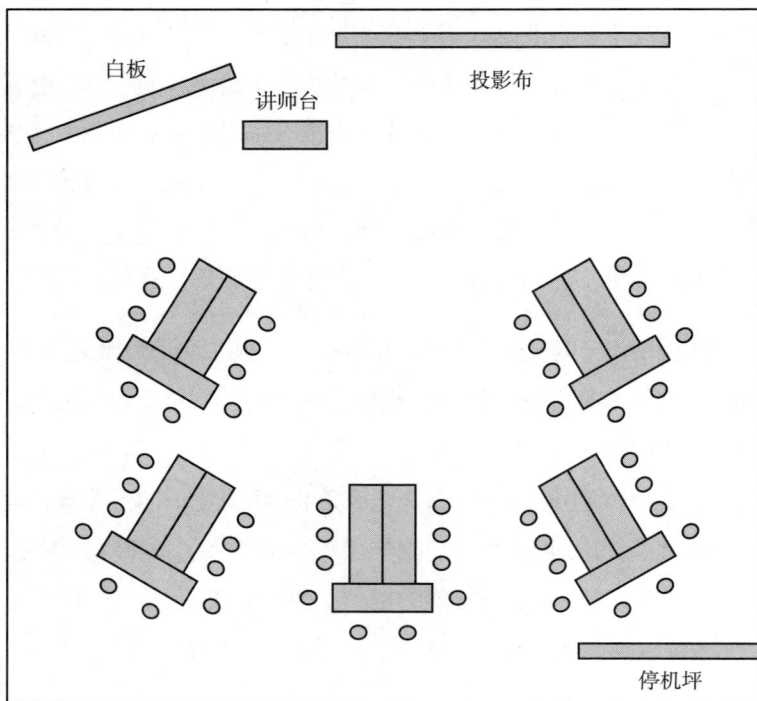

图 5-1　小组讨论式摆放

2. 剧院式

剧院式布局，如同它的名称，是模仿剧院中的座位摆放，这样做是为了节省空间，一般会撤掉桌子，只摆放椅子，每排椅子间会留有一定空隙供人走动，所有的座位都面向前方的讲台。这种摆放不利于参与者之间的直接交流，但非常有助于集中注意力来听取课程内容。这种布局主要是为了能在有限的空间内尽量多地容纳人。

剧院式适合那种几百人、上千人的大型培训，或者培训现场小而人员多的场景。

比如，一个知名的行业专家受邀到公司进行市场趋势的分享，参与者可能多达数百人，此时采用剧院式座位摆放会是最佳的选择。

具体的摆放如图 5-2 所示。

图 5-2　剧院式摆放

3.U 字形

U 字形的座位布局是将桌子摆成 U 字形，让参与者都能看到彼此和培训师，U 字形布局特别适合需要培训师和参与者进行双向互动的培训活动。这种摆放方式可以让每位参与者都直接面对培训师，便于捕捉非语言信号，比如肢体语言和面部表情，同时也方便培训师观察到每个参与者的反应，以调整培训节奏和内容。

U 字形适合那种人数少且互动多的培训场景。

举个例子，现在需要针对公司的 5 个人力资源岗位的人做专题培训，那么 U 字形就可以更好地达到互动，保证培训气场能量不泄露。

具体的摆放如图 5-3 所示。

图 5-3　U 字形摆放

4. 课桌式

　　课桌式布局通常会让人联想到学校教室，它是一种比较传统的布局方式，由成排的课桌和椅子组成，面对着前方的黑板或投影屏幕。非常适宜传授理论知识，或者教授需要大量笔记和书写的课程。

　　课桌式适合那种课程互动少，人数多的培训场景。除此之外，对于有些培训教室，因为桌椅本身是课桌式摆放，而且是固定了桌椅不能移动，或者是桌椅太重不便移动，这样的场地也只能用课桌式的模式来进行授课。

　　比如，在一家制造公司中，培训部门为生产人员安排了一个关于新设备操作标准的培训。为了确保每位员工都能详细了解操作规程，并完成相关的测试，采用了课桌式的布局。这种方式使员工在实践操作前，能够系统地理解和记忆操作流程，为之后的实操打下坚实基础。

　　具体的摆放如图 5-4 所示。

图 5-4　课桌式摆放

企业培训时的座位怎么摆，跟培训效果好不好、互动质量高不高、学习程度深不深都有关系。像小组讨论式能加强讨论、剧院式能让大家集中注意力、U字形可以双向互动、课桌式能让人专注学习，每种布局方式都有其优点。通过精心设计的座位布局，能明显促进学习的人相互交流，让培训的参与度更高，培训质量也更好，这样就能高效传递知识，有效提升技能了。每一种布局方式都有它独特的价值和适用的情况，关键是要按照培训内容的特点和目标，灵活地挑选和调整，让培训的空间变成知识传递和智慧碰撞的平台。

二、会场布置的道具

若你参加的是一场在五星级酒店举办的培训，但如果从踏入酒店到进入会议室的过程中没有任何培训的提示，会议室也没有什么特别之处，除了一个简单的签到，再无其他。试问你会不会感觉这个培训很一般。就好比一位音乐大师到地下通道拉小提琴，估计很少有人会驻足停下来聆听，但只要放到大剧院，各方的宣传布置都很唯美，哪怕花高昂的价格买票也愿意来听演奏会。所以说，会场需要精心来布置，而专业的布置离不开道具。

1. 常规培训会场布置道具

常规的培训会场布置道具有六类，分别如下：

（1）台卡和胸牌

台卡和胸牌的运用是会场布置中的基础，但它们的重要性不容小觑。

台卡可放置于会议桌上，清晰地显示学员的姓名和职务，这不仅便于培训师直接称呼学员，从而促进交流，还有助于学员之间相互了解和交流。

胸牌可以夹在右胸前，上面印上名字。在大型培训活动中，它成了学员彼此交流的桥梁。同时也让每个人有了一种责任感，因为名字就意味着一种责任，培训师提问时也能一下叫出学员的名字，这也能让学员感受到尊重。

台卡和胸牌具有一样的效果，那就是便于交流，但是在具体使用时，我们一定要根据情况，比如人数少用台卡，人数多用胸牌，因为台卡只适合组员之间交流、跟培训师的交流，可其他组并不一定看得到。若在几十人或几百人的场合，剧院式样的培训场合，用胸牌就更利于交流。因为台卡不能随人而动，而胸牌则是任何区域都可能利于交流。

（2）横幅和电子显示屏

横幅和电子显示屏都是展示培训主题的常用道具，每位学员进入会场时的第一反映就是看培训主题。

但是，横幅比电子显示屏更灵活，可以悬挂在会场的任意一个位置，而电子显示屏一般都是靠前居中。

没有横幅的培训会场就如一个人打扮得很漂亮可就是没有穿衣服一样。横幅内容要简单明了，切不可长篇大论。

通过横幅或电子显示屏所呈现的主题，在培训时拍照片也便于留下素材，还可以作为以后的企业文化宣传，以及作为培训师以后个人宣传的素材。

（3）背景PPT

精心设计的背景PPT能通过视觉效果吸引学员的注意力，使其更容易进入培训的状态中来。值得注意的是，PPT内容的设计需要与培训师的培训风格和培训内容紧密结合，一般是要求字大，背景突出，在培训开场时也利于拍照留下珍贵的培训素材。

背景PPT分两种：一种是专门设计一张PPT，在培训正式开设时再切换到培训课件；另外一种是培训师会把自己的PPT课件首页设计成高大上的感觉，直接作为背景PPT。

（4）辅助宣传资料

辅助宣传资料主要是指跟课程主题相关的资料，包括培训相片集锦、培训标语、培训案例、培训故事、课程工具、课程金句等。通过这些辅助宣传资料，可以让学员置身于课程特定的氛围中，更易于学习。在课间休息时也能通过这些辅助资料进行补充学习。

比如"ITTA国际企业培训师训练营"课程现场，我们就会张贴下面的辅助物料：

· 10句宣传语（一共10张，每张用A4硬壳纸张打印出来，然后张贴在墙上）。

· 12条经典培训经验。

· 100条经典培训语录。

· 134个培训案例。

· 部分案例成果。

（5）音乐

音乐是暖场必备神器。在迪吧，那动感的曲子会使人的身体不由自主扭动起来，哪怕一个再拘束的人在劲爆音乐的催化下也会渐渐放开自己，这就是音乐的魔力。

所以，我们在做培训时要学会巧用培训音乐来营造氛围，把培训当作一场盛大的演唱会，而培训组织者就是总导演。在很多时候，企业做内训没有注意到这点，首先在气场上就影响了接下来的培训效果。对于培训音乐的选择也很有讲究，根据不同的内容选择不同的曲子，但那些积极向上的培训音乐永远成为主流。

在开场前可以选择《向前冲》《跟我来》《在路上》《真心英雄》等，这些可以在网上直接去下载。试想，你进入一个培训会场，那激昂的音乐在培训室回荡，你可以忘却疲倦以更好的状态投入到接下来的培训中。

（6）宣传片

宣传片是宣传推介企业、培训课程、培训师的有力工具，更是塑造培训氛围的神器。

a. 企业宣传片。不少单位在开展培训时会播放公司的宣传片，其目的是抓住时机来推广公司。比如经销商的培训，企业一般都会抓住时机来推广自己，其实说白了培训就是实现业绩的一大手段。既然客户都来到现场了，为何不宣传一下品牌形象呢？

b. 培训宣传片。有的还会针对本次培训做一个宣传片，对培训的整体安排、注意事项提前告知。培训师也可以针对自己的课程做一个简单的宣传片，目的是让学员对课程内容有一个初步的了解，这样更利于后期课程的讲授。或者对上一次的培训做一个精彩瞬间回放。

c. 培训师宣传片。培训师可以对自己的工作履历和培训情况做一个宣传片，让学员进一步了解自己。在做宣传片的时候，一定要多讲故事、多讲案例、多放相片，这样效果更佳。

2. 高规格培训会场布置道具

但凡高端大气的培训都善用道具来烘托氛围，常用的培训道具物品有道旗、拱门、横幅、签到墙、X 展架这些物品。

（1）道旗营造培训的气势

道旗常用于大型的博览会、交易会，像糖酒交易会、广交会等会议场合，若在一次面对全国经销商的大型培训中，在酒店入口的道路两侧各插上 30 面旗帜，当微风吹起，那些道旗随风飘扬，发出沙沙的声音，那该多有气势，走在其中甚至有一种走红地毯的感觉。试想，如果古代军队打仗时，一面旗帜都没有，那整个士气都会大大降低。

（2）拱门气球彰显规格

如果去参加一对新人的婚礼，在关键位置上放上拱门气球，整体看起来都很有档次，毕竟拱门气球大，而且显眼，现在很多大型活动都会布置拱门气球。规格高的培训少了拱门气球的烘托，就好比一位绅士参加鸡尾酒会没穿礼服一样。

（3）地面广告打造氛围

在进入会场的关键地段贴上开班仪式的地面广告，也能营造出特别的氛围，同时还能起到指引的作用。就好比地铁站，我们只需要遵循地面标志即可快速找到我们想要去的地点。

（4）签到墙提升培训档次

签到墙现在在很多高规格的会务场合都会用到，参会人员纷纷到签到墙签字留影，大家也乐于把这样的照片发布到朋友圈、博客等自媒体平台上，这对于活动本身会起到很好的宣传作用。签到墙设计时要请专业设计师设计，在布置时一定要用框架来把写字的那一面撑起来，有的单位为了省事、省钱，直接把签到墙的喷绘贴到墙上，整个签字面不平整，这给人感觉很没档次。鉴于此，有的人都不愿意去签名，因为有损身份。

（5）X展架引爆培训室

之前我们组织过一次经销商培训，从电梯入口直到会议室门口，一共放了不下于20个X展架，一边10个。一般展架上的内容多为培训嘉宾、培训课程、产品介绍这些内容。甚至我们在签到处还专门做了一个"签到处"的展架，领取资料处也专门做一个"资料领取"的X展架。如果培训嘉宾看到会场放了多个关于自己的展架介绍，也会有一种很受尊重的感觉。展架一般也就四五十元一个，做20个也才1000元左右，花钱少但效果却很好。

三、会场布置要求

在一次酒店培训中，我看到旁边的会议室在布置会场，其中有点让我很惊讶，那就是他们用一条很长的绳子从会议室最前方拉到最后一排，以确定所有的座位、矿泉水、讲义、笔等物品都摆在同一条线上。往往专业的会务组织人员顶多是把每一组的物品用绳子对齐，而这个会务组的做法让人不得不佩服其超强的专业性。

在会场布置时，我们只要把握好四个方面的摆放技巧，就能给所有参训人员留下专业且高端的印象。

1. 座位整齐划一

座位的摆放有很多摆法，比如岛屿式、剧院式、课桌式、马蹄式，但不管用哪种摆法，都要求整齐划一。比如每行每列之间的间距相同，然后还要对齐，而对齐最简单的方法就是用绳子来进行衡量校准。有的人会说，这些不都是酒店的事情吗？可对于重要的培训，在会场布置时还是要在现场把好关，可以给会场服务人员提要求。若不在现场，不知道他们会布置成什么样。毕竟每个人对要求的标准理解是不一样的。

2. 培训物品标准化摆放

培训桌面上的物品最好也是按照标准化摆放。比如小组的台签、学员的台签都要统一摆放。若是放笔，一定要把笔帽对着座位。作为专业且高端的培训，一般都可能用到笔、本子、讲义、记事本、胶带、白板或记号笔，甚至有的还会准备文件袋，可以把培训所需要的物品统一放在文件袋里。

3. 培训奖品塑造型

培训奖品塑造型要放在会议室前面，这样确保大家都能看到，奖品一般分两种，一种是培训过程中经常要用到的，还有一种是结训时统一发的，不管哪种，可以考虑摆一定的造型出来，这样既美观，也更有视觉冲击力。

4. "停机坪" 安排要到位

所谓"停机坪"就是在培训时，每个人用 A4 纸张做一个类似的三角帐篷式的台签，在台签正反面写上参训者的姓名，而在撑起来的三角空间里存放参训者的手机，然后设置一块专门的区域用于摆放，其摆放的区域就俗称"停机坪"。

"停机坪"在培训管理中，推动起来要配合相应的政策制度，还要灵活运用，否则会流于一种形式。一般来说，我们可以设置以下几种操作方法，可以让"停机坪"发挥其最大的价值，又不过多影响工作。

（1）政策制度是基础

比如现场手机响起，或者中途抽查谁的手机不在"停机坪"，就扣个人绩效分数及所在培训小组的分数，之后公司进行通报。有的人不在乎培训被罚的一点小钱，但很在乎自己的面子，所以通报还是有一定威慑力的。

（2）统一收缴

可以由各组派一个人统一负责将手机放置到停机坪，这样可以确保落实到位。

（3）培训之前统一告知

在下发培训通知时，就需要明确上课必须交手机这个规定，让其提前做好工作部署。在上交之前还可以再提醒一次，让参训者提前在朋友圈、微博、空间等场合自行公布参训交手机的信息，以免带来误会。甚至培训管理人员还可以将范本发给大家，比如，本人今天9：00 ~ 12：00参加培训，手机未曾带在身上，有事请发短信或微信给我，下课后我会跟您及时联系，由此给您带来的不便，敬请谅解。

（4）设立培训紧急联系电话

如果遇到紧急突发事情，可以直接联系培训现场管理人员，由培训管理人员再知会具体的参训人员。这样可以消除参训人员因上交手机而遇到突发事情，别人联系不上自己的那种担忧。

任何事情都有一个过程，有的人觉得上交手机到"停机坪"太难了，有的感觉连这么个事情都做不好，还谈什么企业发展。现代社会确实离不开手机，可乘飞机时大家同样可以做到不看手机，为什么上培训这么重要的事情就做不到？如果一个管理人员参加个培训，都静不下心来，需要把手机带在身边，那么团队如何才能带出来？工作如何更好地开展起来？所以说，培训师可以要求培训组织者来落实"停机坪"的布置，并提前在培训通知中讲清楚"停机坪"等相关培训纪律。

四、场景式培训会场布置

场景式培训的会场布置有效克服了传统培训方式的诸多局限性。由于工作场所的距离、大小及对日常经营的潜在干扰等问题，将所有参与者集中到一个实际工作环境中进行培训往往是不可行的。更重要的是，这种培训方式为参与者提供了一个更为安全、便捷的学习环境，使他们能够更专注于学习内容本身，而不是培训的物理条件。

前些年，为了举办一场与众不同的店长培训，策划实施了场景培训的模式。请专业搬家公司把门店里的板材、柜子等产品搬进了培训会场。

培训那天，全国各地的店长走进会场时，看到一排排的板材、柜子，好像进入了实体门店一样，是有点吓着了，但很快又融入氛围中来了，因为这和平常的工作环境是很相似的。这次培训由于精心准备，也取得了很大的成功。

培训的成功来自多个因素，而场景化的培训模式无疑是一个关键因素。要想做好场景化培训，应该如何进行合理的现场场景布置呢？一定要遵循两个主要的原则来进行布置。

（1）秉承实用主义原则

在保证培训质量的前提下，尽可能简化场景布置的复杂度。

在上面的店长培训案例中，考虑到将完整的设施搬运至培训现场的困难，选择了最为核心的板材和柜子作为布置的重点。这种针对性和实用性的布置不仅降低了组织培训的成本和复杂性，还保证了培训能够围绕最核心的销售环节展开，进一步提高了培训的针对性和效率。比如，在营销策略的学习环节，通过现场的板材和柜子，店长们能够就如何展示和销售这些产品进行即时的讨论和实践。

（2）精心的场景布置营造真实工作环境

场景式培训会场布置关键在于其能够如实地反映和重现真实的工作环境。

在举办店长培训时，为了真实呈现工作场景，我们通过专业搬家公司将门店的板材、柜子等核心产品搬入培训场地，使得原本普通的培训室瞬间转变为一个充满工作氛围的实体店铺。这种布置方式不仅让店长们在进入会场的第一时间感受到了熟悉的工作环境，也极大激发了他们的参与兴趣和学习动力。与传统的课堂学习相比，这样的培训场景更加贴近实际工作环境，使得学习更具实际应用价值。

虽然，大家都知道最好的场景是在工作场所，可培训有时很难做到，毕竟由于工作场所距离、大小等因素，都很难去现场实施培训。比如店长培训，来自全国各地的店长，如果到门店去现场培训，首先门店装不下那么多人；其次去那么多人肯定会影响门店的正常经营工作；最后就是这么多人坐车去门店，要花时间，安全、成本都不得不考虑。所以把产品搬到培训室是最经济、实惠的方法。

场景布置时要最大限度还原成为工作现场，这使得真实感更强。除了产品摆进去，还需要按照平常工作时的陈列进行摆放。陈列、位置、灯光等因素都考虑，简单来说，参考公司参加展览会的形式来布置。

场景只是为了培训的需要而设置的，就是一种手段，我们培训的目的最终都要回到一个根本上，那就是创造价值。如果你还一味沉醉于课桌式、剧院式、岛屿式的培训布置，不妨试试开展一下场景化培训，绝对会有不一样的收获。

一场成功的企业培训不仅是讲课那么简单，更多的是一种策略的实施，是一个精心设计的体验。通过合理的座位布局，可以有效地促进学习者之间的互动与交流，增强学习体验；而恰当的会场布置，则能够营造出有利于学习和参与的氛围，从而激发学习者的学习动力和参与热情。此外，场景式培训的兴起，更是将培训的效果推上了一个新的高度，通过模拟实际工作场景，让学习者在更接近实际工作的环境中学习和应用新知识，这不仅能提高培训的实操性，还能增强培训效果。

在实践中不断探索和优化培训的布局及环境设置，使之更符合培训内容的特点和学习者的需求，是每一名培训师努力的方向。通过持续的优化和创新，我们有理由相信，企业培训可以成为推动个人成长和组织发展的强大动力。

第四节　提升培训满意度的方法

培训满意度是衡量培训是否成功举办的关键参考依据，满意度不高的培训，往往是多方面的工作没有做到位造成的，而不仅仅是授课方面。

◎案例

一场高满意度的培训

多年前应朋友所托，帮忙去带一个培训班。培训师是从广东过来的，培训课程是职业通用技能课程，学员有近80人，全是基层管理者。课程中途休息，我就在门口听到有学员跟甲方培训管理员反馈，觉得老师讲得很一般，跟之前的培训师压根就不是一个级别（之前培训师是3万元一天，而这个培训师是1.5万元一天），人最怕的就是比较，一比较啥问题都出来了。学员是不管培训师课酬高低的，他们只关注效果，更何况他们也不知道培训师的课酬标准。

培训结束后，我跟培训师积极反馈问题，并通过鼓励学员写心得为小组积分，同时在填写培训满意度调查前发奖品等手段，有效提升了参与度。特别值得一提的是，学员们共提交了15页的心得体会，我逐页进行了详尽的点评这一举措，使得满意度达到了92%。

甲方人力资源负责人觉得这是公司举办培训以来大家收获最多的一次，事后还把培训心得汇总给了领导，除了心得，我还做了学员课堂表现、优秀学员推荐及建议、课后建议等资料给甲方。这让客户有一种意外的惊喜，所以成功地留住了这个客户。

单纯从这个案例的92%满意度来看，似乎一切都还不错，但事实真是如此吗？我自己都持有怀疑态度。因为我用了一些提高满意度的技术，包括对培训心得进行点评，而且点评采取的原则是即时点评。记得培训那一个晚上，我一直点评到凌晨2点多。

总结：培训满意度是学员的一种感受，目前并不能做到科学测评，毕竟每个学员都有情感，所以要想提升满意度，就需要关注到各个细节，辅以一定的方法，就可以达到快速提升培训满意度的目的。

一、360 度解析培训满意度

培训满意度是指参与培训活动的个人或组织对培训过程、内容、教学方法等方面的满意程度和评价。它是衡量培训质量和效果的重要指标之一，反映了学员对培训活动的认可程度。

比如，一家企业为了提高员工的项目管理能力，安排了一个为期三天的项目管理技能培训。在培训结束后，企业通过发放调查问卷的方式收集参与员工的反馈。问卷中涉及的问题可能包括：

- 培训内容是否满足你的预期和需要。
- 培训材料（PPT、手册、案例等）是否有用且易于理解。
- 培训师的授课方式和能力如何。
- 培训环境和设施是否满意。
- 组织安排（时间、地点、休息和餐饮服务）是否合理。

培训结束后，收集的数据显示，85% 的员工对培训内容表示非常满意，认为培训非常贴近实际工作需求，有助于提升自己的工作效率。90% 的员工认为培训师的讲解清晰，互动环节丰富。75% 的员工对培训环境表示满意。然而，有 30% 的员工反映组织安排方面存在不便，比如培训地点距离公司较远，交通不便。

这样的反馈显示了较高的培训满意度，尤其是在培训内容和培训师方面，但同时也揭示了组织安排需要改进的地方。

1. 培训满意的三种体现

培训满意与否，其实只需要关注三点即可：

（1）氛围好

学习氛围好的培训，满意度普遍都很高。一个融洽、积极、愉快的学习环境会直接影响学员的学习态度和效果。在这样的环境下，学员们愿意踊跃参与各种学习活动，若培训师的课程生动风趣，还可以经常听到学员的笑声和热情的掌声。

（2）收获大

当学员们在课堂上、休息时或课程结束后，都能表达出他们收获颇丰的心声时，这便是满意度高的直接证明。他们在反馈和言论中流露出的学习成果，不仅证明了培训内容的实用性和有效性，也反映出培训方式和策略的成功。

假如你是企业的老板，中午休息时有几个员工都反馈本次培训效果非常有效，收获很大，那你自然对这场培训是满意的。

（3）数据不错

培训评估的数据满意度高，培训考核普遍成绩高，这是评估培训满意度最直接的体现。这些积极的数据反映了学员对培训效果的认可，同时也是培训师教学质量和努力的肯定。

这三种体现都是培训成功与否的关键指标，对培训师来说是极其重要的反馈信息。它们不仅代表了学员的满意程度，也反映了培训师的专业水平和教学质量。因此，每位培训师都应该深刻理解并关注这些满意度的体现，将其作为自我提升和优化教学的重要依据。通过持续的努力和改进，不断提高培训的满意度，以实现培训效果的最大化。

2. 培训师对待满意度需持有的理念

身为培训师，对待满意度要进行综合看待。

（1）认真重视

培训师必须深刻认识到满意度的重要性。在培训行业内，一个人的名声和职业生涯常常取决于其培训的满意度。拥有高满意度的培训能够为培训师赢得良好的口碑，并且开启推荐和再次返聘的机会。

在实践中，这意味着培训师需要在每一个环节都做到尽心尽力。在形象上要维持专业，确保每次登台前仪表得体、精神饱满。内容上要做到万无一失，充分准备，确保每一节课都精炼且内容充实。在授课时更是要全身心投入，与学员建立起真正的沟通和连接，确保他们能从每一次互动中获得最大的收获。

（2）理性看待

培训师一定要理性看待培训的满意度，因为满意度数据并不一定科学严谨，仅供参考。

比如，你开展了一场培训，自我感觉并不满意，现场学员的表现也很一般，但是培训评估满意度高，就认为这次课程很成功，那就真有点自欺欺人了。大多数情况下，学员是凭感觉打分的，有的甚至是随意打分，并未真正去深度思考，因为填写完评估表就相当于完成了一件任务，就可以结束培训出培训室了。我自己曾参与统计培训评估满意度调查问卷不下 3000 份，有很多人打"√"是从头到尾要么选"很好"，要么选"好"，因为这样打分最省时，然后培训建议一栏，往往都是空白。

由此可见，满意度只能作为参考。在满意度高时，不要沾沾自喜；在满意度不高时，也不要萎靡不振。因为满意度并不能完全真实客观的反映培训效果。

二、满意度不高的原因

培训满意度不高，往往是由多种因素导致的，但目前最容易导致满意度不高的原因，主要是由氛围、内容、实用性、培训师为人这四个方面的原因而导致的。

1. 培训氛围沉闷

有不少培训师的课程现场氛围不活跃，给人感觉很闷，从而导致人很压抑，自然也很难听进去了。一场不满意的培训，十有八九是培训氛围闷。成年人的学习，讲究的是参与，而不是单向地听。

举例来说，如果一场为期 3 小时商务礼仪培训，全程无任何互动环节，仅由培训师在台前滔滔不绝，那么学员很自然地会感到疲惫和无聊。这种沉闷的氛围很难让人保持注意力集中，更别说吸收和理解培训内容了。

2. 内容生涩难懂

适当的挑战和难度是促进学习的，但过度复杂和生涩难懂的内容却会产生相反的效果。一个常见的问题是，培训师在设计课程时没有充分考虑学员的知识背景和接受能力，使用大量专业术语或复杂的理论概念，未经充分解释和逐步引导就直接进行深入讨论。此外，缺乏实际案例的引入，让学员难以把理论知识与实践相联系，更难以理解这些知识的实际应用价值。

比如，要针对全公司人员做一场物联网的培训，若整个课程全是物联网的专业术语，那学员听起来就会非常吃力，课程这时就会在无形中扮演了催眠的角色，让人昏昏欲睡。

3. 课程不实用

理论知识固然重要，但是如果不能将理论与实践紧密结合，课程内容难以在学员的实际工作和生活中找到应用场景，那么这样的培训便失去了其根本的价值。学员参加培训的主要目的之一是为了获得能够解决实际问题的知识和技能，如果培训内容离他们的现实需求太远，那么培训效果自然难以令人满意。

比如，在进行软件开发培训时，如果全部内容都集中在架构设计理论上，而不提供具体编码实践，学员虽然可能对理论掌握得比较好，但在实际开发项目中却无法将知识应用起来，这种课程的实用价值会大打折扣，自然无法满足学员的实际需求。

4. 培训师的为人问题

如果培训师态度高傲，对学员的问题和疑惑表现出不耐烦，或者在学员提出错误答案时采取讽刺和打击的态度，这种负面行为不仅会阻碍知识的有效传递，还会损害师生之间的信任和尊重，从而产生负面的学习体验，满意度自然而然也会很差。

三、提升满意度的五种方法

提升培训满意度其实是有章可循的，把握好了如下五种方法，满意度就会有保障。

1. 加强互动

互动是促进培训现场氛围的关键策略。成人集中注意力的时间一般在 15 分钟左右，只有通过持续的互动，才能牢牢吸引学员的注意力，让他们的心思留在课堂上，并积极参与进来。这样做不仅可以确保专业技能和知识的有效传授，还能促进现场消化吸收。因此，我们作为培训师，必须在课程中努力增强互动，以确保培训氛围的活跃和融洽。具体而言，加强互动的方法有以下四种：

（1）多提问

在授课过程中，我们应培养与学员互动提问的习惯。不要立即揭露所有答案或方法，而是要鼓励学员思考，比如，"你们怎么看待这个问题"或是"你们有什么观点"，同时，多使用封闭式问题，比如"是不是""对不对""要不要"，这类高频次的提问能够集中学员的注意力，防止他们分心。要掌控课堂氛围就是需要不断地提出问题。

（2）小组多讨论

成年人学习有一个共同的特点，那就是喜欢分享，喜欢参与其中，而小组讨论则提供了让每个人表达自我内心想法的机会。通过小组内部的交流，可以促进成员间的信息共享，加强彼此的沟通。讨论结束后，可指派代表上台分享小组观点。每个小组的讨论就像是头脑风暴，能够激活整个课堂的学习氛围。比如，在进行高效执行力培训时，让小组讨论自己在执行任务时遇到的常见问题，然后每位成员都可以分享自己的看法，由一名成员汇总这些观点，并最终由小组代表进行汇报。这种方法能确保所有学员的参与。

（3）眼神多交流

在授课时，培训师必须学会用眼神与学员进行有效交流，比如从左边到右边或从前方到后方扫视全班，以确保全体学员都能感受到关注。在学员回答问题时就带着赞许的眼神看着，让其更愿意分享；学员私下聊天时就静静地看着，让其停止讲话。

眼神交流能让学员感觉到他们被培训师时刻关注，从而会更加投入到学习过程中。

（4）现场多演练

理论讲解再多，也不如让学员进行实际操作。因为实操能够帮助学员将所学理论转化为实际技能。因此，培训师应在授课过程中创造条件，让学员有尽可能多的实践机会。比如，在一个 PPT 制作技巧的培训中，讲解了一部分理论或操作技巧后，应立即让学员进行实际操作，以实现即时反馈和效果展示，从而有助于提升培训满意度。

通过这四种方法的有效实践，不仅能够提升课堂的互动性和学员的参与度，还能极大地增强学习的效果和满意度。

2. 配套奖品

奖品在激发培训现场氛围中犹如一根魔法棒，能大幅提升学员的参与度。因为人们在学习过程中都需要激励，而最直接的激励手段就是奖品。因此，我们作为培训师，应与培训组织者协商，准备一些奖品，或者自备一些小礼物。奖品的价值不在大小，而在于鼓励学员的参与。

（1）多发奖品

在选择奖品时，应当准备一些价格适中但数量较多的小礼物。比如，可以选择成本低的小物件，如棒棒糖，每包内含十支糖果，一元一支，买两包就有 20 支，仅需 20 元。这些奖品不仅可以增加课堂的互动性，还提高了学员的学习兴趣。

（2）赠送培训相关资料

对于表现出色的学员，培训结束后可以赠送一些特别准备的培训资料。这些资料可以是培训师根据课程内容编写的操作手册、专业书籍，或者是精心准备的资料包。比如，提出一个小任务，如培训结束当天撰写一篇不少于 200 字的培训感悟总结，发到学习群里就可以获得价值 500 元的培训资料包。这样的激励方法可以极大地促进学员参与，并加深他们对培训内容的理解和吸收。

通过以上这两种方式，我们可以有效地利用奖品这一策略激发学员的学习热情，从而提高整个培训过程的参与度和满意度。奖品不仅是一种物质上的鼓励，更是一种心理上的认可，有助于营造积极的学习氛围，并提升培训整体效果。

3. 降低期望值

降低期望值作为一种策略被一些培训师在课程中巧妙运用，以此直接提升培训的整体满意度。当学员对培训有过高的期望时，如果培训师未能完全满足这些期望，学员往往会感受到较大的失望，进而影响对培训的整体评价。这类似于我们对五星级酒店的高期望，一旦发现其中的小瑕疵，便会对其服务质量的评价大打折扣。相对地，在对服务期望较低的情境下，同样的问题可能不会引起强烈的反应。要有效地管理学员的期望值，可以采取以下措施：

（1）重新界定"收获"

向学员明确培训中的任何收获，无论是一句启发性的话语、一个独特的观点，还是一个实用的方法，都是宝贵的。并不是说如果老师讲授了十个知识点，学员就必须全部掌握。这种全面吸收的预期是不现实的。因此，我们应该在课程开始时向学员传达，即便课程中只有一句话触动了他们的思考，这样的培训也是非常有价值的。

（2）婉转地向学员提出建议

我们需要提醒学员，学习是一步一个脚印的过程，不应期待一次性完全掌握所有内容，这是不切实际的。技能提升需要时间，所以现场即使有些概念未能完全理解，也不必过于焦虑，学员可以在课后继续复习和深入学习。

（3）强调循序渐进的学习理念

需要向学员明确，每一次的进步都是积少成多的结果。举例来说，如果在课程中学员遇到了一个全新的方法，可能之前从未有所了解。那么在课后，他们完全可以通过查阅相关资料或购买相关书籍来进一步学习和掌握。期望通过一次培训立即掌握所有知识是不现实的，通常情况下，这样的期待很可能会导致失望。因此，强调一步一步来，稳定提升自己的专业技能是至关重要的。

通过以上这三个策略，培训师能够有效地帮助学员设定合理的期望值，从而增强学习的满意度和成效。

4. 把握课程的三个关键节点

俗话说，"打蛇打七寸"，在任何事务中都要抓住关键节点，其中培训的成功也离不开对开场、重点内容和结尾这三个关键环节的精细把控。当这三个部分被妥善处理时，培训效果自然显著，同时也能在学员心中留下深刻且美好的印象。

（1）课程开场

良好的开场相当于成功的一半，这对我们培训师而言至关重要。一个卓有成效的开场可以将学员从日常事务中拉回注意力，同时为整个培训设定一个积极向上的基调。使学员从无数可能性中聚焦于我们即将提供的知识和技能。下面是三个提高开场效果的小技巧：

a. 赞美及掌声。这一技巧利用了人们对赞美的普遍喜爱。赞美参训学员及其所在的单位可以使他们感到被尊重和认可，从而快速地建立起对培训的正面情感连接。通过正面反馈，在学员心中种下积极参与的种子。

如何快速地跟学员打成一片，这是一门很深的学问，但有两个小技巧能让学员快速的接纳培训师。

第一，赞美主办方及学员。我发现但凡那些开场就赞美主办方和学员的培训师，课程的整体氛围都不错，满意度也可以。比如赞美企业的产品，社会对企业的优秀评价，或者自己通过现场观看得到的一些好的感受等。对于学员的赞美则可以从精气神、到勤率、专业能力等方面。会赞美的培训师，让学员觉得老师更懂他们。接纳是相互的，既然培训师都接纳了学员，学员自然也能感受到，也会更快的接纳培训师。

第二，掌声送给三个人。这是一个非常奇妙的方法，我每次使用都感觉效果很好。其一是把掌声送给主办方，送给领导，是公司及领导重视大家的成长，所以安排这样的学习。试想想，如果领导在场，听到这样的话，会非常高兴，因为培训师讲出了他们想表达但又不好去表达的话。其二是把掌声送给组织者。如果组织者在现场，听到学员的掌声，会很感动，他们为了这次培训确实也付出了不少。其三是把掌声送给自己。因为每个人为了自己的成长，选择了来学习。

b. 破冰活动。破冰活动是必不可少的开场部分。其目的是消除初次见面的尴尬和紧张，帮助学员尽快地适应环境。最常见的破冰是每个小组选组长，定组名和口号，再到台上进行团队展示，这种破冰可以快速让学员之间建立联系，这是培养后续深层次交流的基础。一个有效的破冰环节，能够帮助学员跨出舒适区，开启学习之旅。

c. 特色开场。为了使开场更具吸引力，我们可以设计一些独特而有趣的活动，比如讲述一个精彩的故事、分析一个引人深思的案例，或者播放一个富有启发性的小视频，抑或者可以通过现场发放小红包、带领互动游戏等方式，让开场变得不仅有教育意义，还充满娱乐性，这样的特色开场有助于给学员留下一个难忘的第一印象。

（2）课程重点内容

重点内容的讲述是培训过程的核心所在，是学员能否从培训中获得实际利益的关键。良好的内容传递不仅可以加深学员的学识，还能提高他们对知识的应用能力。为了确保重点内容的有效性，我们需要遵循以下方法：

a. 内容透彻讲解。培训师需要对课程的核心内容拥有深入的理解，并能够将其传授给学员。这通常通过解读案例故事及阐述方法技巧来实现，除此之外是围绕重点内容把是什么、为什么、怎么做这三个层面的内容都讲到，这样做的目的是确保学员对每一个重要的知识点都有深刻的认识，这有助于解决实际问题。

b. 互动演练。增加互动演练的比重，鼓励学员参与进来，实行所学。比如针对目标管理的课程，可以让学员现场根据实际设定适合自己的目标，并抽选部分学员到台上将之分享，然后让学员之间相互点评。通过这种方式，学员不仅能够学以致用，还能够在现场获得反馈。

c. 配套资料。提供实用的辅助资料，如工具、表格、模板等，可以大大增强课程的实操性。比如，在讲授提升工作效率的课程时，可以提供相应的"AI工具表"，并给出这些工具的具体网址。通过提供具体的模板工具，便于学员将学到的知识应用于实践中。

（3）课程结尾

一个精心设计的结尾可以让整个培训圆满落幕。结尾部分应该为学员带来知识上的闭合及情感上的满足。

我有一个奇招，在培训中可以起到一举三得的作用，对组织者来说，可以有更多培训素材交付给公司，获得更好的评价；对于学员来说可以起到总结归纳的作用，让其更好的消化吸收；对于培训师来说则直接提升课程满意度，留下好的口碑。

以下是三个增强课程结尾效果的策略。

a. 心得感悟。在培训结束时，预留出5至15分钟，抽选部分学员到讲台上谈培训收获。这时可以采取录视频的方式，这也是见证培训最好的证据。通过这种分享，进一步强化了学员对培训的印象。

b. 特色点评。结合学员在课程中的表现进行专业、正面而具体的点评。让学员看到自己在培训过程中的实际进步，感受到来自培训师的鼓励和支持。比如在演讲培训中，针对某位学员进步显著的部分给予肯定，同时激发其他学员的模仿和学习。

c. 故事结尾。用一个寓意深刻的小故事作为结尾，可以为培训营造出温暖的氛围，让学员感到被启发与感动。这种故事结尾通常是受欢迎的，因为它不仅是逐条列出的知识点，而是一个讲述智慧的故事。

总结以上策略，我们可以看出，通过对培训开场、重点内容和结尾的深思熟虑，我们有望实现培训的高效性和连贯性，而学员也能够因此而获得更加完善的学习体验。如此，不仅能提高课程的吸收率，还能在学员的心中种下成长的种子，生根发芽，日后结出硕果。

5. 秉承兼顾原则

作为一位培训师，我们在授课时面临着多样化的学员群体。他们各自带着不同的工作经验、教育背景、年龄和性别，这些差异要求我们在培训过程中进行周到的考虑。通过全面兼顾和细心调整教学内容和方式，我们旨在最大限度地提升每位参与者的满意度，以留下积极且深刻的培训体验。为实现这一目标，我们可以依据以下三个基本原则进行操作：

（1）生活与工作的结合

在授课过程中，通过引入贴近生活的例子来佐证我们想要表达的观念，是一种非常有效的方法。以沟通技巧为例，我们可以用夫妻间的沟通作为案例。这种做法不仅让学员感觉内容更加亲近，而且对于理解更加直观。许多优秀培训师在介绍某些技巧或策略时，也常常将其与生活场景相结合，这样做既简化了专业知识的解读，也加深了学员的感受和记忆。比如，在一次管理培训中，为了让所有员工都能参与并受益，课程内容被设计得更加生活化。即使是非管理岗位的员工，当听到将管理技巧应用于日常生活的案例时，也能产生强烈的共鸣。若忽略生活化的案例，那些内容与个人看似无关的学员可能就会对课程缺乏兴趣，从而影响培训的整体满意度。

（2）理论与实战的结合

将丰富的实战经验和方法贯穿起来，相当于为学识搭建了一座桥梁。仅凭技巧和方法，若缺少理论支撑，是不足以构建深度学习的；同样，如果只有理论而没有实践指导，学员也难以感受到学习的实际效用。优秀的培训师总是能将理论知识与实战技巧完美结合，确保学员在理解理论的高度之上，也能掌握具体可行的操作技巧，从而实现知识与技能的双重提升。

（3）兼顾不同学员

员工的背景多种多样，包括新老员工、来自不同部门（比如营销或人力资源部）及在公司的工作时间长短等。这些不同点决定了他们对学习的需求和关注点各不相同。因此，设计课程和授课时，必须考虑到大多数人的需求。否则，如果内容过深，新员工可能难以理解；如果全面偏向营销，那些非营销背景的学员可能无法与之产生共鸣。通过全面考虑学员的不同需求，我们才能确保每位参与者都能从培训中获得实质性的收获。

培训满意度是衡量教学成果与过程优劣的关键指标，直接反映了学员对培训活动的认可度和接受程度。通过仔细考察案例分析、培训满意度的体现及提升策略，我们可以发现，培训成功的关键在于创造积极的学习氛围、确保内容的实用性、调动学员的积极性及合理设定预期值。培训师需重视培训质量，理性看待满意度反馈，并从多角度思考和应对可能影响满意度的因素。加强互动、合理设置奖励、细心管理期望值、精心设计课程的每个环节及综合考量学员背景和需求的原则，是提高培训满意度、确保培训效果的有效策略。

第五节　培训落地转化技巧

培训不能落地是行业的一个通病，所以很多人对培训排斥，这也是情理之中的事情了。要想让培训真正落地，就需要结合课程特性来做规划设计。

◎案例

可怕的公开课带队领导

记得我们之前在开一期生产管理的公开课时，安排的授课老师在业内小有名气，是典型的实战派，做生产管理多年，一肚子的干货，课程中讲到了很多精益生产的方法技巧，授课可谓是妙语连珠，案例随手拈来，引得学员们掌声不断。这次培训有一家单位给我们留下了非常深刻的印象，可谓训后成果转化的楷模，他们当时是这样做的：

> 培训结束后，带队的领导组织大家在现场做总结。先要求每人谈培训的感受，再谈后期如何运用到工作中。这样几轮下去后，酒店会务人员都来催促关门了，跟那些一下课跑得飞快的企业来比确实值得学习。记得离开会议室前，带队领导要求大家回去后做三件事：
>
> 其一，把两天的培训用思维导图的形式做一个总结，要求第二天晚上10点前交。
>
> 其二，把两天的培训结合自身工作二次开发一门1小时的内训课程，要求7天内提交。
>
> 其三，结合培训所讲的方法，拿出下一步生产优化管理的解决方案，并写出具体的时间进度计划表。
>
> 时隔几个月后，在一次回访中才得知他们启动了一个精益生产管理的项目，而上一次的参训人员都是这个项目小组的成员。通过一段时间的项目推动，生产管理相比之前有了一个很大的提升。

总结：很多企业在培训时都想要效果，但是又不愿去行动，这就是目前培训总是达不到所预期的根本症结所在。只有真正重视落地转化，培训的价值才能真正得以彰显出来。

"培训没什么用，培训是白白浪费钱"，这是在现代企业培训中常见的一个观点。企业负责人把培训不到位归结到培训组织者身上，培训组织者又把责任推到培训机构身上，培训机构把责任推到培训师身上。从整体上来说，培训效果没有体现出来，是由多方面的因素造成的。随着企业对培训的日益重视，企业对培训也变得更加理性，培训实施中出现的诸多问题导致了培训无用论和培训浪费论的观点出现，这也从另一个侧面反映了在培训实施中，培训没有达到企业所预期的效果，浪费了大量的财力和物力。

那么为什么会出现这样的问题呢，这些问题的症结在哪里呢？其中很重要的一点就是企业对培训落地转化工作认识不深，没有做好培训成果的转化工作，把培训的转化工作忽视了。

一、影响培训落地转化的五个因素

诸多企业在开展培训后，常常会发现员工的实际工作能力并未显著提高，或者新学的技能很难长期保持。影响培训效果落地转化的原因多样，主要是受转化氛围、实践落地、检查跟进、自然遗忘和惯性思维这五个核心因素所影响。

1. 转化氛围

员工是否能将培训内容应用到实际工作中，很大程度上取决于组织文化和支持性氛围。当员工回到工作岗位，如果他们面对的是一个守旧不变、对新思维和新方法没有任何激励或接纳的环境，那么培训所学的新知识很难被提起。比如，学了服务礼仪的培训后，回到办公室，大家对这个培训嗤之以鼻，着装依旧随意，站无站相，坐无坐相，在这样的氛围中，培训后也是很难达到良好的培训效果。

学习型组织在培训落地转化方面普遍做得比较好，因为上至领导，下至员工，都养成了积极学习且乐于将所学运用到工作的氛围，那在这样的氛围中，落地转化的动力更足。比如，我服务的一家单位，他们非常重视内训师，明确规定所有的管理者必须能讲课，而且讲课要达到多少积分才有资格晋升。

2. 实践落地

"纸上得来终觉浅，绝知此事要躬行"，实践机会的提供是培训落地转化的重要媒介。如果培训结束后，员工回到工作中却发现没有适当的场合或项目来实践他们的新技能，那么这些知识就会很快被搁置。实践机会、实践频率、实践难度这三个因素会直接影响到培训的落地转化。

（1）实践的机会

比如，学员在学习新媒体营销之后，如果他们有机会参与接待公司的新媒体营销项目，这样的实践对于加深理解和巩固培训知识将是极为有益的。

（2）实践的频率

频繁的练习是技能掌握的关键。比如微笑的练习，培训师可能会在课堂上教授正确的微笑方式，但只有通过持续练习，这种微笑才能变得更加自然和真诚。我曾在一家五星级酒店工作，那里每天都会进行微笑训练，无论是早上还是晚上的会议，微笑练习都是必不可少的一环。随着时间的积累，微笑将变得更加自然。

（3）实践的难度

如果学员面临的实践机会难度很小，那么培训落地转化的收益就越小；如果学员面临的实践机会难度很大，那么落地转化的收益就会越大，因为越是有难度的实践，越能磨炼一个人。

3. 检查跟进

培训过程中的检查和跟进作为一种重要的后续支持，有助于确保培训成果的有效转化。缺乏有效的跟进和反馈机制，学员可能在尝试应用新技能时遇到困难，而感到挫败，甚至放弃继续尝试。好比会议政策的落实一样，没有人跟进，时间一长，就会出现不了了之的情况发生。

4. 自然遗忘

培训结束后，自然遗忘的心理现象对于培训成果的长期保持是一个不可忽视的挑战。根据遗忘规律，所学习的知识在 3 天后忘记至少 50%，7 天后忘记 70%，到 14 天后几乎忘记得差不多了。培训所学的知识内容都忘记的话，自然也就不会去实践应用了。

5. 惯性思维

惯性思维也是影响培训效果转化的重要障碍之一。员工可能由于长时间的工作习惯而形成了一套固定的工作方式和思维模式，当面对新知识和新技能时，他们可能会因为不习惯或不愿意改变而抗拒应用。这种惯性思维阻碍了新知识的接受和应用，导致培训效果无法有效转化为工作实践。

比如，礼仪培训讲了微笑的内容后，对于那些板着脸孔已经很多年的人来说，虽然懂得了如何微笑，可就是这个很简单的表情也很难完成，并不是因为简短的几个小时的礼仪培训后就能立即改变。改变需要一个过程。就如急刹车也需要滑行一段距离后才能停下，培训也是一样，并不因为今天培训后，明天就可以立即见到效果了。学习是个循序渐进的过程，所带来的影响也是潜移默化的。

通过对以上五个关键因素的深入分析我们可以看到，培训落地转化的过程充满挑战，需要培训师、组织和员工共同努力。培训师要设计富有吸引力且与实际工作紧密相关的培训内容，组织需要营造一个支持学习和尝试的文化环境，提供足够的实践机会和有效的跟进反馈机制，而员工则需积极参与培训和后续的实践，努力克服自然遗忘和惯性思维的影响。只有这样，培训才能真正有效果。

二、训后落地转化的六大技巧

训后的落地转化是培训的重要流程，一般有如下六大技巧：

1. 总结及成果汇报

复盘总结是促进培训落地转化的首要步骤。通过对培训过程和内容的回顾，可以帮助学员巩固所学，并在实际工作中更好地应用。

（1）培训心得

每次培训结束后，要求学员在 3 至 7 天内写下他们的学习心得。这不仅是对于所学内容的总结，更重要的是让他们反思这些知识和技能如何与自己的工作实践相结合。

至于培训心得的具体格式，没有谁规定一定要全部是整版的文字，可以用多种形式来呈现，鼓励学员多创新，比如可以用卡通、绘图、思维导图等形式来呈现，甚至还可以通过录制一段视频的形式，不拘泥于形式。只有这样才能让学员们积极参与进来，才能让他们去总结自己的所学所得。

（2）学习成果汇报

在培训的一周或一个月后，组织一个学习成果的汇报会。这个环节可以是小组讨论，也可以是个人汇报。重点是让学员们分享自己在实际工作中应用所学知识的经历，比如哪里顺利，哪里遇到挑战，以及如何克服这些挑战。这种互动不仅加深了学员对知识的理解，还激发了他们之间的学习热情。

我们之前做一个管理人才培养的项目，一共是三次培训，每次 3 天，培训结束后 1 个月内要求大家来做学习汇报，当时还请了专业的技术人员做现场直播，邀请了各级领导、专家做评委，最后根据提交的学习成果、现场汇报得分评选出优秀学员。

2. 考核

通过有效的考核机制，可以激励参训者将所学知识应用到实际工作中，同时也为培训师提供了反馈，帮助他们评估培训效果。

（1）笔试考核

培训结束后，可以在当天，也可以在训后的一定周期内举办笔试考核，考核主要是围绕培训的内容进行展开。

通过笔试考核，帮助学员检验自己对课程内容的理解有多深，以及是否能够熟练运用。题目会紧贴实际，借助案例分析或解决具体问题的方式，看大家能否将学过的理论知识应用到解决真实工作问题上。比如，在学习了领导力课程之后，我们可能会出一些模拟工作中遇到的问题，让大家尝试用课上学到的领导原则去书面解答，展示自己如何运用所学知识解决问题。

（2）面试考核

除了笔试之外，面试也是一个很实用的落地转化的方法，能让我们更直接地看到大家如何把学到的东西用在实际工作中。这种测试方式既灵活又有趣，通过创造接近真实工作的挑战场景，让大家有机会现场展示如何用所学来解决问题。比如，在学完销售策略的课程后，我们可能会设置一些角色扮演的环节，模拟跟各种客户的对话，让大家练习怎样用新学的销售技巧去达到销售的目标。

3. 打卡

打卡是将训后的练习用训练营形式，通过线上平台督促学员每天落地行动，从而达到落地转化的一种方法。

（1）打卡对落地转化的好处

通过我们多年的项目实践发现，打卡在落地转化方面是一个非常不错的工具。我们可以通过打卡的形式来使得培训转化效果最大化。

①打卡成本非常小

这些年，我们已经成功实施了上百期打卡，几乎是零成本。现在打卡工具非常多，根本不需要采购，直接可以免费使用。

②打卡把单调的行动具体化、呈现化

在打卡的过程中，行动可以非常的具体。比如每天看多少页书；每天朗读多少分钟；每天走多少步等。

通过打卡，每个人的成长不再默默无闻，而是完全显露出来。比如每天的阅读，通过输出文字总结；每天跑步有跑步记录截图；每天的写作有具体的文章截图，而这些大家都可以看到。

③打卡最易塑造良好融洽的执行文化

所有人都在一个系统里打卡，每个人完成打卡后要分享到打卡群，那么整体执行的文化就形成了。在这种环境下，人有时想偷懒都觉得不好意思。个体的执行往往缺乏动力，一群人的执行更容易形成"你追我赶"的氛围。

（2）如何做好训后打卡

在培训的实施过程中，到底应该怎样用打卡这种方式来做好训后的落地工作呢？

①设定好打卡目标

每个培训都要有自己的目标，而打卡的目标就是要达成培训所要完成的目标，因为打卡是培训落地执行的工具手段。比如学了新媒体营销后，要求大家在为期 3 个月的落地执行中，需要完成 6 本新媒体营销书籍的阅读；完成 30 本相应新媒体营销书籍的听书任务；完成 30 篇相应的新媒体营销文案；粉丝增加 1000 人等。

②组建打卡项目组

打卡项目组在很大程度上决定了打卡的成败，所以打卡最好由如下三类人组成：

a. 领导。项目组最好有领导参与，有了领导参与更能调动起大家的参与积极性。

b. 培训师。培训师代表的是专业，可以在开营、结营仪式讲话，日常做一些点评等。

c. 人资部门。人力资源是培训的组织实施部门，所以需要安排人对日常的打卡进行服务。比如打卡考勤登记、督促打卡、督促任务落地等。

③设定好打卡的具体任务和规则

a. 打卡任务。每一期打卡设为 21 天，每期打卡要设有必完成任务 + 自定任务，甚至还可以考虑设立挑战任务。每期的任务一定要量化，要具体。比如我自己定的打卡任务就是每天朗读 10 分钟。

b. 打卡规则。规则是确保打卡有序运行的根本所在。比如打卡的格式、补打卡的规则等。我们为了增强打卡的趣味性，还设置了故事接龙、打卡翻牌等有趣好玩的环节，而这些玩法都有具体的规则。

④营造出仪式感

每期打卡我们都会举行开营结营仪式，在仪式上会有热情澎湃的讲话和打卡考勤统计表的公布，也会有各类不同的奖项颁发，还有每期任务的公示及自我宣言等，正所谓口说无凭，文字见证。通过网络打卡本身就缺乏一种氛围，所以我们需要营造满满的仪式感，让每个人都爱上打卡，喜欢打卡，对每期打卡都充满了期待。

打卡是成本最低的一种培训落地的手段。通过打卡，让落地执行有了最起码的保障，在这样一个组织中，让每个人的执行都看得见，让每个人的付出都能得到及时反馈。通过任务的分解，使得培训落地更具体化。人总是被任务、问题推着往前走，当你遇到培训落地无解时，打卡可以成为一种可能。别再怨没人、没经费、没政策了，正是因为没有，才有了你的价值所在。

4. 提供实践机会

为了使培训内容能够更好地转化为实践能力，提供实际操作的机会至关重要。我们通过让参训者亲身参与到精心设计的实操项目和比赛中来加强他们的动手能力和实际应用意识。

（1）实操项目

实际操作项目是将所学知识应用到实践中的有效方法。我们会将参训者放在接近真实的工作情境中，让他们用新学的技能去完成一个具体的任务。比如，在完成软件开发课程后，参训者将会运用他们刚刚学到的编程知识参与一个小型的软件开发项目。通过实际动手完成项目，参训者不仅能更深入地理解课程内容，还能提升他们解决问题的能力，让理论学习转化为实践经验。

（2）比赛评选

为了提高学习的趣味性和参训者的参与热情，我们还会举办各种与培训内容相关的竞赛活动。这些比赛可能是围绕销售技巧、项目管理案例分析等主题展开，旨在通过竞争来激励参训者的学习兴趣。参训者不仅有机会将所学应用于实际，还能在比赛中成长和学习。通过这样的活动，我们不只是检验培训效果，更通过实战训练让参训者深化对课程内容的理解和应用。

通过这样的实操项目和比赛评选环节，我们的目标是让培训不止停留于理论层面，而是通过实践学习让每个参与者都能真正将所掌握的技能应用于工作，从而提升个人能力，促进专业成长。

5. 持续学习

为了确保培训落地转化，使得效果能持久并深入人心，建立一个持续学习的机制非常关键。这不仅涉及为学员提供一套系统化的学习途径，还包括提供丰富的学习资源。

（1）在线学习平台

一个高效的做法是建立一个在线学习平台或是一个资源库，专门为参训者设计。在这里，他们可以找到各种学习材料，包括但不限于教程、视频讲座等，这些都是为了让参训者在培训结束后，可以继续自我学习和提升。举个例子，我们可以为"ITTA 国际企业培训师训练营"学员提供在线学习社群，每天分享培训成长语录，定期分享培训师成长专业文章、视频，定期组织大家参与不同主题的21

天打卡学习等。这样他们不仅可以随时复习之前的培训内容，还能学习到更全面的培训师技能和知识，助力他们的职业成长和个人发展。

（2）多样化的学习活动

除了通过在线平台自学以外，我们还可以组织各种形式的学习活动，比如读书会、研讨会等，这为参训者提供了更多样化的持续学习机会。这些活动的设立旨在帮助参训者扩展知识视野，同时还提供了一个与他人交流分享经验的平台，通过互相学习和讨论，促使每位参训者都能得到成长和进步。

单次培训很难达到长效的教育目的，因此我们特别注重培训结束后的持续支持。通过建立在线学习平台，参训者可以按照自己的节奏和需要来选择学习内容，无论是回顾旧知识还是探索新的领域都十分方便。同时，鼓励学员参与多种形式的学习活动中，无论是通过读书会深入某一主题，还是在研讨会中与同行交流想法，都能有效促进学习和进步。

6. 配套政策

为了进一步确保培训成果能够有效地转化并应用于实际工作之中，制定和实施一系列配套政策显得尤为重要。这些政策主要包括激励学员实践应用和规范学员行为的惩罚制度。

（1）奖励制度

奖励制度的设计，旨在通过物质或精神奖励的方式表彰那些在培训后能够出色地应用所学知识和技能的学员。比如，对于表现出色的学员，我们不仅可以提供更多的培训机会、技能提升计划，还可以通过奖金、认证证书等多种方式作为奖励。这样的奖励机制不仅可以激发学员的学习热情，促使他们更积极地参与到培训活动中，更重要的是可以鼓励他们将新学的知识和技巧应用于日常工作之中，从而提高工作效率和质量。

（2）惩罚制度

尽管惩罚制度并不是激发学习动力的首选方法，但在特定情境下合理运用能保证培训计划的执行力度和提高培训成果的落地率。对于那些在培训结束后，未能将所获得的知识和技能有效应用到工作中，或实践应用效果不佳的学员，根据具体情况可采取一定的惩罚措施，这些措施可以在一定程度上促进学员更加重视培训内容，并鼓励他们努力将学到的知识运用到实际工作之中。

策略的实施旨在建立一个积极向上、鼓励创新和实践应用的企业文化环境。

奖励制度通过正面激励让学员明白，他们的努力和进步不仅能得到认可，还会带来实质性的好处，从而增强他们的学习动力和参与度。而适当的惩罚措施，则是为了让每个人都能清楚地认识到，培训不仅是一种提升机会，同时也是一种责任。通过制度的约束，让学员明白将学到的技能有效运用到工作中的重要性。

三、培训成果转化案例分析

培训结束才是培训的开始，可很多企业的培训结束后就真的结束了，没有了下文。训后没有配套落地的执行方案，其培训基本上就算是打水漂了。正因为如此，企业越来越关注后续的培训落地执行。

1. 管理人员培训落地转化方法

结合我们为某央企集团制定的管理人才培养方案，现分享该项目的落地执行方案。

◎案例

在为了更好的促使管理干部将所学融会贯通，帮助学员们成长，特此提出如下落地执行方案。

一、培训考核

考核旨意为了帮助参训人员回顾总结，成绩不对外公布，不做奖惩，考核成绩及答题试卷记录进入参训人员培训档案。

1. 考核类型：

（1）笔试考核：××年××月针对全体参训人员组织45分钟笔试。

（2）面试考核：××年××月抽50%的参训人员进行面对面考核。

2. 考核内容：培训所讲知识点

二、落地执行具体措施

1. 课程两次开发。每次课程结束后，要求每位参训人员对老师所讲的内容进行二次开发总结，并结合自身工作情况以视频或音频形式进行讲解。

（1）完成时间：每次训后1个月内。

（2）呈现载体：将音频或视频上传至公司指定网站平台。

（3）要求标准：至少15分钟内容，要结合培训所讲的内容。

2. 制作行动计划。每次培训结束前制作具体的行动计划，计划里有具体的完成时间及完成标准，项目小组将在学习微信群里及时公布各参训人员的行动计划进度。

3. 自学配套管理书籍。本项目为每人配备 4 本管理书籍，要求每次培训后阅读，在下一次培训上课时，每次抽两人来分享书籍内容及心得。每人 10 分钟的分享时间。

4. 学习心得。每次培训结束后 5 个工作日内提交当次的培训心得。

管理人员的培养是一个系统复杂的工程，需要持续培养，并辅之以好的落地方法，才能让效果最大化，切忌只做几天的培训，这样很难达到预期的效果。

2. 服务礼仪培训落地转化方法

服务礼仪的规范与否反映了一个公司的整体素质，良好的服务礼仪规范为公司的发展插上双翼，推动公司的发展。我们在重视服务礼仪培训的同时，更应该把握好培训之后的转化工作，使所学的服务礼仪能成为员工的日常习惯。

结合我们为某人力资源公司的礼仪培训情况，在训后落地转化方面提出了如下四个策略：

（1）善于利用早会

很多公司都会开早会，特别是销售型的公司。很多时候，早会流于一种形式。为了能够把早会这宝贵的时间利用起来，可以在早会时彼此检查着装、形象，并相互握手问好，最后选择一位最得体的人进行服务礼仪的分享，告诉大家如何从细节着手，早会主持人也可以对服务礼仪进行一个点评。

（2）营造服务礼仪氛围

一个良好的氛围会使员工无意识着重服务礼仪，比如早上踏入公司的大门同事就亲切微笑地向你说声："早上好"。相信你会也会报之以微笑。氛围是可以感染每个人的，也会潜移默化的影响一个人。在公司的文化墙或走廊贴上一些卡通的服务礼仪常用标语、微笑的图标、握手的姿势、标准的着装、服务用语等，让公司处于一种良好的服务礼仪氛围中。

（3）评选微笑大使或形象代言人

培训完后，可以每月评选一位服务礼仪最到位的人作为公司的微笑大使，并享受一定的物质奖励。针对连续一年表现出色的人可以聘选为公司的形象代言人，把形象代言人的标志印制在公司对外的宣传广告中。这样也是确定榜样的作用，让更多人向服务礼仪表现优秀的人学习，并通过这样的评选活动使大家积极参与进来，在参与的过程中，无形中就加深了对服务礼仪知识的理解。

（4）服务技能大赛

每个部门工作性质不一样，可以先由每个部门选出一个服务礼仪表现最规范的人来参加公司统一组织的服务技能大赛。销售部门可以演示拜访客户时的服务礼仪规范，前台可以演示接待客户的服务礼仪规范，人力资源部可以演示进行招聘时的服务礼仪规范。在这样的过程中，既丰富了公司的文化，调动了公司的氛围，加强公司的团队建设，同时也进一步使员工把所学的服务礼仪运用到日常工作中来。

落地转化是培训调研、培训计划制作、课程研发、培训授课等培训流程中最后一项，也直接影响到培训效果的好坏，更直接影响到培训师的个人口碑。只有重视培训落地转化，前面所付出的所有工作才有意义，否则就会导致竹篮打水一场空。重视培训落地转化，才能让培训师的价值真正呈现出来，才能真正赋能到学员。

第六章　实战技巧

在培训领域的实战中，掌握有效的技巧是培训师脱颖而出的关键。本章将深入探讨一系列实用且关键的实战技巧，涵盖线上训练营操作、线上案例研讨会组织、课件整合、大道理讲授、特色奖品运用及年度工作计划制订等方面。

这些技巧旨在帮助培训师提升培训效果、增强学员参与度、打造个人品牌及实现可持续发展。无论是应对线上学习的挑战，还是优化授课内容与方式，抑或是规划职业发展路径，都为培训师提供了切实可行的方法和思路。

第一节　线上训练营操作指南

在当今这个信息爆炸的时代，线上学习逐渐从一种辅助教育手段成长为主流的学习方式之一。尽管线上学习在某些方面提供了便利，但它也伴随着诸多挑战和痛点，尤其是在企业培训领域中更是如此。随着学习者对效果和体验的要求日益提高，这些挑战成了迫切需要解决的问题。

一方面，线上培训缺乏面对面互动所营造出的学习氛围，这对于保持学习者的参与度和动力至关重要。参与者往往在虚拟的环境中感到孤立，这不利于形成有效的学习社群。此外，互动性弱是另一个被广泛诟病的问题。在传统的线下培训中，及时的反馈和讨论能够极大地增强学习体验，而这一点在许多线上平台中难以实现。

另一方面，尽管市面上不乏涵盖了大量课程内容的线上学习平台，但很多平台面临着低活跃度、低续费率及平平的学习效果等问题。这不仅反映了平台本身在设计和运营上的不足，也揭示了一个更深层次的问题，即企业培训并非所有员工都视为刚性需求，这导致即使企业付费购买了课程，最终的参与度和效果仍旧不佳。

面对这样的情况，培训人只能在线下培训遇到限制时，转而寻求线上培训的新出路。在这个过程中，行业慢慢发现提升课程互动性、专注于培训效果可能是破解困局的关键。于是，线上训练营应运而生，它旨在通过更有针对性和定制化的课程设计，创造出更为互动和沉浸式的学习环境，从而克服了传统线上学习平台所面临的问题。

线上训练营作为一种创新的线上培训模式，不仅为企业提供了一个解决员工培训需求的有效途径，而且在提升学习效率和效果方面展现出巨大的潜力和价值。

那么，线上训练营到底该怎么做呢？结合我们自身的经验来看，可以从开营前、开营学习、训练营结束三个方面展开。

一、开营前

开营前的工作非常重要，直接影响到开营，其主要工作有：

1. 规则流程设定

如果单纯地认为线上训练营就是在线上开课，然后再增加一个开营结营仪式就完事的话，那就大错特错了。可很遗憾，很多企业的线上训练营就是这样来开展的，最终效果不言而喻，然后企业就得出一个结论："线上培训没用，员工不喜欢参加培训。"

有的培训组织者、培训师也会说，我亲自实践了的，效果不好，难道实践还不是最有力的证明吗？不容置辩，有的确实效果不理想，但并不代表就能全盘否定线上培训。打个很浅显的比方，你自己切菜切不好，不能怪菜刀。可是我们很多人习惯了找个替罪羊，都不愿意来面对自身能力不足的问题。

要想办好线上训练营，我们需要先明白，什么才是线上训练营。

所谓线上训练营，就是涵盖了线上培训、作业任务、互动答疑、配套工具资料，并有配套规则保障，有专人跟进。

规则是线上训练营的保障机制，倘若缺乏了这一点，培训效果就很难达成预期。我们不能说有了规则培训效果就百分百满意，但效果至少比毫无规则的训练营要好很多。

比如我们"培训师实战训练营"设计的规则是：

◎案例

一、三大学习任务

任务一：30 门微课学习（必修）——11 月 30 日前完成

完成 30 门课程的学习，并要求每门课程听完后做 100 字文字总结或一分钟左右音频总结。

任务二：课程作业（选修）——11月30日前完成

1. 从《商道》电视剧里任意剪辑两段视频。

2. 给自己的课程设计一张电子海报。

3. 搜集两个关于职场沟通、幽默的故事。

4. 录制一个自己课程开场技巧的音频（5分钟内）。

5. 录制一个讲企业文化、产品知识类课程的音频或视频（5分钟内）。

6. 录制一个含有幽默的课程音频或视频（5分钟内）。

7. 设计一份针对自己课程的培训需求问卷。

任务三：毕业提交成果（选修）——最迟12月15日前提交

1. 提交一份课程大纲（跟微课对应）。

2. 提交一份PPT课件（跟微课对应）。

3. 录一门30分钟的微课（每节微课5至10分钟）。会上传到讲师赋能课堂，供大家学习，也可以设置成收费课程。

二、证书颁发

1. 完成任务一者可以获得"培训师实战训练营"结业证书，此为电子版证书。

2. 完成以上三项任务者，可以获得由"人才培养师"实体证书，并邮寄到家。

三、学习形式、作业提交形式

1. 任务一学习请自行到荔枝微课学习，并在打卡小程序进行打卡总结。

2. 任务二请自行将作业发送到打卡小程序，并抄送一份发送到邮箱，需要备注姓名。我会结合大家的作业进行点评建议。

3. 任务三请按顺序逐步将三项作业提交到邮箱，我会逐一来看，通过后再提交下一项成果。

4. 每天我会给大家进行课程的导学，并发到群里来。

5. 每5天我们进行一次学习经验交流。

6. 大家学习上的疑问可以随时发到群里，我会抽时间进行解答。

7. 学习进度可以自行把控，我会按照每天进行一门课程导学的形式分享到群里，以便大家更好的学习。

以上只是涵盖了部分培训规则，根据每个学习项目的内容，每个单位的实际情况，设定的规则肯定也是各有差异，有的甚至需要跟绩效、培训积分进行挂钩。

除此之外，还需要做一份详细的学习操作说明书，让每个参训人员很清晰地知道学习的步骤，尤其是线上平台，每个人对线上学习熟悉程度不一，倘若不制定出详细的规则，就很有可能导致有的学员连学习的入口都找不到。

2. 服务团队组建

服务团队是线上训练营落地的关键，没有人去跟进，再好的规则也如同摆设。考虑到线上培训的特点，往往技术问题最易发生，所以需要有技术人员加入其中，让其成为技术支持，万一遇到技术问题可以及时解决。

除了技术人员，还需要有主持人、班主任、教练等角色，主持人在开营、结营时可以发挥很好的作用。班主任则是要全程监管督促各项作业任务完成情况。教练则负责对学员的问题进行答疑，往往教练由培训师来担任。

服务团队组建时，尽量让学员都参与进来，比如，我们可以选出班长、学习委员及各个学习组的组长，让班长、学习委员、组长加入整个服务团队，为整个学员做服务工作。若训练营没有其他服务人员，则由培训师自行组织，甚至班主任都可以由班长进行兼任。

3. 准备好开营所需资料

为了确保线上训练营的成功举办与流畅运行，精心的前期准备不可或缺。俗话说"兵马未动，粮草先行"，充足的准备是成功的一半。接下来将详细介绍一些关键的准备步骤和材料，以便能够顺利启动线上训练营。

（1）设计出精美的开营宣传图

宣传图是吸引学员的第一步。一个印象深刻的开营宣传图应包含两个核心要素：训练营主题和开营时间。训练营主题应放在图片的中央位置，使用大号字体，确保一眼可见。开营时间则应清晰标注，日期后面可以用括号形式附上具体的星期几，以便学员记忆。

创作宣传图可以利用多种方式实现。在线图片设计平台提供了丰富的模板和工具，即便是设计新手也能轻松定制符合需求的宣传图。若追求更高级的定制化设计，招募专业设计师将是一个不错的选择。没有设计师资源时，可以尝试利用淘宝等电商平台寻找提供个性化设计服务的店铺，或寻求有设计背景的朋友协助。

（2）制作完备的开营 PPT 课件和话术

一个专业的开营 PPT 课件和恰当的互动话术能够有效提升训练营的专业性和互动性。为了避免开营时的临场混乱，培训师应当提前准备这些材料，从而确保活动能够顺利进行。

开营 PPT 课件应该包含训练营的整体介绍、活动流程、参与规则及任何其他相关信息，方便学员快速融入活动节奏。此外，培训师还需准备相关话术，确保能够在开营时准确传达信息和指导操作，无论是通过视频直播、群内语音或是纯文字形式，妥善的话术都是确保开营成功的关键。

（3）准备好辅助电子资料

在训练营期间，学员可能需要通过额外的电子资料进行辅助学习。这些资料应涵盖训练营的相关知识点和活动资料，提前准备好后，可在开营时迅速通过学习群等渠道发送给学员，确保每位学员都能及时获取。

激励和奖励机制也是鼓励学员踊跃参与的重要手段。如果宣传中承诺了奖励，那么相关的电子资料和信息也需要准备在先，以便在合适的时机派送给学员，激发他们的学习热情。

统筹上述准备工作，培训师不仅能够确保线上训练营的举办效果，还能显著提升训练营对学员的吸引力。开营前的细致准备是策划成功线上训练营的重要环节，也是提高学员满意度的关键所在。

二、开营学习

线上培训只是单纯让学员听课，就好比炒菜不放油、不放盐，这样的菜自然是没人想吃，除非是饿得前胸贴后背。在现实中，学员对培训的需求度还远远没达到饥不择食的程度。正因为如此，我们才需要为线上学习配上足够的调料品，使其变成美味佳肴。

1. 开营仪式

开营仪式在整个线上训练营中占据着至关重要的地位，其重要性不亚于线下培训班的开班典礼。为什么我们要特别重视开营仪式？因为线上学习所缺乏的面对面交流氛围，需要我们通过其他途径去弥补。一个良好的开营仪式能够成功地为学员营造一个积极的学习环境，极大提升学习的积极性和有效性。

（1）开营宣传通知

良好的沟通可以增强学员们对开营时间的认识，从而提高参与度。假设我们计划在 20：00 开始开营，那么我们可以提前两天在学员群里发布宣传通知。在开营前的当天，比如在中午及晚上六七点，可以再次发送提醒信息。为了确保信息的覆盖，可以采取接龙的方式，要求学员们收到消息后回复以确认。对于未能收到通知的学员，需要班主任进行跟进和提醒，以免关键的参与者错过开营，影响训练营的整体效果。

（2）开营具体流程

a. 开营热场。热场活动对于拉近来自全国各地且彼此陌生的在线学员关系至关重要。通过以下几种方法，我们可以有效地为开营营造热烈氛围：

首先，我们可以组织一些在线游戏。通过游戏活动，可以有效地调动学员的情绪，让他们的注意力集中到即将开始的学习当中。网上有大量的适合线上学习的游戏资源可供选择和参考。

其次，红包抢夺也是一个简单而有效的手段。发放红包不仅能吸引学员的兴趣，也能迅速提升参与者的活跃度。

再次，在热场环节中，我们可以通过训练营主持人的幽默风趣来为学员做介绍。主持人通常可以是培训师自己，或者是其他具备相应才能的人选。在介绍中，除了幽默感，还应包含诸如感谢等正面的情感表达，来表明对学员参与的感激之情。

b. 学员自我介绍。完成热场后，让学员进行自我介绍是下一个环节。这一部分应根据参与人数灵活变动。如果人数众多，让每人通过语音来介绍自己可能不现实。在这种情况下，可以让学员们在学习群里通过文字形式介绍自己，并提供一个统一的模板供大家参考。对于人数较少的情况，可以要求学员们用一至两句话进行口头自我介绍，时间控制在一分钟左右，以保证流程的高效进行。自我介绍不仅能够加强学员间的认识，还有助于后期的互动与交流。

c. 训练营整体介绍。对于开营仪式来说，训练营的全面介绍非常关键。这个环节的目的是让所有参与者对以下内容了如指掌：

· 训练营的总体时间安排。

· 训练营的目的和目标。

· 课程的结构和内容。

· 实际操作和作业的安排。

· 奖惩机制。

· 学习规则。

· 作业记录和打卡的标准与平台。

通过这样的介绍，确保每一位学员对训练营的流程有一个清晰的认识，从而保障训练营的顺利进行。为了避免学员说对规则不清楚而影响到学习的参与体验，还可以通过接龙的方式来确认已经清晰整个培训流程规则。没有点确认的，则要求班主任后期跟进确认。

d. 训练营目标公示。要求每个学员公开宣布自己在训练营中的学习目标，可以增加个人的责任感和追求目标的决心。在公共场合承诺的目标往往能促使人们展现更强的承诺度。班主任可以将这些目标记录下来，以便用来激励和跟进学员的进展。这个做法能为整个开营仪式的流程画上完美的句号。

只有通过对开营仪式每一个细节的精心策划与实施，才能确保线上训练营的顺利进行并取得预期的效果。在线上教育的大潮中，开营仪式不仅是学员们初次集结的起点，也是建立良好学习氛围、激发学习动力的重要环节。只有做到这一点，我们的线上训练营才能真正走向成功，并产生持久的影响力。

2. 学习跟进

在线上训练营的实施中，学习跟进显得至关重要。与线下课程不同，线上训练营中老师难以像线下那样随时监督学员，因此学员自律性的提高尤为关键。线上课程的灵活性使得学员可以选择任何适合自己的时间进行学习，这虽然增加了方便性，但同时也可能导致学员进度滞后或放松自我管理。因此，有效的学习跟进措施能够确保学员按时完成学习任务，避免进度滞后的可能性。

（1）了解进度

班主任应当利用线上平台后台数据，及时了解并监控学员的学习进度，这是确保有效跟进的第一步。通过精确的数据分析，班主任可以在必要的时候提供针对性的帮助和引导。

（2）两种学习提醒方式

a. 系统提醒。我们可以在学习平台上设立自动学习提醒。比如，如果有学员在20:00之前尚未打卡学习，系统会自动向他们发送提醒消息。

b. 人工提醒。班主任也可以在21:30或22:00左右进行手动提醒，尤其在开营初期，频繁的提醒对于建立学习习惯特别有效。随着课程的推进，提醒的频率可以适当降低，比如两到三天提醒一次，以避免过多的打扰，同时也鼓励学员发展自律性。

如果线上训练营中已经组建了小组，那么也可以委托小组长来执行这些提醒任务，通过小组内部的互助与监督来增强跟进效果。

（3）公布学习进度

定期在学员群中发布学习进度的排行榜，这能够创造一种健康的竞争环境，促使学员主动提高自己的排名。另外一种方法是通过接龙的形式让学员们报告自己的学习进度。比如，在线上训练营进行到第五天时，让学员分享自己的学习收获，并且附上一句勉励自己的话。这种方法能够增强参与感，同时督促那些尚未完成任务的学员尽快行动起来，因为没有人愿意落后于他人。

（4）每日学习提示语

我们可以为每天准备不同的学习提示语。结合当日课程内容，每天更新一条提示消息，比如"今日提示：训练营已经进入第二天，我们的倒计时只剩下19天啦。抓紧每一分每一秒，不负这段宝贵的学习时光"。这种提示不仅能够为日常学习带来新的启发，还能给学员营造一种时间紧迫感，激励他们更加珍惜并充分利用训练营的宝贵时间。

通过上述学习跟进的方法，我们能够更加有效地维护在线训练营的学习秩序，确保学员按计划进行学习并最终达成课程目标。无论是自动提醒还是定期更新学习进度，都是鼓励学习者积极参与的有效策略。在这个过程中，学员们不仅会得到知识上的提升，更会在自律与时间管理方面获得显著进步。

3. 学习氛围打造

对于任何形式的学习环境来说，营造一个积极的学习氛围是极其重要的。在线上训练营中，这一点尤为关键，因为缺乏面对面的互动和直接的监督，可能会降低学习的积极性和参与度。但是，通过科学而周到的策略，我们仍然可以在这个虚拟的环境中培养出几乎与现实教室相匹配的学习体验和热情。

（1）翻牌点评

每日指定一名"值日生"对前一天所有参与打卡学习的学员随机选择两三人进行点评。形式多样：可以是制作 PPT 后截图发至群内、手写评语后拍照分享，甚至创建视频内容上传。如果是采用文字形式，建议评语不少于 100 字。点评时，应 @ 被点评者，以引起其注意。

翻牌点评不仅是一种反馈机制，也是学员之间互动的桥梁。这种机制的设计心理基础是人们天生渴望得到关注和认可。当一位学员被选中进行点评时，这种被看见的感觉可以极大地提高其参与感和归属感。为了使点评更有效，值日生可以采用多媒体手段进行创意展示，比如加入轻松幽默的元素、结合课程内容做出富有启发性的点评。这种策略不仅增加了学习的趣味性，还可以激发学员之间的正向竞争，鼓励他们在知识探索的过程中相互学习、相互促进。

（2）学习记录分享

鼓励学员在每次打卡后，将学习记录分享至群内。这不仅能够加强学习氛围，同时也能起到相互激励的作用。尤其当看到其他学员不论多晚都坚持学习，分享自己的学习记录时，会激起那些想要放弃的学员的斗志，让他们明白自己并不孤单。

这种机制背后的原理是人们往往会受到周围的行为模式的影响，通过建立一个积极分享和支持的社区环境，每个成员都可以成为激励他人的源泉，共同构建一个积极的学习氛围。此外，班主任和教师可以定期将一些特别优秀或有趣的学习记录进行汇总，发布在群内，以表彰和鼓励积极参与的优秀表现，进一步加强这种正向反馈循环。

（3）点赞互动

积极推动学员间的点赞互动，无论是班主任还是学员，通过点赞和互动，学员之间可以建立起更紧密的联系，为彼此提供支持和鼓励。每一次点赞都是一次简单却有力的正向反馈，能够让学员感受到自己的努力被认可和尊重。为了进一步强化这一机制，可以设置"每周之星""学习小达人"等荣誉称号，授予积极互动、勤奋学习的学员。

（4）定期总结

如果训练营周期为30天，则可以每十天组织一次总结会议，让学员们分享自己在过去十天里的学习收获和心得。这不仅促使学员进行自我反思，还能激发其他学员的学习热情。那些因工作繁忙而略显落后的学员，通过听取他人的学习总结，往往能够收获新的动力，进而在接下来的日子里更加努力地跟上进度。

这种定期的自我反思和交流是深化理解、巩固知识的有效方式，同时也增强了学员作为团体一分子的身份感。

（5）优秀作业推荐

及时分享和点评优秀作业对于提升学习兴趣和效果极为重要。培训师定期选取高质量的作业，并在群内分享点评，不仅为其他学员提供了学习的参考和激励，也为写作业的学员带来一种荣誉感，鼓励其继续保持高水平的学习状态。这种途径通过树立学习榜样，增强了学习社区的正向激励和竞争氛围。

此外，通过优秀作业的分享，学员可以具体了解优秀作业的特点，从而在未来的作业中尝试采用类似的方法或策略，以提升自己的学习成果。培训师和班主任在点评优秀作业时，要注重引导而非仅仅评价，应使每次点评都成为一次全员学习的机会。

有效的学习氛围不仅能激发学员的积极性，还能促进知识的深入学习和技能的有效掌握，从而实现线上训练营的教学目标。我们必须不断创新和实践，通过各种策略和方法，营造一个积极、健康、竞争与合作共存的学习环境，以便在虚拟的线上学习世界中，为学员创造近乎实体教室的学习体验。

三、训练营结束

训练营的结束标志着一个阶段的完成，应当精心策划，以保证训练营始终流畅、有序，并给学员留下深刻印象。我们如何优雅而有力地结束这段旅程，让其不只是一个简单的告别，而是向前迈进的新起点，这是一个值得深思的问题。

1. 结营准备工作

结营的准备工作不亚于开营，需要细致的计划和周全的安排，以确保训练营的圆满结束，为参与者提供一个总结和回顾学习成果的机会。

（1）数据汇总与分析

首先，我们需要对训练营期间的各项数据进行详尽的汇总。

比如，在一个30天的训练营中，我们需要统计参与者的活跃度、完成任务的比例、作业提交的情况等。这些数据是评估训练营效果的指标，也是颁奖时决定奖项归属的基础。我们可以将数据分为几个部分：打卡频次（是否每天都参与了学习）、互动活跃度（点赞、评论次数）、个人及小组的绩效排名等。准确的数据汇总便于我们撰写详尽的结营报告，为后续的活动提供参考。

（2）证书与荣誉设计

在汇总完数据后，我们可以基于这些信息确定表现突出的学员，并为他们准备电子证书和荣誉奖项。这一步骤不仅肯定了学员的努力和成就，也增强了他们的归属感和自豪感。

线上训练营时代，电子证书的设计既环保又便于传递。我们可以利用在线设计工具制作多样化的奖项证书，比如"最佳毅力奖""学习之星奖""女神奖""男神奖"等，通过个性化称号增强学员共鸣，体现出互联网学习即时激励的优势。

（3）结营仪式背景图设计

结营仪式的视觉设计应该和开营仪式保持一致性，创造出仪式感，增强成员的参与感。需要准备主题鲜明、富有创意的宣传图片。图片内容应包含结营主题、时间及举办地点等重要信息，通常地点是线上的学习群或学习平台，方便学员及时参与。

2. 结营仪式的举办

结营仪式是对整个训练营过程的庆祝，也是对学员士气的一次提振。

（1）结营通知的宣传

通过学习群通知学员结营仪式的时间和地点，提前做好多次提醒。宣传可以采用接龙等形式，确保每个人都能接收到此消息。

（2）仪式流程的规划

结营仪式需要一套精心策划的流程：

a. 热场互动。我们可以通过发红包、游戏互动、分享有趣的图片等方式，创造轻松愉快的氛围。

b. 学员感言。让每位学员用一句话总结自己训练营的经历，这既可以采用文字的形式也可以采用语音的方式，若是线上直播也可以。

c. 训练营回顾。回顾整个训练营的过程，比如参与人数、完成挑战人数、学习成果等。突出表现的学员和那些令人印象深刻的翻牌点评也值得一提。

d. 颁奖仪式。颁奖时需要准备感人肺腑的颁奖词，表扬学员的努力和成就。若有奖金，则颁奖后及时在群内发放红包。

e. 结营寄语与通告。提醒学员后续的动作或计划，并通知他们结营后的相关事项。比如，要求在规定的时间内提交某些材料或是下一阶段的学习计划。

3. 结营后的跟进动作

（1）结营报道

通过制作一篇全面报道，综合展示训练营的全貌，包括学员的学习进度、获得的荣誉及他们的个人感悟。这不仅是对每位学员旅程的回顾，也是对外展示训练营成果与影响的有效方式。

（2）奖励的执行

应确保所有承诺的奖品和奖励都迅速准确地送达到获奖者手中。这一环节的效率直接关系到学员的满意度和训练营的整体形象。

结营并不仅仅代表着一个结束，更是新开始的预告。通过精心策划的结营仪式和后续紧密跟进的动作，不仅能够确保训练营的成果得到充分展现和认可，也能够为参与者之后的学习和成长打下坚实的基础。

在学习这件事上，市场越来越理性，至于是否是线下课程，还是线上课程，对于学员来说，不是最关键的，最核心的是能否提升技能。线上训练营通过营造仪式感，加强线上互动，学员同样可以体验到类似线下的学习氛围。正因为如此，线上训练营已经获得了越来越多企业的青睐，并逐步成为线上学习的主要模式。

作为培训师，要投入更多的心思和创意去设计课程，重视线上学习的互动性。只要我们做到这一点，就能打造出高质量的线上课程。

第二节　线上案例研讨会操作指南

多年前，为了配合"培训经理班"的开展，我们成立了一个班级服务群，主要用于进行培训实操案例讨论。当时设置了 20 个案例，要求必须参与十次案例讨论才能结业。

也就是从这一年开始，我开启了社群运营的道路。培训经理公益培训 2 班群作为讲师赋能课堂社群的前身，如今早已解散，但社群积累的运营经验一直被传承了下来。后面将这些经验用到新设立的一个学习社群中，效果还是非常不错的，两个班，共有 1.6 万多字的研讨方案，这算是创了一个不小的奇迹。

作为培训师，要想让培训更接地气，最好的方法就是进行案例学习。而案例学习，最关键的一个环节就是让学员都参与进行一起讨论。至于是线上还是线下，要结合课程的情况来，一般来说，线上案例讨论用于纯线上课程、线下课程的训后服务都是非常适合的。

结合已经举办了 500 多期的线上案例讨论经验来看，要成功组织线上案例研讨会，还是有一些方法可循的，具体如下：

1. 选好案例

案例在整个研讨会中扮演的就是中流砥柱的作用，直接决定了研讨会的成败。我们之前也遇到过各类案例研讨冷场的情况，那种感觉甚是尴尬，而这些失败的案例讨论都有如下几个共同的特点：

（1）难度太大

相对于社群的人来说，参与研讨此类案例需要有非常丰富的经验才能说上话，尤其是要做到高管层面才能解答。除了高度过高，还有就是专业难度大，也就是没有专业经验的人很难说上话。比如股东之间有冲突、如何在夹缝中谋发展等。

（2）范围太窄

有的案例根本讨论价值不大，因为范围太窄。比如如何拍好集体照、如何提醒甲方该支付课酬了等。

（3）太复杂

案例背景人物过多，事件太复杂，先决条件太多，这些都不利于讨论。人往往看到文字多的案例，就会觉得太复杂了，连看完案例的耐心都不一定有，更别提去参与案例讨论了。

既然失败的案例具有如上所述的特点，那么我们在选择案例时就要避免，尽量选择难度适度、范围相对宽泛、题干简单的案例。另外，为了避免麻烦，还要注意如下几个事项：

a. 负面案例最好要包装。将案例包装成其他单位的，这样对参与者来说没有压力，倘若里面指名道姓的就是公司的事情，其他人就不一定放得开，都担心给自己的人际关系造成困扰。我们目前的案例最喜欢用的就是 A 公司、某科技公司、一家建筑公司等字眼，就是为了让大家敞开心扉去沟通。

b. 案例不能涉及商业机密。比如案例中涉及商业机密，就要进行调整，否则容易造成法律上的风险。

c. 涉及人名，不能跟公司现有的人名重名。一旦重名，就会让人想当然地认为是在说他。

除此之外，案例最好从参与者中来征集，这样可以真正帮助到学员，我们只需要把案例改名，把一些事件进行修饰即可。要想有源源不断的案例，找社群中的成员来提供是最佳解决方案。

2. 组建管理服务团队

线上案例研讨会能否拥有好的氛围，还取决于管理服务团队，为了促使大家参与案例，我们想了如下的方法：

第一，组建学习团，每个学习团设立团长，由团长服务督促成员参与讨论。

第二，设立联合创始人，邀请 50 人入社群即可成为联合创始人，群的日常管理、活跃创始人也承担相应的职责，更何况这也是他们的社群，也会更上心。

第三，设立主持人，这个角色是最为关键的成员，可以说案例研讨的灵魂人物非主持人不可，由主持人负责调动氛围，及时互动。

上述这些方法都是通过实践证明，属于行之有效的操作经验，只要组建了这样的服务团队，案例研讨会的效果就能处于可控状态，退一万步来说，管理人员自己参与一下案例讨论，氛围都调动起来了。

3. 设置奖励

奖励就好比演唱会的灯光，可以活跃整个氛围，虽说不是主角，但没有奖励，效果则会大打折扣。在具体的操作上，可以设置如下几种奖励：

（1）发红包

a. 案例前发红包。在案例研讨会之前主要是发提醒几点开始案例讨论的红包，比如红包备注上写"今晚八点案例讨论"，用红包来提醒大家是最简单粗暴且行之有效的方法。

b. 案例中发红包。案例讨论正式开始后，我们一般是把案例发出来后，马上配合发一个红包，红包备注上写"欢迎参加案例讨论"或写"我要参加案例讨论"。抢了红包，一般大家至少都会说上几句话，毕竟一句话也不说只抢红包的人还是极少数。

c. 案例后发红包。针对表现好的，在群里发专属红包，红包备注上可写"案例奖励"，这种大众场合之下单独发红包，除了可以激励参与的人之外，也可以引导更多人的参与案例讨论。

（2）专项电子版资料

每次参与案例讨论的人就赠送其电子版资料，这也是较为经济实惠的一种奖励方式。比如我们最新一期的讲师赋能案例讨论，奖励的内容是"参与者可以获得【特别奖励】53 套'领导力'PPT 课件，适合绝大多数管理培训场合。"

赠送的电子资料一定要有吸引力，而要做到有吸引力，只需要做到三点即可：

第一，资料最好要跟讨论主题相关，这样就有很强的黏性，更能吸引大家参加。

第二，资料最好跟群体工作有关，只有对工作有价值的资料，能派上用场，大家才会喜欢，才愿意去为了获得该资料而参与案例。在我们之前多次案例中，有不少人就是冲着这些资料来参与案例的。

第三，要对资料进行解说或配上资料截图，让别人知道这是一个什么样的资料。之前我们没有注意到，所以发出去后感觉反应平平，当我们尝试写上一句解说语或发上资料截图后，大家参与案例的积极性就会大幅度提高。

总之，资料并非无条件给予，而是仅面向参与案例讨论的人员开放获取资格，这一设置巧妙地契合了人们"不患寡而患不均"的心理特点。若直接给大家，反而没有了吸引力，人只对通过自己努力获得的资料更感兴趣。

（3）学习名额

参与案例者可以获得相应的线上课程的学习名额，这也是一种有吸引力的奖品，至于为什么说是线上课程，那是因为这样更具有可操作性，毕竟线下培训是需要成本的。

（4）书籍

对表现特别优异的人赠送实体书籍，这是调动大家参与案例讨论积极性的常规奖品。此类奖品由于成本高，所以我们是定期对积极参与案例讨论的人赠送实体书籍。有成本的奖品，最好频率不能过高，过高则会导致运营成本高，而且大家也会司空见惯，反而没有了兴趣。

（5）特色小礼品

特色小礼品也只是针对表现优异的人，比如连续参与了多少次案例讨论，每次提交的解决方案都很上心，对工作确实很有启迪。我们目前赠送的主要是计时器或相框礼品。

4. 做好前期宣传预热

把案例当作产品，案例研讨会当作一次招商发布会，就能理解为什么要做会前宣传了。尽管只是案例研讨会，但只要足够的重视，就一定不会忽略会前的宣传预热工作了。

在我们刚开始做案例讨论时，还没做前期宣传的概念，但在实操中就会发现一个问题：由于案例临时发出来，在前期 10～15 分钟，有很多人还在思考解决方案，所以就很容易造成前期的冷场。

有的人一看到都没有发言，就把注意力放到别的地方去了。所以，我们后面进行了调整，那就是提前公布案例，但又出现一个问题，那就是有的人看到后马上进行分享，原本 20:00 的案例讨论，有很多人在这个时间前就已经参与了讨论，到了真正案例开始的时间，反而没有什么人参与。综合以上的经验，我们后面想到了两点解决办法：

第一，将案例发在朋友圈，在这样的场景下，可以确保想参与的人看到详细的案例，又不会马上参加案例讨论和提前发布解决对策。

第二，将参与案例的时间、赠送奖品、案例题目发到群里。这样做的重点是让大家知道是什么案例，参与讨论可以得到什么，然后在公告特意强调真正案例讨论的时间，大家可以先准备。

除此之外，还会把案例做成海报的形式，发到各个群里，邀请更多人参与，这样除了起到宣传的作用，还能招募更多的人入群参与案例讨论。

5. 提前找到特定人群解答

在案例研讨时，非常有必要提前找到特定人群，把详细案例发给这些人，让其提前准备好应对之策，然后到案例讨论时再把对策发出来。

这种操作方法是我们通过数次实践总结出来，也证明是行之有效的。我们去预想一下这样一个场景：

等主持人把详细的案例公布后，大家抢完红包，然后提前准备了方案的人逐步把方案发到群里，这样就给人一种很活跃的感觉，也能极大程度激发更多人的参与，等过个十来分钟，那些看到详细案例的人也开始想出了解决对策，这样就前后呼应，形成了良好的研讨氛围。

在具体找特别人群方面，也有一些小技巧，比如：

a. 把关系不错的人和有专业功底的人列为核心成员。这些人因为关系好，会义无反顾支持。

b. 把经常参与案例研讨的人组合在一起，或者纳入核心成员群。这样每次案例出来后，第一时间把详细案例发到群里，让他们提前做好准备。

往往经常参与案例的人，他们更易成为每次案例讨论的活跃分子，而那些关系不错的人，前期可能是为了照顾朋友关系，会参与案例讨论，但时间一久，就很难有保证了。

6. 主持人及时回应

每次案例研讨的灵魂人物就是主持人，所以，案例研讨会一定要选择经验丰富的人来担任，也可以由培训师来担任。

主持人在案例讨论时，要及时对每个人的分享给予回应，比如针对案例提出一些自己的想法，然后给以点赞和鼓励，总之，主持人不能带明显的立场，因为这会影响讨论的效果。

一个主持人所要做的不是提供解决方案，而是要调动起大家的参与度，及时回应，对大家的分享意见更多是持鼓励的态度，而不是偏袒一方，因为案例本身就没有标准答案。

在具体操作时，主持人可以用如下几种方法提升大家的参与度：

a. 用指定人员的形式，邀请他们来参加案例讨论。比如，我们之前习惯性分批的指定人员，第一批指定 10 个人，第二批指定 15 个人，第三批指定 15 个人，这样就有 40 个人收到了特定的邀请，就算打个一折，也能邀请到 4 个人来参与。

b. 把案例的问题拆分成小问题，向大家征求意见。有时方向太大，大家反而不知从何下手，不妨缩小问题，更利于讨论。

c. 就已经参与的人提出的解决对策，进一步继续发问。既然都参与了，再向他们提问，大概率都会回应。

d. 若活跃度不够，可以及时发个红包再活跃氛围。红包可以是发给大家的，也可以发给刚参与了讨论的人。

线上案例讨论是线下头脑风暴会在线上的延续，在实际操作中可行性更高，因为不受空间人群的限制，可以全球范围进行讨论，不受地域限制，可以公司内部、外部人员一起联动。

线上案例研讨已然成了企业管理、社群管理、培训学习最佳的辅助工具。每个培训师不是要不要去做的问题，而是要考虑如何做，怎么做好的问题。只要遵循上述提供的各种解决方案，一定可以举办出高品质的线上案例研讨会。

第三节　高效整合课件的方法

在一期美食节目中，出现了经典的一幕：

女主持人问："该放多少盐？"

嘉宾条件性地回答道："大约这么多，差不多就可以了。"

男主持看女主持一脸懵的样子，马上附和道："中餐总说适量少许。"

哪怕再优秀的大厨，在炒菜放盐时，也是完全凭借感觉，真没有几个人还拿着秤去秤了再放盐的。

炒菜放多少盐？这个问题在我小时一度让我困惑，因为没有人告诉我具体的标准，直到后面炒菜炒得多了就有了感觉。当看到讲师赋能课堂培训师社群有伙伴提了这样一个问题：

"作为一名刚入行的新人，在讲课的时候，如何串联起课件？需要把自己所有要讲的内容都写下来吗？"

看完后，我第一感觉就想到了文章开篇所提到炒菜放盐的案例，脑中第一闪现的答案便是：这个本身没有标准，完全凭感觉，把每一页PPT课件串联起来即可，这个是熟能生巧的过程。

这个想法在我脑里过了一遍后，我连自己都说服不了，看似很中庸的回答，似乎也挑不出毛病，可没有生产力的语言说了等于白说。于是趁着晚上跑步、上洗手间、刷牙、睡前的这些零碎时间，进行了一番思考后，发现在"串联课件使课程顺畅"这件事上，其实还是有章可循的。我们可以把课件整体拆解为四个环节，每个环节的操作方法各有不同，但又具有一定的共性。接下来，我们对四个环节一一进行分解。

1. 从课件首页过渡到目录页的方法

对于每一门培训课程来说，PPT的首页更多就是一个象征意义，大多数人在培训通知上、培训讲义上就知道了课程主题，更何况一进培训室就能看到PPT课件的首页。99.99%的课件首页，就是为了显示课程的主题。

课程开场的好与坏，直接决定了一堂课接下来的调性，决定了学员是否愿意来听？所以，不管三七二十一，也要拿出看家本领把开场做好。而从象征性的首页过渡到目录页，就是开场中最重要的一个环节。如何有效过渡，给学员留下好印象，调动起学员的学习兴趣，这是每一个培训师都需要面对的问题。结合这些年自己及所合作的商业讲师授课的经验来看，此环节主要有如下四种过渡方法：

（1）故事、案例引出法

比如我有一门"坚持的力量"的课程，在讲解整个课程目录之前，我会先抛出自己在莫干山开会时跑步的案例，然后引出课程的目录。用讲故事或案例的方法来引出课程，这是最能调动起学员兴趣的其中一种授课方法。

就拿"坚持的力量"这门课来举例，比如从封页过渡到目录页，我是这样来描述的：

◎案例

感谢大家的掌声，其实我是谁并不重要，重要的是我今天能给在座的每一位带来什么样的价值，我分享的这个课题是叫"坚持的力量"。在今天课程之前，先给大家分享一个小案例。

2014年，我到莫干山参加中青年改革开放论坛，当时我所参与的是"能源与环境"圆桌会议，20多个人，除了我，其他人都是清一色的北大、清华、牛津、剑桥的博士研究生，跟这样一群人参与讨论，还是颇有几分压力的，但我做了一件事，在这群人里面还是留下了很深的印象。

你们猜，会是什么事？猜中了有奖励。

这件事就是我夜跑莫干山的事情。记得那一晚，我换上跑步的行头，独自一个人在山上跑步，这在山上可谓是另一道风景。另类的我通过跑步还是给大家留下了较深的印象。因为我觉得，跑步就是一种生活方式，跟出差与否，跟天气好坏，跟心情好坏与否都没有直接关系，跑步只跟脚有关系，能落脚的地方就可以跑。而那时，我已经坚持了两年多的时间，一天也没有落下。而这样一个习惯深刻影响到我生活的方方面面，让我又养成了阅读、写作的习惯，坚持带给我实实在在的好处，给我力量。我们时常说要打造一个人的品牌、IP，我觉得跑步就是组成我品牌、IP的一部分。

请问你们是否想知道如何做才能把一件事坚持到底？想不想知道我坚持跑步背后隐藏的方法技巧？

接下来我就给大家来分享，整个课程我将从三个方面来分享，第一……

这样就完成了一次从封面到目录页的过渡，在讲案例和故事的过程中可以提问，让学员一起参与进来。至于案例和故事怎么来，最好就是讲自己亲身经历的，或者讲在书中看到的，又或者从别人口中听到的和身边发生的。

（2）痛点导入法

痛点导入法就是把学员工作生活中的痛点拿出来，最好再进行放大。说得更通俗易懂一点，就是把学员身上的"伤口"再扯开一些，然后再撒点盐，让其"痛不欲生"，再开始抛出课程的目录，也就是治疗伤口的良药。比如"坚持的力量"这门课，可以这样来讲：

◎案例

请问咱们这里有没有人尝试过减肥的？

为什么失败了呢？

那为什么别人又瘦成了一道闪电？

相信大家都听过一个名字叫油腻，我看了一下现场，咱们这里只怕有些人已经早成了他人心中的油腻男和油腻女。

每个人都不希望活成油腻男和油腻女，都希望有好身材，可我们怎么就活成了自己讨厌的样子？

你们觉得这是谁的责任？

可能有的人因为自己的身体原因，甚至让夫妻关系和恋人关系都变得紧张，不是爱人嫌弃你，是人的骨子里喜欢美的事物。如果再不注重自己的形象，说不定爱人会离你而去，到那时就追悔莫及了，而这一切可以通过健身来达成，通过合理的膳食来达成，就因为不能坚持，想着是不是有种心痛的感觉？

那请问你们想不想，让自己变得更有魅力，让自己的人生少一些半拉子工程和烂尾工程，多一些亮点工程？

接下来，我们来给大家一一揭开坚持的秘密，课程我将从三个方面来分享，第一……

（3）目标导向法

人在谈及目标的时候，整个人眼睛里都是有光的，因为目标给人憧憬，给人力量。所以在授课时，以目标导向法来讲授也是一个很不错的方法。比如"坚持的力量"这门课，可以这样来讲：

◎案例

坚持就是力量，今天给大家分享的这门课，是我多年的一个经验总结，因为这些方法让我真正做到了每天坚持跑步、写作、阅读，也让我的生活更自律了，而我也会毫无保留地分享给大家，用一个个案例去告诉大家如何坚持，相信听了今天的课程应该会让大家对坚持有不同的理解，从而使得你们自己也开始变得自律，甚至掌握了这些方法，还可以让你的孩子也从小养成做事有毅力的习惯。为了让大家更好地掌握这些方法，今天课程我将从三个方面来进行一一分享，第一……

（4）开门见山法

这种方法在培训中也是用得非常多的一个方法，因为对于有些学员来说，就喜欢培训师简单直接，不要整太多花里胡哨的东西。在实际运用中，我用"坚持的力量"这门课来打比方，比如可以这样来讲：

◎案例

> 今天带给大家的课题是'坚持的力量'，请问各位伙伴，对于坚持带给人的影响，想必大家都清楚，在现实工作生活中，因为没有坚持下去，前功尽弃的案例难道还少吗？因为坚持而取得成绩的人，也不在少数。为什么我们坚持不下去？为什么有的人又能持之以恒的坚持做一件事？接下来，将给大家一一解开这些疑问，本门课程我将从三个方面来分享，第一……

除了以上四种方法之外，还有的培训师会通过放视频、现场展示、做游戏等形式来开场，从而过渡到目录页。总之，过渡最好借助一个道具，这个道具可以是故事、案例、痛点、目标等，当有了这样的思维后，课程开场部分的课件串联就会变得简单起来。

2. 从目录页过渡到内容页的方法

当课程正式进入到内容分享环节，也就是从目录页过渡到正式内容的时候，可以遵循三个步骤：

（1）简单总结

对目录的几个内容用一句话做个简单总结，比如"坚持的力量"这门课我要从目录页过渡到内容页，就可以考虑这样来说：

◎案例

> 这就是我们今天要学习的地图，分三个部分，每一个部分都可以带给大家不同的收获。

（2）用过渡词做连接

就是用一些常用的过渡词把两页 PPT 连接起来，就好比一座桥梁一样。继续拿"坚持的力量"这门课打比方，我们可以这样说：

◎案例

　　"接下来，我们开始第一章节的分享。"

　　"接着，我们开始第一章节的分享。"

　　"好了，那我们马上进入到第一章节的内容。"

　　过渡词有很多，常用的有："接下来""接着""好了"，这几个是用得非常多的，当然也不局限这几个，每个人都有自己常用的过渡词，这本身就没有一个标准。

3. 内容页之间及各章节过渡的方法

　　（1）内容页之间过渡方法

　　同一章节的内容需要综合考虑内容之间的关系来选择所需要的话术，就好比需要依据炒菜的分量，来决定调料品的用量。为了更好地理解，我拿之前做烟草行业培训时的一个"门店零售经营成长之道"课件来举例，如图6-1所示。

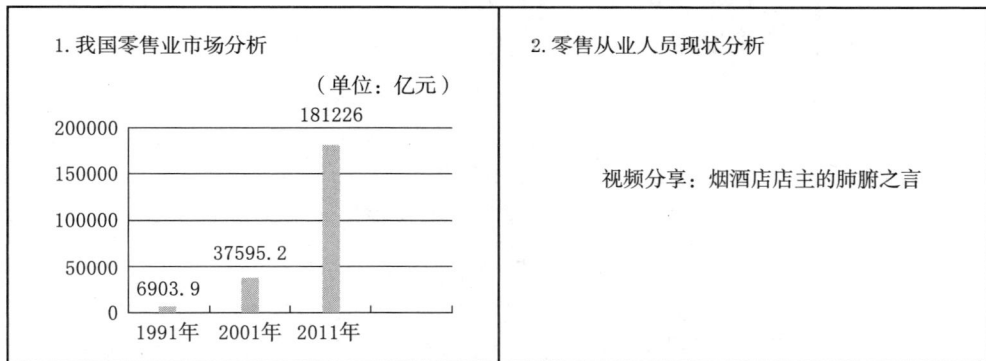

1.我国零售业市场分析	2.零售从业人员现状分析
（单位：亿元） 181226 200000 150000 100000 50000　37595.2 6903.9 0 1991年　2001年　2011年	 视频分享：烟酒店店主的肺腑之言

图 6-1　"门店零售经营成长之道"零售业分析课件页面

　　a. 用提问的方法。比如上述的两页PPT，从第1页到第2页，我们可以这样来进行过渡连接：

◎案例

　　"大家刚才看到了我国零售业每年都在不断发展，而且增幅不小，那么为什么大家普遍感觉现在的生意越来越难做了呢？接下来，我们来了解零售从业人员的真正现状，看看他们到底过得怎样？"

　　b. 直接用过渡词。还是拿上面的案例来举例，比如可以这样说：

◎案例

　　刚才我们了解到了整个零售行业的大环境，整体发展是非常不错的，接下来，让我们来看看咱们烟酒店从业人员的现状。

　　除了用"接下来"这个过渡词，还可以用"接着""好了"这些词语做过渡。

　　（2）各章节过渡的方法

　　章节之间过渡可以考虑用开场过渡时所用的故事案例、痛点、目标、开门见山等方法，也可以用过渡词，不管用什么方法，但一定要连贯起来，确保顺畅。

　　4. 从内容页过渡到总结页的方法

　　课程进展到总结时，已经进入尾声，而课程结束时的课程是否精彩，直接影响到课程满意度，毕竟人是容易遗忘的，往往对最后的内容印象最深刻。所以在临近课程结束时，也不能掉以轻心。从课程最后一页的内容过渡到总结部分的课件时，目前培训师普遍的做法有如下几种：

　　（1）用时间来做过渡

　　比如可以这样说：

◎案例

　　时间过得真快，转眼一天就过去了，我们的课程也进入尾声。最后，让我们大家一起来回顾一下今天的学习内容……

　　（2）用结束专用过渡词来连接

　　一般用得最多的课程结束时的过渡词是"好了""最后"。

　　课程的讲述还得要多讲，因为熟能生巧。当讲得多了，就会发现自己在课件页与页之间的过渡连接也会越来越顺畅。要想让自己的授课显得更专业、更流畅、更从容，还在于自身对课程的理解，对培训目标的把控，对培训现场的掌控。

　　当自身开始重视起每页 PPT 课件之间的逻辑关系时，就已经走在很多培训师的前面了，因为在培训师领域，随意发挥的人还很多，他们用所谓的内容专业来降低了自身对课程逻辑的要求。

第四节　讲授大道理的方法

　　爱讲大道理的培训师，在市场上是最不受待见的。换位思考一下，如果你坐在台下，你愿意被人灌输那些大道理吗？

为什么人不喜欢听大道理？因为从本质上来说，讲道理会给人一种夸夸其谈的感觉。当你在台上讲得热火朝天时，台下人会想，这老师就是典型的嘴皮子厉害，站着说话不腰疼，也不知道他自己是不是这样做的。

既然大家都不喜欢听大道理，难道培训的时候就不能讲了吗？这是从一个极端到另一个极端的想法。学员不喜欢听纯粹的大道理，但是变换讲的方式，接受度则会大大提升。

1. 用小故事去说清大道理

故事是最能打动人心的，也能给学员留下深刻印象，所以在需要讲一个道理时，可以将其包装成一个故事，比如我们要奉劝大家珍惜生命，心怀梦想，不忘初心。假如直接开门见山来讲，学员是没有太多感觉的，我们不妨通过如下这个故事来进行讲述：

◎案例

有一对兄弟，他们的家住在80层楼上。有一天他们外出旅行回家，发现大楼停电了。虽然他们背着大包的行李，但看来没有什么别的选择，于是哥哥对弟弟说，我们就爬楼梯上去。于是，他们背着两大包行李开始爬楼梯。爬到20层的时候他们开始累了，哥哥说"行李太重了，不如这样吧，我们把行李放在这里，等来电后坐电梯来拿。"于是，他们把行李放在了20层，轻松多了，继续向上爬。

他们有说有笑地往上爬，但是好景不长，到了40层，两人实在累了。想到只爬了一半，两人开始互相埋怨，指责对方不注意大楼的停电公告，才会落得如此下场。他们边吵边爬，就这样一路爬到了60层。到了60层，他们累得连吵架的力气也没有了。弟弟对哥哥说，"我们不要吵了，爬完它吧。"于是他们默默地继续爬楼，终于80层到了，兴奋地来到家门口兄弟俩才发现他们把钥匙留在了20层的行李中了……

故事点评总结：有人说，这个故事其实就是反映了我们的人生，20岁之前，我们活在家人、老师的期望之下，背负着很多的压力、包袱，自己也不够成熟、能力不足，因此步履难免不稳。20岁之后，离开了众人的压力，卸下了包袱，开始全力以赴地追求自己的梦想，就这样愉快地过了20年。可是到了40岁，发现青春已逝，不免产生许多的遗憾和追悔，于是开始遗憾这个、惋惜那个、抱怨这个、嫉恨那个……就这样在抱怨中度过了20年。到了60岁，发现人生已所剩不多，于是告诉自己不要抱怨了，就珍惜剩下的日子吧。于是默默地走完了自己的余年。

到了生命的尽头，才想起自己好像有什么事情没有完成……原来，我们所有的梦想都留在了 20 岁的青春岁月，还没有来得及完成……

用两兄弟爬楼的哲理故事巧妙地向学员传递了想要表达的道理，这是培训的一种技术手法，对于每一个培训师来说，这也是必备的一项授课技能。

2. 让学员参与提炼出大道理

为什么现在很多人喜欢手工品，那是因为自己亲自参与了一件物品的制作，融入了情感，因此会感觉有成就感。培训也是一样，只有学员参与了，他们才会感觉到一种成就感，更何况成人都有一个特性，那就是喜爱自我表达。培训师授课还得遵循人的本性，不能为了彰显自己的专业，就只让学员坐着听，不让其分享。只有让学员的嘴巴勤快起来，现场的氛围才会活跃，培训的效果才会更好。

就拿上面的两兄弟的哲理故事来说，讲完后，培训师不急进行点评总结，而是留出时间让学员去思考，然后选择部分学员上台进行分享，看其从故事里面悟到了什么。

只有学员驻足思考，才能有所悟和所获。在学员分享完后，培训师再进行归纳总结，抛出自己想要讲的大道理，这时学员们也普遍容易接受。单纯的讲故事不总结，那也是没有多大效果的，做总结就是把大道理这层窗户纸给捅破。

学员亲身参与提炼总结出来的大道理，才能记忆深刻，才不会觉得泛泛而谈。

3. 结合案例来讲大道理

给大道理穿上案例的外衣，可以使得道理更能被学员接受。因为一个抽象的道理，一个大家耳熟能详的道理有了具体的承载物，让那个看似空洞虚无的大道理有了落脚点。

要想通过案例的形式把大道理讲透彻，有如下三个小技巧：

（1）选对案例

给中小企业的管理人员做培训，有些培训师喜欢讲世界 500 强的经典案例，原本是希望让管理者了解优秀企业的管理方法，但学员听了后普遍没有感觉，因为觉得过于遥远，没有可操作性。就好比刚毕业的学生，跟他们讲如何成为顶级企业家，他们听后会感觉很虚，而他们此时更想学的是"如何处理好同事关系，开展好工作，怎样获得晋升"等方面的内容。

由此可见，讲案例时首先要做到选对案例，否则本意是为了避免讲空洞的大道理，但选择讲了不适合的案例，以至于从一个坑跳到了另一个坑。

什么样的案例才是好案例呢？归纳起来有三个特质：

a. 真实性。培训师自身经历的真实案例才更有说服力，用别人的案例就会大打折扣。倘若确实没有亲身经历，也需要做到让案例跟自己有关系。比如发生在公司、家人、同学等亲朋好友身上的案例，或者对案例进行优化，包装成是自己经历的案例。只要初心是好的，适当的案例包装也不会触犯原则性的错误。

b. 相关性。案例要跟所述说的大道理相关，越是关联性强，效果越明显。比如要讲做事有恒心的案例，坚持跑步就是一个关联性强的案例。

c. 代表性。所选择的案例要具有普适代表性，只有这样的案例大家听了后才觉得具有可行性。

（2）讲好案例

有些培训师为了把道理讲明白，也为了让大家接受，确实也选择了用案例讲述，但讲述的时候让人感受不到案例的价值所在，因为听起来费脑，不够生动，整个给人感觉就缺乏画面感。要讲好案例，可以从三个方面下功夫：

a. 结构化讲述。在实操中，最好采用结构化讲述的方法来讲案例，采取结论先行，再来述说观点，最后用纳总结的形式讲案例。具体操作上，可以通过我坚持跑步的案例来了解结构化讲述案例的精髓。

在讲案例之前，我会丢出一个观点：跑步是打开毅力之门的金钥匙。接下来进行详细分解：

首先，为什么想要跑步？这部分内容主要就是表达自己的生活一团糟，工作生活陷入瓶颈的痛苦难受的经历。在讲述这部分内容时，其实就可以把很多人带入到此情境中来，因为绝大多数人有类似的经历。因为痛苦，所以想改变，想通过跑步来获得自己想要的生活。

其次，为什么坚持不了跑步？像剥洋葱一样，一层层地把所有原因找出来，然后分析背后的原因，找到可以解决的切入口。

最后，坚持跑步的秘籍是什么？这部分内容也是大家最想听的，属于具体的操作方法，有了这样的干货，学员不仅可以明白大道理的精髓，也能掌握一套方法，这是典型的一举多得。

讲完后我会再做一个总结，而且还会找人一起参与总结，让大家谈感受。

这就是一套完整的讲案例的操作方法，适用于所有的案例教学。

b. 声情并茂的讲述。一个好的案例，有的培训师可以讲得很生动，有的则给人寂然无味的感觉。学员们自然而然地喜欢听生动的案例，这是人的本性，只有生动才能听得进去，才不至于思想开小差。

声情并茂就是生动讲述的核心，在具体讲述时要有丰富的表情、肢体语言，并结合抑扬顿挫的语调，就能让案例生动起来。此时的培训师就好比一个演员，而剧本就是案例的内容。

c. 自带画面感。讲案例的时候最好能共情，并有画面感，这样才能给人一种栩栩如生的感觉。

要想有画面感必须要有细节的描述，细节越到位，画面感越强。比如我在讲骨折后拄着拐杖跑步时，就会配合动作，详细介绍其中的细节。

（3）结合辅助道具

音乐、游戏、图片都是让案例鲜活起来的最佳辅助道具。

比如在讲做人要有一颗感恩之心的大道理时，在描述感恩相关案例时，可以配合播放一段《神秘园之歌》，那么整个氛围就完全被烘托出来了。

比如我在分享做事要有毅力的大道理时，会做一个小游戏，让所有人从 1 写到 300，中间不能有涂改，这样一个看似很简单的游戏，能完成的人却是寥寥无几。

比如我要分享拄着跑步案例时，会放一张我拄着拐杖的图片，这样就会很有说服力，因为口说无凭，有图为证。

当然，辅助道具不限于音乐、游戏、图片，有的甚至还会叫上见证人，只要有心想把案例讲好，就能想到很多方法，找到或制作更多的辅助道具。

案例好像黑夜的一盏灯，可以让人看到脚下的路，而这条路就是一直想要分享的大道理。

一个成熟的培训师，一个对自己课程有所追求的培训，一个能真正以学员为中心的培训师，就会对自己高标准严格要求，避免去讲干巴巴的大道，会借助故事、让学员参与、分享案例等方法来讲述一个个观点和大道理，让课程变得生动。

这个世界，大道理数不胜数，唯一最缺的就是能把大道理讲明白、讲生动的人。至于你是不是一个会讲大道理的人，扪心自问，就可以找到答案。

第五节　特色奖品助力课程吸引力

对于培训师来说，该如何发一些有特色的奖品，让学员能印象深刻，而且还能记着你一辈子。以下六种特色礼品，如图 6-2 所示，可以长期留存，还能最大限度地确保学员会使用。

相框　　　　　　　　　杯子

画作　　　　　　　　　储钱罐

书法作品　　　　　　　装饰品

图 6-2　六种特色礼品

1. 相框

为什么人喜欢拍照？就是希望留下那美丽的瞬间，留下这美好的时光。培训师若能自己定制一批有特色的相框，奖励给学员，当学员拿到后，会将自己最喜欢的相片放到相框里，要么挂墙上，要么放在办公桌上，要么放在家里显眼的位置。试想想，以后学员一看到相片，就想起这是你曾经奖给他的礼物，这种感觉会不会更好。

2011 年的夏天，我们当时举办"三湘礼仪行"的活动，当时就采购了一批相框，然后每个学员签到时就现场拍相片，趁着上课时就安排人设计并打印出来，然后装到相框里，最后课程结束时赠送给每个人，当时很多人很惊讶，也很惊喜。如今过去了十来年了，这个照片我仍保留着，看着相框里这幅自己的照片，看着相框背后的文字，就会想起那个美好的下午。

有人可能会担心就算发相框给学员，学员也不一定会去用，这个我们确实无法保证，但是对于获得老师特别赠送的礼品，学员自然是会用一种特别的心情去对待，若在培训现场对相框的意义进行解说，比如这样描述：

◎案例

请问各位，你们觉得一个人什么时候最美？刚才大家回答的都很精彩，但是我觉得一个人在学习时最美，一个人有了学习的加持，就能有效应对人生的各种问题。学习使人快乐，所以这个不是一般的相框，当你们把相片放进去后就好比打开宝藏的钥匙，可以开启智慧的大门。当以后不开心，对未来失去方向时，看看这个相框，看看相片，就能找到一种力量。

若能这样来描绘一番相框的好处，就可以最大程度确保学员收到相框后装入相片，也能让学员感觉这是一份沉甸甸的礼品。

2. 杯子

日常生活中的物品，要论使用频率和年限来说，杯子绝对算是一个使用高频且耐用的物品。

记得当年在武大校园内的商店买过一个杯子用来刷牙，如今 21 年过去了，我依然保留着。一直使用了 19 年，后面搬新房时，要不是家人给我换了一个新杯子，估计我还在用。至于为什么？因为这纪念了我在武大那短暂的一段时光，有着特殊的情感，再者当年所有的物品如今也只剩下这个杯子了。

作为培训师来说，若能在颁发杯子这个奖品时顺带做一个解说，比如：

◎案例

杯子记录了学习的时光，当以后每次喝水时都曾会提醒自己不要忘了学习，也提醒自己昔日的积极付出得到了这个杯子，也暗示只要努力，就能获得我们所想要的东西。杯子就如人生，需要不断摄取水分，所以不管未来再忙，也要不断学习，给自己补充能量。当你困惑时、不开心时、难过时，就是需要学习了，因为一个人只有自己无力解决时，才会有如此的状态，就好比渴了后就要口干舌燥一样的道理。

杯子不一定要很大，也不一定要多精美，只要进行特定的解说，就能赋予不同的意义，甚至可以说这是一只经过智慧开光的杯子。试想想，学员以后每次喝水，就会想起你，想起你的课程，这算不算一种品牌植入？

3. 储钱罐

2019 年，我们为某世界 500 强企业的核心梯队人员进行系统培训，其中有一次的奖品，我就特别挑选了小猪形状的储钱罐。当时挑选礼物时我自己亲自把关，我时常在想，这些人作为名企里面的干部和专家，物质生活还是很有保障的，日子过得也还是滋润，一般的奖品也很难打动他们。后面颁发后感觉效果还是不错，毕竟有谁会发这样的奖品？新鲜感和趣味感，有时比奖品本身更有意思。

储钱罐属于耐用性物品，也是有特别寓意的，作为奖品发给学员，会给学员留下深刻的印象。可能有的人会说，带着这么个物品，不方便。其实完全可以灵活处理，比如带一个，就把奖品赠送给表现最好的学员，这样成本也可以控制，携带也方便。甚至可以通过提前网上下单，直接邮寄到培训地点，这样省去了携带的麻烦。

任何奖品若只是单纯的发出去，所发挥出来的效果都会弱很多。高明的培训师总是会赋予奖品一定的意义，这样哪怕一根鹅毛也会让人倍感有分量。对于储钱罐，可以考虑做这样的解说：

◎案例

请问大家一个问题，装粮食的地方叫什么？

对，是叫粮仓。

那古代装水的那种大的容器叫什么？

说得非常对，叫水缸。

那储存知识经验的是我们身边的哪部分？

对，就是我们大脑。

那么装零钱的地方是哪里？

对，就是储钱罐，请家里有储钱罐的跟我挥挥手。

中国有句古话叫：聚沙成塔，集腋成裘。储钱罐是培养一个人理财意识的有效工具，所以现在很多家长就是通过储钱罐来培养孩子的理财意识。就像我们现在的学习，一点点地将知识储存在大脑，为我们自己赋能。所以今天老师会针对现场表现好的伙伴奖励储钱罐。

这看起来是储钱罐，其实就是告诫我们要不断提升自己，因为知识经验就是一个人最大的财富。虽然现在很多人不怎么用现金了，但我希望这个储钱罐除了放钱之外，还可以放进去关于成长的财富，比如看完一本书，就放一个书签进去，书签上写上书名，写上何时开始看，何时结束的；可以在每取得一次人生的成长后就放一张心愿达成卡，比如晋升，拿到一个证书，获得了荣誉等，当储钱罐里面的东西越来越多时，就会发现自己越来越优秀。

当说完这段话，储钱罐已经赋予了特别的含义，会让人感觉奖品是如此的不一般。

4. 装饰品

每个人家里装修总会找一些装饰品来点缀，有些小的装饰品可以起着类似画龙点睛的作用。生活需要装饰，人生当然少不了某些装饰来点缀。人这一辈子，很多物品随着时间的流逝，都会被一一淘汰掉，但装饰品往往可以伴随一生，甚至一直流传下来，所以装饰物品是非常适合来做奖品的。

装饰物品网上一搜一大堆，但建议要选择一些有特色的，让人有想摆出来或挂上去的想法。

大家并不在乎这个东西多少钱，在乎的是这个东西摆在家里可以起着什么作用。只有赋予了使命，寄托了希望的物品，才更能获得人们的关注。

5. 书法作品

多年前，有位合作的培训师王老师应邀到我办公室洽谈合作。谈完后，他跟我说道：

"我看你办公室缺点东西装扮，我回头写一幅字给你。"

当时听完后我很惊喜，于是我满怀期待。

过了几天，他路过我们办公室，把写好的一幅作品给了我。当打开后，只见上面写的是汉朝的开朝皇帝刘邦的《大风歌》：

大风起兮云飞扬，

威加海内兮归故乡，

安得猛士兮守四方！

那是我第一次知道刘邦的这首诗歌，王老师给我解释了这部作品背后的意思，看着这首刚劲有力，行云流水般的书法作品，我如获至宝。后面我特意去装裱了，然后挂在办公室。每次有人来我办公室问起，我就会介绍这部作品背后的意思，介绍这是一位优秀的培训师送给我的墨宝。

书法作品不一定要名家所写，反而身边认识的人所写的更具有意义，因为那些名家我们又不认识。所以，书法作品是最有内涵的奖品。对于培训师来说也彰显了其文化功底，假使在现场来写几幅作品给学员，那感觉更是完全不一样。

书法作品作为奖品无须过多地解说，只要作品质量还过得去，然后告诉学员：

"今天我准备了几幅自己的书法作品，送给有缘的学员，只要积极参与培训的人都有可能获得。"

有人说这个世界最珍贵的爱是愿意为你花时间的人，每一幅书法都是培训师花时间做出来的，其价值、情意是完全不同的。

可能有的人会想，书法作品太难了，我不会写怎么办？其实，书法这门技能也没有人是从娘胎里就继承下来的，也都是后期学来的，练出来的。若真正想学，一切问题都不是问题。如果你想送出"王炸"类的培训奖品，书法自然是上上之选。

6. 画作

画作可以让房间瞬间多了一分生气，所以现在很多人家里都会挂上一些画作来装扮。因此对于培训师来说，若能送上自己的画作给学员当奖品，那自然是高规格的一种操作。毕竟能给这种奖品的培训师，是少之又少。

越是不容易获得的物品越有价值，画画很需要花时间。这是一门门槛较高的技能，需要长时间的付出才能有拿得出手的作品。但万事开头难，只要花时间去学，也是可以达成的，世界上没有哪门技能是轻而易举就能学成的。

画作和书法作品一样，若是自己原创的，就无须过多地解说，只需要这样说：

"这画是我自己画的，送给优秀的学员，为了画这幅画，我花了很长的时间，希望这幅画可以装扮你们未来的人生。"

一幅画作可能需要花费很长的时间，但是只要画一幅出来，可以进行印刷加工成无数幅。学员只要拿到培训师的原创画作，不管是原件还是复印品，都不会有太大的意见，这年头最具有吸引力的词语就是：我画的、我写的、我做的。

除了上述这六个物品，还包括手工艺品、手工奖品等，不管用什么样的奖品，只要赋予特定的解说，只要是亲手参与制作出来的奖品，对于学员来说，都很有价值，也很有意义。

培训师要想走心，要想让学员永远记住，就要先付出自身的努力，哪怕奖励一个随处就能买到的物品，也要尝试着来对物品进行一番解说。这个世界，最缺少的就是有温度的产品，有意义的产品。当在培训现场，奖励给学员的物品有了温度，有了意义，培训师走心的人设便塑造起来了。

第六节　制订年度工作计划

新的一年，给人无尽的憧憬，让人充满期待，给人力量。

作为一名培训师，应该如何去规划自己新的一年呢？应该给自己的心里种下什么样的种子呢？倘若在新年伊始都不敢去规划新的一年，不敢去面对新的一年，这是非常恐怖的，因为过度的不自信会彻底毁了自己。

过去已经成为历史，不管是否完成了过往的目标，或者说一个都没有完成，这都已经不重要了，因为那已成为历史，最需要做的就是跟过往来个了断，重新拾起梦想，调整状态，精神抖擞开始新的一年。

一、做好四大规划

作为培训师，为了在这个行业立足更加稳固，我们可以尝试从以下四个方面展开新一年的规划。

1. 业务推广规划

在培训师的职业道路上，业务推广是重要的一环。我们需要有系统的规划，明确具体的目标来提高个人的品牌知名度和业务成果。在业务推广方面，我们可以从以下四个方面进行规划：

（1）开设公开课

公开课是培训师最有效的市场推广策略之一。为了让自己获得更多甲方认可并增加品牌知名度，我们应该积极参与线下公开课的开设。无论是半天、一天还是两天、三天的课程，只要课程品质有保障，都能为我们带来源源不断新的内训业务机会。为了实现这个目标，我们可以考虑设定每年开设四期公开课的目标，即每个季度开展一期。假设每期公开课有 25 个参与者，那么至少可以向 100 个人进行自我推广。这 100 个人有可能来自 100 家企业，这样就相当于我们进行了 100 家企业的"路演"。

（2）举办公益沙龙

对于有一定经验的培训师来说，公益沙龙可以打开新的市场。如果直接开设公开课时，很少有人知道我们，可能报名的人也不多。因此，我们可以通过举办一到两小时的公益沙龙来吸引更多参与者。可以与人才市场、各大行业协会、公益组织或线上社群合作组织公益沙龙。公益沙龙的门槛要尽可能低，即不收费，这样能够吸引更多的人参与。我们的公益沙龙主题应与自己擅长的课程方向结合，通过公益沙龙，可以为自己带来一部分公开课客户，然后再转化为更多的内训客户。

比如在新的一年里，举办四期公益沙龙，平均每月一期。假设每期有 50 个人参与，可以影响近 600 人。

（3）客户拜访

针对可以联合举办公开课或公益沙龙的培训机构、优质甲方或对我们的课程有需求的客户，我们可以考虑拜访的形式与其进行面对面的沟通。因为面谈能够带来更好的亲近感。如果每个月拜访三到五人，一年下来就可以拜访 36 至 60 人，这将为业务成交带来不少机会。只要找对了人，与对方建立起良好的关系，同时我们的课程品质也很好、价格有竞争力，那么对方则会考虑与我们合作。

（4）渠道建立

在新的一年里，我们可以尝试新增加与培训机构、行业组织、经纪公司的合作渠道。拥有更多的渠道意味着我们能够交付更多的业务。如果我们只有一到两个渠道，那么我们的业务量可能会受到很大的限制。因此，我们需要为自己设定建立新的渠道目标。然而，建立渠道需要花费时间经营，仅仅添加对方的微信并发送一些资料，并不足以称之为渠道。我们应该与对方进行一次实质性的合作，这才是真正的渠道。

2.IP 打造规划

在这个信息时代，培训师要想推广自己，离不开 IP 打造。

个人 IP 的打造程度越高，品牌知名度就越高，个人的特殊价值也会更高，因此获得业务机会的可能性也会更多。那么，我们应该如何为自己的个人 IP 设定目标呢？可以从以下三个方面来设定目标：

（1）粉丝

比如我们可以在新的一年，设定新增五万粉丝目标，在不同的平台上分别吸引一万粉丝，如知乎、公众号、小红书、抖音、哔哩哔哩等。一旦拥有这五万粉丝，将十分利于开展线上课程和业务推广。如果完全依赖于培训机构而没有自己的粉丝群体，那么整个业务分发权就完全掌握在别人手中。

（2）文章

至少保证每个月创作三至五篇文章，一年下来将会有几十篇的文章。文章是推广个人 IP 最好的媒介之一，他人通过阅读我们的文章能够了解我们的专业知识，进而建立起对我们的信任感和专业感，从而寻找与我们的合作。当对方查看我们的个人资料后，还可以传送我们的专栏链接，让对方可以更全面地评估我们的专业能力。

（3）短视频

我们可以设定一个小目标，比如创作出一百条与自己擅长领域相关的短视频。这些视频通常只需几十秒或一两分钟，每个月保证一定量的输出。在这个短视频广泛传播的时代，如果缺少短视频，就相当于失去了一块重要的宣传阵地。

3. 成果输出规划

要想打造专业人设，就需要源源不断输出成果，我们可以从以下三个方面来考虑如何实现成果输出：

（1）研发出版权课程

版权课程是指获得国家知识产权局相关证书的课程。我们可设定每年研发三至五门版权课程的目标，至于如何申请版权课，可以通过网上搜索来了解。

（2）研发线上课程

课程是培训师的核心产品，线上课程则是培训师创造无限可能的产品，因为可以实现 24 小时获得收益。我们可以设定在新的一年内研发出两至三门线上课程。这些线上课程可以重点围绕我们擅长的领域展开，每门课程设置 12 ~ 15 节，每节课时长为 10 ~ 15 分钟。拥有了线上课程，我们才能实现线上线下全面覆盖，并且他人也可以通过学习线上课程来了解我们的授课风格。

（3）出版书籍

如果我们个人感觉自己的文字驾驭能力还不错，也积累了很多的行业实战经验，那完全可以考虑撰写一到两本专业书籍。

书籍是展示个人成就的有力工具之一，因为书籍能够迅速树立我们的专业形象，并得到有效的认可。当我们将书籍链接或书籍图片放置在个人介绍中，并且与我们擅长的领域相关联时，无形中就为我们的专业形象加分了。

4. 学习规划

作为培训老师，我们不断进行输出的同时，也需要确保自己的学习能够跟得上，以免头脑一片空白。因此，在制定学习规划时，我们可以从以下四个方面考虑：

（1）线上课程

线上课程学习起来方便，完全可以让我们的零碎时间充分利用起来。我自己设定了新年学习 24 门线上课程的目标，即每月保证学习两门线上课程。在选择学习内容时，可以根据个人需求来定，比如我个人主要学习新媒体写作、社群运营、短视频及培训师管理心理学等相关课程。有人可能会担心学习范围过于杂乱，但作为培训师，有时我们需要钻研自己擅长的领域，同时也要汲取其他领域的知识，这样才能拓宽自己的知识面。

（2）线下课程

我们可以考虑参加三到四个线下培训班的目标，比如参加 ITTA 国际企业培训师的线下班，通常为期两天一夜，也可以参加与自己专业领域相关的课程。参加线下课程十分重要，因为坐在台下听课和站在台上讲课完全是两种不同的体验。我们可以选择参加一些一线城市的课程，总之尽量离开自己所在的城市去学。

（3）阅读

阅读是一种非常重要的学习方式，我个人的目标是每年阅读 70 本书，其中朗读 10 本，阅读 60 本。平均下来，每个月阅读五六本书。因为书籍与线上课程完全不同，阅读可以让我们系统地学习知识。而且，在出差时我们可以随身携带一本书，在睡前抽出 10 到 15 分钟阅读。比如我自己每天朗读 10 分钟国学书籍，一年大约为 3650 分钟。

（4）证书

作为培训师，专业认可非常重要，而证书可以作为我们专业背书的主要依据。个人可以设定每年考取多少个证书的目标。培训师一定要取得多一些跟自己主讲课程相关的证书。当然这些证书不一定是国家证书，行业证书也是可以的。比如，我个人在新的一年中设定了四个目标，即考取职业培训师的一级证书、教师资格证、家庭教育指导师和心理咨询师证书。

新的一年，给人希冀，我们要做好新年的规划，在目标规划里不仅要有业务推广、IP 打造、成果输出，还要有重要的学习规划。唯有不断学习、不断完善自我，才能在激烈的市场竞争中立于不败之地。

二、不同阶段培训师的规划建议

不同阶段的培训师，在做年度计划时会有不同的侧重点，只有充分结合自身的情况，才能制作出适合的计划。

1. 转型阶段的培训师

转型阶段的培训师，往往空想的太多，实干的太少，这也是为何很多人难以转型成功的根本原因。转型路上肯定不会那么顺畅，但只要按照表 6-1 的计划来执行，等一年过后就会有一个翻天覆地的变化。到那时不再是一个什么专业背书都没有的培训新人了，要资料也有资料，谈到专业技能也有多次实操经验，宣传所需要的培训相片、客户也有了，头衔也有了，个人也有一定的口碑了。

表 6-1 转型阶段的培训师计划

序号	类别	工作计划	为什么罗列该计划
1	个人成长	参加两三门培训师专业课程学习，系统学习培训师课程开发、培训授课技巧、商业转换三项专业技能	学习可以减少摸索的时间；可以给心理暗示，让自己从怀疑到相信自己可以做好培训师
2		考一两个跟培训师、专业课程相关的证书	证书可以让头衔、身份更加彰显专业性

序号	类别	工作计划	为什么罗列该计划
3	个人成长	看15本培训师相关的书籍，听30本跟培训师相关书籍，并输出读书笔记	阅读、听书是获得专业知识最简单的方法，也可以得到系统提升
4		至少听三位培训师的课程（跟自己主讲课程相关的课题），并做好详细的听课笔记	最快速的成长方法就是模仿借鉴他人的课程
5	个人IP打造	写至少12篇跟专业相关的文章	每月一篇，逼着自己做总结，并积累原始课程素材
6		开通至少五个自媒体账号，包括抖音、百家号、头条、视频号、知乎	把自己的经验、方案、心得、文章通过这些平台宣传出去，提升个人知名度
7	资料制作	做好培训师资料包，涵盖个人简介、课程介绍、课程视频片段	培训师最核心的三大资料，这也是转型必备资料
8	培训资源建设	加入至少三个培训师圈子，结识一批志同道合之人	让成长不孤独，遇到问题也能寻求帮助，同时可以不断获得成长
9		找到至少五位可以在转型中帮到自己的人，并进行重点跟进联系	要少走弯路就需要高人指路，要获得业务机会，就需要他人提供帮助
10	培训实操	开四场直播，做三次公益培训，做两次收费培训	培训师只有在讲课的过程中才能变得专业，才能获得机会

倘若只完成了50%，那同样收获也不小，怕就怕没有在转型成为培训师这件事上做任何计划，导致一年后啥变化都没有，那真的就是白白浪费了一年的时光。

既然深知转型的重要性，那就不妨静下心来，跟自己进行深度的对话，看到底是否需要转型成为培训师。如果很迟疑，也很徘徊，那要么就赶紧断了转型的念头，亦或许先做了再说，千万不要优柔寡断，左思右想，这样只会无尽的消耗一个人的精力。

2. 初入行业五年以内的培训师

入行五年以内的培训师，往往都还在为生计而奔波，这个阶段的重中之重就是让自己活下来，并能逐渐打磨出自己的核心精品课程。在制订年度工作计划时，跟那些转型阶段的培训师自然是会有很大的不同，具体计划见表6-2。

表6-2 初入行业五年以内的培训师计划

序号	类别	工作计划	为什么罗列该计划
1	个人成长	参加至少10天线下培训，给自己充电提升	不断地输入是确保课程品质最简单的方法
2		参加线上课程至少五门，提升自己的专业能力	线上学习更便捷，也能借鉴他人线上课程的方法，为自己积累经验

续上表

序号	类别	工作计划	为什么罗列该计划
3	个人成长	参加至少三门新媒体营销、培训商业推广相关课程学习	自己才是营销第一责任人，多学点业务推广知识能让自己更好地获取收益
4		加入一个磨课圈	磨课既能共研共创新课程，节约课程研发时间，又能打磨好自己的课程
5	个人成长	参加至少一期培训行业论坛	既能开阔视野，又能广交圈内人，获得新机会
6	产品输出	在1月和12月完成课程包更新，并研发出至少三门新课	定期更新课程包可以获得更多业务机会
7		录制出至少五门线上课程	线上是未来，是发展趋势，可创造更多机会
8	业务推广	举办至少三期公开课	公开课是打开市场，提升知名度最有效的方法
9		举办至少10场直播	直播是维系客户、开发新客户、打磨课程、推广品牌的绝佳办法
10		开发出至少六个新客户	只有不断与新客户合作，才能让业务有保障

3. 已进入行业五年以上的培训师

能在培训行业做到五年以上的培训师，基本上早已度过了生存阶段，已经属于稳步发展阶段了。这个阶段的培训师不再是以做加法为主，而是以做减法为主，也就是过滤掉不适合的客户，不涉足跟个人定位有冲突的课程，具体计划见表6-3。

表6-3 已进入行业五年以上的培训师计划

序号	类别	工作计划	为什么罗列该计划
1	个人成长	学习至少两门类似版权等高品质的课程	要拔高自己的课程，就需要去学习高品质的课程，然后去其糟粕，取其精华
2		阅读至少10本国学、智慧、哲学类的书籍	让自己的课程有高度，成体系，成为精品课程
3		闭关1个月	只有停下才能走得更远，在闭关时可以系统思考自己的人生和课程，让自己思维更清晰
4	产品输出	研发出至少三门版权课程	促使自身的课程更有价值，并能保护知识产权
5	业务推广	成为至少一家单位的管理顾问	深度服务该单位，确保输出的课程更接地气，也利于找试验平台，打造样板
6		选择一个行业进行深耕	只有纵向发展，培训的效果才更好，更利于建口碑

序号	类别	工作计划	为什么罗列该计划
7	业务推广	举办全国巡回公开课	通过全国巡回公开课提升个人的品牌影响力
8	个人IP打造	出版至少一本书	著书既可以提升品牌，打造IP，也更利于沉淀
9		获得至少2个有分量的头衔	头衔可以提升其价值，获得更高的商业收益
10		拍摄商务照、宣传视频	定期更新专业资料，让人耳目一新，更显专业

凡事预则立，不预则废。作为为人师表的培训师，更应该做好自己的年度工作计划，而专业方面的计划无外乎就是个人成长、产品输出、业务推广、个人IP打造等事宜，只要参考以上的工作计划，相信定能在事业上有新的突破。

第三篇

应用实践与价值转换

本篇聚焦如何将培训师的专业知识与技能转化为实际价值，涵盖了从转型成为培训师的策略规划和赢得培训师职位的实战技巧等丰富内容。

无论是企业内部的培训需求，还是商业市场对专业讲师的渴望，都为培训师提供了多样化的发展路径。

要想成为企业培训师，需精心准备，包括积累出色业绩、掌握培训专业技巧、打磨优质课程，同时灵活运用多种转型途径，并借助快速转型技巧脱颖而出。商业讲师领域则要求全面准备，勇于迈出讲课的第一步，积极拓展推广渠道，实现课程的商业价值转换。而对于零基础者，亦有重新学习新技能或模仿创新成熟课程等可行方法。

在赢得培训师职位方面，需洞悉招聘单位特点，量身定制简历，多渠道争取面试机会，并在面试前后从知识储备、形象展示到试讲表现等各环节精心筹备。这些内容为渴望踏入培训师行业者绘制了一幅清晰的路线图，帮助他们在培训领域找准方向、稳步前行。

第七章 转型成为培训师

在当今多元化的职业发展格局中，转型成为培训师已成为许多人追求的目标。本章将深入剖析转型成为培训师的多种途径与关键要点，涵盖企业培训师、商业讲师及零基础入门等丰富内容。

成为企业培训师，需扎实做好业绩积累、专业技巧学习与课程打磨等准备工作，灵活运用多种转型途径，并掌握快速转型技巧。商业讲师的发展则需充分准备，勇敢迈出讲课步伐，积极拓展推广渠道以实现价值转换。对于零基础者，重新学习新技能或模仿创新成熟课程是可行之策。而赢得培训师职位，需了解招聘单位需求，精心制作简历，多渠道获取面试机会，全面准备面试及试讲环节。这些内容为有志于转型成为培训师的人士提供了全面且具操作性的指南，助力他们踏上培训师的职业征程。

第一节 成为企业培训师的策略

企业培训师是特指由单位内部人士担任，并负责培训授课的人。根据工作性质，可以分为兼职企业培训师和专职企业培训师。企业培训师目前还有一个代名词，那就是叫内训师。但凡设置了企业培训师专职岗位的，无外乎证明了两点：

其一，公司已达到一定发展规模，就像一个家里人越来越多，日常家务和事务也变得又多又杂之后才会请保姆一样的道理。倘若规模不大，每年培训都没有几次，公司怎么可能会安排一个专职培训师岗位。

其二，培训是公司营销的一个重要链条。比如公司经常要开展会务营销活动，经常举办各类招商活动，需要对各加盟系统进行培训。在这样的单位，企业培训师相当于一个高级营销人员，通过一场培训可以给公司创造很大的利润，这一点在保健品行业尤为突出，课讲得好与坏直接影响业绩。

不管是专职还是兼职做企业培训师，这都是一个不错的选择，因为在当下，每个管理者、经营者都需要具备培训技能，培训是管理的有效手段之一。

了解了背景，也懂得了做企业培训师的好处，那么应该怎么做才能成为一名企业培训师呢？其实，只要按照下面的策略来做，基本上做企业培训师的梦想就能达成：

一、三大准备工作做扎实

要想转型成功，就要做好各项准备工作，尤其是业绩、学习提升技能、课程产品打磨这方面的准备工作。

1. 干出响当当的业绩

在企业内部讲课，没有真正的实力，是很难服众的。企业内部的培训师大家知根知底，倘若没有干出响当当的业绩，同事们从心里不一定服你，不服的话无形之中增加了讲课的难度。所以要想做企业培训师，就一定要扎下去干出成绩，比如成为销售业绩高手、销售管理层、生产能手，以及获得各种奖项等。

如果是刚参加工作不久的人，从进入公司的那一刻，就要开始带着未来做培训师的觉悟，多留心多总结，因为这些都会成为未来授课的原始素材。

2. 学习培训专业技巧

企业培训师的核心技能无外乎课程研发、PPT制作、授课技巧这三大点。所以要想成为专业的培训师，就必须舍得投资，不管公司有没有出钱，自己也要去花钱投资，毕竟学到了技能，到哪里都不怕。现在市面上有很多针对培训师的培训，一般是两三天，但不可能一次性就学到位，要多在这方面投资才能让自己的培训专业技能变得更专业。这两年，网上很多人经常来向我咨询如何成为培训师，我就研发了在线培训师培训课程，但我知道能花钱来学习的是少数人，就如能真正成为企业培训师的也是少数人一样。培训师最核心的能力就是学习能力，如果一个连自己都不重视学习，不愿意为学习付出时间、财力的人，凭啥以后让学员重视学习呢？

3. 打磨好自己的课程

课程就是培训师的根，没有这个则一切都如浮萍。所以要想成为企业培训师，总得准备几门自己的课程，比如销售系列课程：如何提升进店率、如何提升成交率、如何提升客单价、如何提升回头率，这就是一个系列的课程。假如准备用两年的时间成为企业培训师，那么一年就要研发两门课程，等真正要去做企业培训师时，或机会到来的时候，不至于空有一肚子抱负理想。要想打磨好课程，一定要从案例、工具、逻辑等环节去着手，确保课程经得起考验，以及确保课程生动。

二、四大转型途径及方法

当所有的准备工作都到位后，一切就变得简单多了，根据个人的实际情况，选择不同的转型方法，促成自己成为一名真正的企业培训师。

1. 顺其自然法

就如我自己从 2004 年开始做咨询培训这一行，从未想过去做培训师，但经常安排培训师授课，经常组织各项培训工作，所以很清楚学员要什么、培训师应该怎么做及应该怎么转型才能成为培训师，渐渐的自己成了一名专门做培训师培养的培训师。

在企业成为培训师，其实并不难，只要自己有这个心。当公司有选拔内训师的时候，就报名参加，然后按照培训组织者的要求学好每堂课，讲好每堂课。课程讲得好，培训管理者就有很大的可能来邀请其成为专职企业培训师。这是最稳妥的做法。正所谓是块金子，在哪里都会发亮。所以，在日常工作中要跟培训组织者搞好关系，有意无意透露自己想做专业培训师的想法，只要机会一旦出现，他们自然而然会考虑。

2. 步步为营法

先成为公司的一名内训师，然后从初级内训师到中级内训师，再到高级内训师。当然，绝大多数情况下，企业的培训师都是以兼职为主，专职很少，除非培训任务大，比如需要全国巡回讲课，那么需要专职培训师的机会就很大。先成为兼职内训师，然后把培训做出口碑，让同事和领导都认可自己的培训能力，再等公司有专职培训师的机会时，就申请成为专职培训师。

3. 自我争取法

毛遂自荐在很多场合是很管用的，比如公司现在正在招聘专职培训师，就可以主动去申请这样的岗位，倘若没有听过自己的培训课程，那么就主动申请安排几次培训，让自己来讲，用实力去打动培训管理部门。一般情况下，课程讲得好，又自身喜欢，培训管理者是很少会去拒绝的。

4. 主动创造法

这个就很需要魄力，比如主动申请成立企业大学，或者设立一个培训师岗位。很关键的一点，那就是要有方案，要能说服相关领导。这就叫典型的没有条件，自己创造条件。

三、快速转型成为企业培训师的技巧

很多人认为企业培训师需要丰富的阅历、出色的成绩、超脱的口才，这应该是对企业培训师的一种误解。对，一个优秀的企业培训师是需要具备很多优秀的条件，但也是从不优秀逐渐过渡过来的。我们很多想成为培训师的人一开始就以优秀培训师作为自己的标榜，这无可厚非，可很多时候那些条件不是激励我们前行，而是成为我们前行的绊脚石，以至于连迈出那一步的勇气都没有了。

企业需要优秀的培训师，可我们这个社会更需要越来越多平凡的企业培训师，因为培训不仅是企业培训师的事情，更是一个管理者需要掌握的管理辅助手段。从无到有，我们可以实现快速的跨越，可从有到优则需要一个过程，而过程的长短取决于个人付出努力的程度。

1. 走出第一步是快速成为培训师的基础

思想启迪人生，行动改变命运。俗话说读万卷书莫如行万里路，因此走出第一步是快速成为企业培训师的基础。诸多人对企业培训师充满了羡慕之词，渴求那种荣耀、回报、被尊重、光环的感觉，于是也希望自己有朝一日成为讲台上的一位培训师。可当繁忙的工作、琐碎的生活每日往复之后，曾经的想法压制在内心最深处，以至于时间一久都忘记了，或者梦想都已经压得早已破灭。

行动有时会战胜恐惧，只要自己去做了，就会逐渐上路。可以开始选择专业学习，再开发课程，然后授课，接着学习，不断循环。这是很多培训师的学习成长之道。当然也可以自我摸索，不过如果能借助别人优秀的经验，可以大大缩短自我学习的时间，加快前进的步伐。

下面的一些举措都是快速走出第一步的方法：

· 报名参加培训师专业能力提升课程。

· 买一套培训师相关专业书籍。

· 报名参加公司内训师选拔。

· 参加培训师行业相关沙龙活动。

· 结识一位培训师朋友。

2. 总结是快速成为培训师的立身之本

经验是零散的，所以要学会总结自己的经验，因为培训师需要的是缜密的系统思维，而不是天马行空地乱讲一通。每个人的成长都是一部传奇，工作中的问题有时也是不期而遇，我们绝大多数人采取的办法是兵来将挡，水来土掩。可相

当多的人在处理后没有总结的习惯，所谓的总结不是单纯的思想总结，而是要形成文字性的总结。因为思想还属于意识，而文字才能看得到，才能被其传播。去外面学习了专业的课程后，并不代表那就是你的东西，如果没有总结，没有转化为自己的知识，随着时间的流逝就会渐渐淡忘掉。总结可以用系统思维的方式来开展，逐条分解，然后串成一体就成了一个个的课程。没有总结，就难有大的成就，所以总结是培训师的立身之本。

下面的一些举措都是培养总结归纳能力的方法：

· 学习后用文字或思维导图或视频或音频形象进行总结。

· 完成一项非常出色的工作后及时复盘总结，并形成文字记录。

· 每天用日记形式对自己一天的工作生活进行复盘总结。

· 定期总结归纳一些行业实操经验，比如每周一条经验，每月一篇文章。

3. 学习是快速成为培训师的源泉

市场上很多培训师培训，绝大多数是两天时间。两天的学习能成为培训师吗？这个问题的答案因人而定，因为每个人付出的时间和心血是不一样的。可持有这样的想法又怎么能成为一个培训师呢？因为从一开始你就怀疑自我，然后一直在等待系统的课程。等待何其多，与生待等待，万事成蹉跎。换位思考一下，当下大学教育四年，有些计算机专业毕业的学生，难道他们就成为计算机大师了吗？时间应该也不短了，最关键的是我们学什么知识，怎么学，怎么来运用。现在是因需而学，这样学习针对性非常强，那么取得的效果自然是事半功倍。培训师的学习远远不是两天就完事的，只要在这个行业，就需要不断学习。

我们总习惯通过一次学习就一劳永逸，可在这个知识信息更新的快速时代，这样的想法现实吗？至少通过两天的学习，你可以减少很多自我摸索的时间，毕竟这是别的培训师多年的经验总结，学习别人的经验是否可以加快自己的成长呢？答案不得而知。培训师这样一个职业，时代赋予的使命就是帮助更多人成长，那么你就得不断学习，比学员的学习速度要快，要不怎么能成为称职的培训呢？

4. 演练是快速成为培训师的重中之重

培训师的核心技能是授课，学习也是为了授课服务。那么作为一个新入行的培训师来说，演练是最关键的，因为能否有效讲授出来是衡量一个培训师合格与否的起码标准。学再多的技巧，看再多的书，如果自己不去演练，那顶多只是充实知识体系，而并不代表能有效表达出来。台上一分钟，台下十年功。除了极少数有天赋的培训师来说，绝大多数也是通过一次次演练而成为优秀的培训师。只有通过演练才能把语感、感染力渐渐地练出来。演练之后最好要有别人的点评总结，这样才能更快的得到成长。当下很多参加培训师培训的人，最后没有成为培训师，相当一部分是因为缺乏演练。

5. 氛围是快速成为培训师的良好土壤

环境可以影响一个人，氛围可以塑造一个人。没有相应的氛围，靠个人努力那需要超强的意志力。试想，在一群热爱培训师职业的人群中，大家谈论的是培训，你还能无动于衷吗？俗话说，看一个人就看他身边的朋友圈。没有了学习交流的氛围，个人就如独行侠，成长自然会缓慢很多。在培训师群体中，可以经常相互交流，课程相互指导点评，一起开发某些课程，一起畅谈培训师的发展点滴，这样的氛围是最适合培训师成长的土壤。如果想快速成为培训师，找到这样的土壤，然后扎根进去，当经历岁月的历练，你一定会成为优秀的培训师。

成为企业培训师，不仅是职场的一次大跳跃，更是探索自我和实际操作的一段旅程。这个过程充满挑战，需要不断提高技能、调整态度和促进个人成长。为了应对知识更新速度和企业的要求，培训师得持续学习和反思，不断提升授课内容的实用性和战略性。但所有的付出都是非常有意义的，因为可以帮助塑造企业文化，激励员工，超越个人的追求，成为企业持续成长和社会进步的推动力。

第二节　成为商业讲师的攻略

小时候家里只要来客人，我就躲在房间，跟陌生人说话就脸红。几十年后，谁曾想到现在竟是靠培训为生，要么自己站在讲台上，要么安排人站在讲台上，总之就是跟讲台结下了缘分。见证了很多人成为商业讲师的历程，对其中的酸甜苦辣感触颇深。这些年写了很多关于商业讲师相关的文章，时而会有人来咨询我如何成为商业讲师，我深知自己的解答对其帮助有限，但依旧一次次去解答。

很多人想成为商业讲师有多迫切，就有多担心，担心讲不好，担心没课上，担心总出差，担心课程研发等，最终由于担心占了上风，培训师的愿望也就化为了泡影。泡影之后又会再次拾起其想法，又去关注培训相关的资讯，接着又担心，又化为泡影，如此几个循环后，绝大多数怀揣商业讲师梦想的人再也不敢去想了，因为自我否定的条件反射会督促其放弃。要做商业讲师，如果总想着那些困难，就趁早放弃，真正需要做的就如长跑一样，如果跑 20 千米，不能一开始就总去想自己体力是否跟得上，自己是否能坚持下去，而是要把 20 千米划分为 20 个小目标甚至 40 个小目标，只关注当下的小目标，记着大目标，那么就可以跑完 20 千米。要做商业讲师，我们应该如何来划分小目标呢？接下来将从准备、启航、远航三步来一一探讨：

一、第一阶段：准备

当年找工作时，在碰壁无数后得出一个经验，那就是千万不要用一天时间去随便找一份可能只能干一个月的工作，而是要用一个月的时间去找一份可能干三年或更久的工作。在做商业讲师这件事上，很多人就是犯了准备不充分和过度准备的错误。

准备不充分。比如相片用的是普通生活照，一看就很随意，既然连相片都很随意，他人怎么相信你会跟用心把课程备好和讲好；再比如个人简介里毫无亮点，一大堆虚头巴脑的头衔，人家需要一个礼仪培训师，而发给对方的简介更多是营销经历；又比如课程介绍是从网上抄的，看起来还是老生常谈的案例故事，没有任何新意等，此类似的问题都加速了商业讲师梦想的破灭进程。

过度准备。这类人做事缩手缩脚，于是乎就是一而再再而三地在准备，准备了一年又一年，以至于后面自己都没有了耐心。凡事有个度，过则会起到反作用。比如有的人为了把课程讲好，一味去学习授课技巧和课程开发技巧，就是不愿意去用，这些人都忽略了一个学以致用的真理。就拿课程准备来说，睡一觉都可能有新的想法，那么每天都可以更新课程，须不知，真正的修改一定要拿到实践中去。这些人有一个通病，那就是缺乏犯错的勇气。总想把最好的一面呈现给学员们，可却忘记了一点，课程一定是在一次次的讲授过程中才能打磨出来，才能发现里面的问题，有些问题不是想象出来的，需要通过实践去检验。

准备不充分和过度准备都是成为商业讲师的大忌，作为一个新人应该如何做好商业讲师的各项准备呢？一般来说，可以从五个方面来做准备：

1. 了解职业及剖析自己

有些人会觉得商业讲师不就是通过上讲台讲课来获得课酬吗，还需要了解那么多干什么？这是一种典型对商业讲师狭隘的认识，正所谓是外行看热闹，内行看门道，商业讲师这行其实"水"很深，这也是为何真正转型成功和真正坚持下来的人少的一大原因。

对于新人来说，非常有必要对商业讲师这个职业进行全方位的了解，这样做可以少走一些弯路。商业讲师的工作内容、分类、收入、证书、能力要求、职业发展方向都有必要去了解的。

除了了解职业之外，还需要对自身进行深入剖析，可以从工作经验、成绩、优势、不足、客户资源进行分析。通过这些方面进行分析后就会对自己有一个非常全面的认识。比如擅长办公软件，就没有必要跟着他人去讲管理，扬长避短是作为商业讲师的一大核心策略。

2. 学习专业技能

商业讲师的两大核心技能就是备课和讲课。这二者缺一不可，少了一项就很难在这个领域有非常大的发展。一个商业讲师真正立足于行业的就是这两项技能。有不少有经验的人总感觉自己讲课完全没有问题，这是有些过于自信，站在讲台上并不是你把自己的经验讲完就可以了，而是要考虑如何让学员现场愿意听，让学员训后愿意用，这就离不开培训授课技巧和培训课程开发技巧。

对于新人来说，如果连学习都不愿意去，建议趁早打消做商业讲师的念头，因为一个以学习为生的职业，都不愿意去学习，那么凭什么要求别人来学你讲的东西？这就是活生生的现实。当然也可以自我摸索，这样就是速度太慢了。除了培训的立足之本备课、讲课外，还需要学习商业讲师的推广技巧。

有些人把希望完全寄托于合作者身上，这是过于乐观的表现。商业讲师其实说白了就是营销人员，无外乎就是把知识经验销售给那些想提升成长的人。持续学习，快速学习都可以最大限度地提升授课技巧。

3. 准备一份简介

我们在选择培训师时，首先看的就是简介，而在看简介时有时也就30秒不到，合适的才会详细看。简介可以说是培训师排在第一位的资料，这部分不过关就会错失很多机会。要想制作一份有吸引力的简介，就要搞懂聘请培训师的人一般都看重哪些元素？总结起来，无外乎这三点：

（1）实战经历

实战经历一般体现在头衔上。比如某世界500强营销总监，某科技公司副总经理，某新媒体平台产品总监等，级别越高往往有时越有说服力。这里最主要是看在什么公司做过及做过什么工作，而且这些实战经历最好要对口，比如客户单位是建材公司，你之前的经历都是在快消品行业，哪怕是做到营销副总的岗位，也不及有建材行业销售经理经验的人有吸引力，这里讲究的就是适合。所以说，在实战经历上面要用最精炼的文字来呈现出最专业的形象。

（2）工作业绩

业绩最好要具体化、数字化，比如创造多少利润，带过多少人的团队等，这部分是最能打动人心的地方，有业绩才能更好地服众。

（3）培训经历

为哪些单位做过什么培训，这是最能说服他人的地方，结果导向论，就是讲课越多就证明课程越好，知名度越大。我们在跟培训师沟通时，最喜欢问的一个问题就是"您最擅长的课程是什么？讲得最多的课程是什么？"只要在看到培训师简介后面罗列了一大串有培训课程、培训单位及培训时间的培训服务经历，都会陡然增加其好感。一个人再优秀，那只能证明工作经历丰富，并不代表课程也讲得好，这是两码事，但如果培训经历丰富就说明了课程有保障。

4. 准备好相片、视频

有时我们在筛选培训师时，看到那些图像不清晰、随意的生活照，都会马上淘汰掉，因为连相片都不能准备好的人，实在是不放心能认真对待其课程。职业讲师都会去拍商务照，或者很职业化的相片，总之让人一看相片就觉得很专业，一种信赖感油然而生。如果没有拿得出手的职业化相片，就很有必要去拍一组商务照，这些商务照是可以用在很多场合的。

除了相片，还需要准备一部分授课的视频。这部分很多人都未曾准备，当然也并不是所有的人都要看视频。有视频被选上的概率会很大，视频不一定完全是培训授课现场拍摄的，也可以自行准备一段，一般我们看视频最主要是看是否和课题相关，是否幽默生动，是否有气势，是否表达流畅。如果条件允许的话还可以到专门的录课室进行录制，或者用专业设备到真实的培训现场进行拍摄。

5. 准备好课程大纲

课程大纲就是培训师的产品，如果连大纲都没有，那就好比开了一个超市，里面啥也没有，这会有生意吗？大纲一定不能太理论，否则就会分分钟被淘汰。大纲至少要体现课程时长、课程目标或课程收益、课程大纲这几部分。

大纲就是课程的骨架和灵魂，每一个培训师都要经历课程的研发和打磨，这也是产品加工的过程，目前市面上的培训师大多数是集课程研发、课程授课于一体的。有的人会觉得做课程大纲太难了，其实有个快捷的办法那就是参考借鉴网上的，可这样做最大的弊端就是思维容易被框住。

二、第二阶段：启航

真正的培训师不一定是学出来的，而是讲出来的。一个真正的将军定是在一次次的战役中磨炼出来的，培训师也不例外，学再多东西，准备再多，倘若不去讲课那就永远成不了培训师。

讲课是很多新人所渴望的，可基于自信心、机会等因素，使得不少怀有一腔热血的培训师在时间的洗礼下也变得麻木了。对于新入行或还未入行的培训师，启航之路更多是荆棘丛林，甚至一度迷失方向。很多人都会有类似的想法：

· 我一个新人，想讲课，可没有机会去讲。

· 别人给我机会，我怕讲砸，可又想讲，很矛盾。

· 我还没有准备好，暂时还不敢去讲课。

· 我目前工作太忙，没有时间去讲课。

总之有一系列看似还说得过去的理由，就是不去讲课。难道就没有其他办法来实施了吗？难道就真的要靠运气了吗？其实，还是有很多办法可以促使自己来讲课的，结合多年的实战经验来看，可以考虑下面这四种方法。

1. 用录音、录视频形式来讲课

现在的手机都可以轻松实现录音、录视频的功能，只要把课程准备好，然后选择一个时间和地点进行录课，录完后可以回听，通过回听能发现不足之处，从而进一步来打磨课程。在录课时，也是有一定技巧的，我们一般录课时会比较重视三个方面的内容，比如开头、结尾、重要部分内容，因为这样录制才更具有操作性，甚至可以多次反复录制。若不这样做，只怕很少有人能坚持用这种方法来打磨课程，假设课程是两天的，难不成你真的录两天吗？

这种方法可以说是最简单和便捷的方法，也是可以自我来把握的，不用过多依赖于他人，通过这种方法不用担心讲不好，也不用担心没有时间，只要拿出手机随时随地都可以来讲课。

2. 用网络平台授课

目前市面上很多网络平台可以来进行讲课，讲课形式也是多元化的，有录播课程，也有直播课程。对于那些缺乏机会的人来说，这可是最可取的平台。试想，忙完一天工作后，20：30 回到家，通过网络平台给网友们分享课程，也不乏一件趣事。

3. 通过沙龙来分享

现在很多俱乐部、社群、行业组织会开展各类型的沙龙活动，往往这些沙龙活动是免费的，跟主办方联系，到沙龙里进行分享，不仅可以打磨课程，还能积累授课经验。加上这是公益性质，压力自然小很多。

在实际操作时，可以先进行短时间的分享，再慢慢加长时间，比如开始可以作为沙龙的次要嘉宾，分享个20分钟，再慢慢到40分钟、1小时及3小时。

沙龙分享除了积累授课经验，还有很重要的一点就是可以起到营销宣传的作用，还能积累培训相片和现场培训视频等素材。

4. 去熟人单位做公益分享

每个人都有自己的朋友圈，这时就可以联系同学、亲戚、朋友、之前同事等熟人，跟他们直接提出来免费分享课程的想法。如果讲好了，后期还能带来业务合作机会。

这种分享一般建议时间不能太长，最长不要超过3个小时，一般控制在3个小时内。培训完后还可以收集到真实的学员意见，这对于课程的修改完善是很有帮助的。

当然除了以上四种方法之外，还可以结合个人的实际情况来想办法。只要保持定期站在讲台上来分享，就渐渐地成了一名商业讲师。最难的就是迈出讲课这一步，启航了就会被市场的海浪推着前进。

三、第三阶段：远航

对于培训师来说，不能老在打磨课程，启航后，接下来就是每个培训师考虑最多的一个关键点了，那就是收益问题。谈到收益，就要了解目前市面上的商业讲师是如何获得收益的。具体来说，有三种获得收益的操作模式：

1. 自我推广

对于有资源的培训师来说，往往会选择自我推广这条路。直接联系客户，把自己的资料包（培训师简介、课程大纲、课程视频）发给潜在客户。这种模式对客户资源有一定的要求，适合那些资源多的培训师。对于绝大多数培训师来说，自我推广不是直接与客户联系对接，而是找到合作伙伴，向合作伙伴推广自己的课程，这应该也算是市面上最常见的一种推广模式。

2. 合作伙伴推广

这是一个专业化分工的时代，在商业讲师领域，有专门负责制作培训素材的，有专门负责课程研发的，有专门做PPT的，还有专门讲课的，如果一个培训师既做营销，又做专业的课程讲授，多少会给人一种奇怪的感觉。在时代的不断推动下，目前商业讲师基本上都会选择合作伙伴来进行推广。

所谓的合作伙伴，主要有几种形式：

（1）助理、经纪人

市面上有很多有资源的人，他们有的对外是老师的助理，也有的叫经纪人，但是不管称呼怎么叫，就是跟个人合作，一般是给一个底价，助理、经纪人自己会加价来获得应有的收益，这对于双方来说都不会有太多压力。这种模式的合作，不局限于合作伙伴的地点，有时老师在北京，助理、经纪人可能在深圳，这都不会影响其合作。

对于培训师来说，如何让助理、经纪人相信你，愿意来推广你，这就是一个最为关键的问题，要么付钱让对方来推广，要么用后期收益来吸引等。总之，把这个问题解决了，合作的最大障碍也就解决了。

（2）经纪公司

现在市面上有很多专门为培训师提供营销推广的经纪公司，这些公司一般只做渠道，不直接做终端，所谓终端就是真正需要培训的单位。由于经纪公司渠道资源广，往往达成了合作，只要自身课程有保障的情况下，每年的收益都还是不错的。

经纪公司很多是要求独家签约，在条件上也会有很多限制。很多经纪公司也只会推广自身培养出来的商业讲师，而培养都是需要付费的。若连培训费用都不愿意出，基本上是没有机会跟这些经纪公司合作的。

（3）培训、咨询机构

除了经纪公司，市场上最多的还是那些专门从事培训的培训咨询公司，这些公司才是聘请商业讲师的主体，他们针对有些适合的培训师也会达成战略合作，重点为其客户提供培训，同时也不排除会推荐给同行做培训。比如有的培训咨询机构是专注于为金融行业培训的，签约后就可以专注为这一行的客户提供培训。我之前有个培训师班的学生，后面选择跟一家银行培训机构合作，每年就给一个银行讲课都忙不停，时常拖着行李箱辗转于各个城市。

选择跟培训咨询机构合作，要么你刚好是他们需要的培训师，要么你跟他们关系很熟，否则很难有机会合作。

3. 成立团队来推广

组建团队来推广培训师自己的课程，这是最简单粗暴的一种方法，成也在此，败也在此。在我熟悉的培训师里，选择组建团队这种模式的，成功的也有，但是失败的居多。曾经有一位培训师，之前是跟他人合作，自己只负责授课，日子过得还不错，后面觉得钱都被合作伙伴赚了，后面就招聘组建了团队，成立了公司，可一年过去发现自己的课酬全部补贴到公司运营了，还亏了。至于亏损的原因就是常年在外讲课，经营又分了不少的精力，使得疏于管理，导致运营成本过高。

要想掌握业务的主动权，就需要有专人来推广。可若自身没有优秀的人才，选择组建团队是风险颇高的，但若除了自己之外，还有其他优秀的培训师团队，有优秀的培训运营团队，还有优质的客户，选择组建团队倒是一种不错的模式。有的刚入行的培训师通过组建自己的团队来全力推广自己，等市场打开后就解散团队，选择自己的亲戚来做助理，负责打理业务。这样操作，或许一年业务推广费用花了 20 万，可对于长期的收益来说也是一笔划算的投资。

对于新人培训师来说，要想打开市场，不管选择哪种模式来推广，都要做好大量付出的心理准备，要么付出时间，要么付出精力，要么付出金钱，要么付出资源，唯有如此，方能真正在残酷的商业讲师市场站稳，从而赢得市场。

要想成为商业讲师，一定是一步步走出来的，缺少哪一步，都很难在这行获得长远发展。当发了做商业讲师的心愿之后，就注定了要比他人学得更快，比他人执行力更强，比他人更懂得付出，只有这样才能对得起这份职业。当你抱着试试看，无所谓的心态，市场也会给你一个对应的回馈。若你一直用心在行动，就一定会成为优秀的商业讲师。当你的付出还未得到应有的回报时，请一定要相信：没有熬不了的过去，也没有挣不来的未来。

第三节　零基础成为培训师的方法

在向我咨询的人员里，以下两类问题是经常遇到的，每个人都心存希望，可又犹豫不定。

第一类，我刚毕业，正面临找工作的困境，家人希望我去考公务员，我自己非常喜欢培训师这个职业，我很喜欢那种站在讲台上的感觉，可如今我也尝试过，几乎没有单位愿意给我们应届毕业生提供这样的机会，到底该怎么办？

第二类，我参加工作十多年了，可辗转于多个行业，多个岗位，感觉自己啥都懂一点，啥也不精通，我觉得自己还是喜欢做培训师这块的工作，像我们这个年龄，还有没有机会来做培训师？

一个人若无经验，无成绩，也没有很高的学历，是不是就做不了培训师？我的答案就是：经验、成绩、学历只代表过去，那是过去的你，而要转型成为培训师，取决于现在的你如何做，未来如何规划，并不是说无经验、无成绩的人员就做不成培训师，关键还是取决于行动，因为敢于行动的人，任何时候逐梦都不迟。当然，我不是要来给大家灌心灵鸡汤，实在是没有那个闲情雅致，下面直接讲重点。

一、重新学习掌握一门新技能

并不是每位培训师都拥有波澜壮阔的过往，绝大多数人也都是半路转型成为培训师的，而且有不少培训师都在讲着跟自己之前经历不相关的课程。所以，针对那些刚毕业，甚至还没有毕业，毕业时间不长，或者说毕业多年仍没有很出色成绩或不想涉足自身经验领域的人来说，重新学习掌握一门新技能就再适合不过了。结合目前的情况来看，以下五类课程是市面上被很多转型之人所青睐的，而且学了后也确实有较大的市场。

1. 亲子家庭关系类

近些年，陆陆续续有众多朋友投身于亲子家庭关系领域，有的侧重线上，有的侧重线下分享，他们都有一个基本的前提，那就是为人父母了，学习该领域的课程不仅会让自己直接受益，而且学了后也可以再出来讲课，毕竟国内的亲子家庭关系类的市场是非常庞大的。

对于做父母这件事来说，绝大多数人都是人生头一遭，毫无经验头绪，急缺的就是此方面的技能提升。而像年长的长辈在面对和孙子辈的孩子打交道时，也发现非常的无奈，因为成长的环境完全不同，很难再用之前的方式去教育沟通。

每一个家庭都是该领域的潜在客户群体，所以目前市面上有很多关于亲子家庭关系的线上、线下课程。不过目前线下有些亲子家庭关系类的培训班营销能力非常强，若想要学习，一定要不忘初心。

这类课程学完后可以跟妇联、社区、物业等机构进行合作，市场还是很大的，当然也是事在人为。前期可以先兼职做公益分享，待时机成熟后就可以考虑全职做亲子家庭关系类培训师。

2. 工具类

工具类课程最大的特色就是适合所有人，而且只要你比学员学的快一些，掌握的更多一些，就完全可以去讲授这方面的专业知识。可能有的人会说，网上查询的方法技巧很多，会有市场吗？答案是肯定的，市场有，而且很多，为什么这么说？首先是网上的信息太多了，并不是所有人都能找得到解决办法；其次并不是所有人都愿意去查询解决办法，有很多人更愿意通过听课来弥补技能上的不足。

工具类课程一般是指比如办公软件、思维导图、金字塔原理等此类课程，这些课程由于实操性很强，即学即出成果，再者有一定的专业技术门槛，所以从事这一类的培训师不如讲员工职业化、销售、管理的多。

对于那些没有什么经验，没有成绩的人来说，只要把工具类的课程学好，然后熟练掌握其技能，其实还是有市场的，而且此类课程在线上的呈现方式会更好，因为可以展现出具体的操作步骤。我们合作的一位讲 Excel 的培训师，基本上就讲这一门课，每年行程都安排满满的。

3. 礼仪及形象设计类

礼仪其实属于一门通用技能的课程，不管什么类型的企业、员工，更不管是参加工作了的人，还是未参加工作的学生，都非常适合来学习这门课程。

形象设计属于偏技术类的课程，但是也很适合所有人学习。爱人之心人皆有之，市场也是很多的。礼仪这门课程被企业采购的频率还是很高的，而形象设计被企业采购的机会还是少很多，毕竟这个课程更适合个人学习。

礼仪及形象设计这个领域的课程学习起来很快，见效也快，这也是目前很多想成为培训师的人首选的课程领域。当然选择这个课程，若那些本身身材相貌颇佳的人，则更容易获得市场的青睐。

4. 心理学领域类

心理学这是一个专业性非常强的领域，具有一定的门槛，随着各大企业 EAP 计划的推广，心理学培训市场也大有可为。我就亲眼看到几个身边的人一步步成为心理学领域的培训达人。

这些年学习这个课程的人越来越多，最关键的是学习后对自身的心理调整很有帮助，还会帮助自己处理跟周边人的关系，尤其是很多做了父母的人，学习心理学后家庭亲子关系还是有很大改善的。

不过要成为这一个领域的培训师，最好有心理学的硕士、博士学位，这样才更有说服力。对于那些学历偏低的人，若又想从事心理学的培训，还得想办法把学历这块短板补上去。

5. 新媒体相关领域类

目前关于新媒体相关的课程非常多，比如短视频制作、撰写新媒体文章、新媒体营销等课程。

讲授该领域的课程，前提是需要有一定的实践成果。若在学习后能迅速应用所学，取得成果的速度往往比在日常工作中晋升要快得多，这也符合互联网领域快速发展的规律。比如，从公司的一名普通营销人员晋升为营销总监，可能需要数年的时间，但运营一个新账号至拥有 10 万粉丝，可能仅需一个月，甚至更短的时间。

总之，重新学习掌握一门新技能，除了新媒体方面需要有具体的实战业绩好做背书外，其他的没有这么高的业绩要求，但是心理学相关的领域最好，有专业背景做背书，而像礼仪及形象设计类的课程只需要本人自己在形象气质上做到位就是最好的专业背书，对于工具类课程则只要自己能熟练操作即可，家庭亲子关系类课程只要是成家的人都可以。

人生路上，选择往往比努力更为关键。试想，一个刚毕业的学生去讲授家庭亲子关系，即便讲得天花乱坠，学员也可能心有不服，毕竟，你所述对于他们而言，仅是理论而已，缺乏实践支撑。对于本身专业不符的，你若是硬要去讲心理学相关的课程，没有专业学历的背书，你讲出来的知识，别人总是会质疑其专业性。避开自身的短板，选择适合的课程，那么转型成为培训师就成功了一半。

二、对成熟课程直接模仿创新

模仿成熟课程，可以减少试错的时间。这也是很多培训师新人最常用的方法。

1. 模仿创新的课程是否有市场

任何产品，以市场为导向是错不了的，对于很多人来说，可能最担心的就是模仿创新的课程会有市场吗？其实大可放心，因为市场的包容性和后劲还是很强的，只是隔行如隔山，没有真正深入到这一行业，就不能真正体会到。

从 2004 年到现在，听过太多课程，可总有一种换汤不换药的感觉。就拿性格分析来说，我听过很多版本，比如叫力量型、活泼型、和平型、完美型；四色色彩性格；九型性格等。核心理论穿上了不同外衣，叫法虽不同，其实本质上差不多。这就是目前咨询培训业最普遍的一种现状，上心的人会对其进行改版升级，融入一些新的元素，懒一点的人就直接套用前人总结出来的知识。

为什么在这一个行业，换汤不换药还有市场，关键是因为三个原因：

（1）整体市场大

国内的培训市场太大，哪怕一个课程，一个地方讲一场，估计也够讲很久了。正因为如此，哪怕市场上再成熟的课程，还是有很多人没有听过。

（2）不断有职场新人入职

每年毕业生数量庞大，这本身就是一个很大的培训市场，哪怕在职的"老人"听过了，还可以持续不断的给刚入职的"新人"讲。

（3）遗忘是人的本性

并不是听过了就能完全记住，随着时间一长，很多听过的培训内容也会忘记。有时参加一门课能记住一句话，能运用到一个理论，那都已经很不错了，现实却很残酷，几乎全忘记、一个方法技巧都没有用到的培训课程永远占据主导地位，所以"炒现饭"依旧能吃出新鲜的味道。

2. 模仿成熟课程的三大原因分析

成熟的课程是经过了市场检验的，之所以能被市场接受，肯定是符合了大多数企业的需求，能解决大多数人心中的疑虑和工作中的问题。只有模仿成熟的课程才能确保万无一失，因为对于一个新人来说，每一次上讲台其实都有一种如履薄冰的感觉，稍有不慎就会留下不好的口碑。在尚未建立起自身口碑的时候，选择一门口碑好的课程，通过课程本身严谨的逻辑、翔实的内容和丰富的课程形式来塑造新人的口碑，也是作为新人培训师立足于市场的一大秘方。

2005 年，我第一次上台讲商业课程，就是讲授之前培训师研发出来的成熟课程，我只是对着课件进行模仿，然后稍微增加了一些新的内容和形式，最后课程的效果也还算是满意。事后我复盘总结，并不是自己有多厉害，而是这个课程本身设计得很专业完善。等到后面我讲了几次后，就已经很娴熟了，而在熟悉的基础上就能再多增加一些自己的东西了，甚至还可以修改部分内容，慢慢地就形成了自己独有的特色课程。就好比我高中时，作文写作能力短时间突飞猛进，语文老师都大为惊讶，把我的文章当范文来分析，可他不知道，那段时间我背诵了很多精美文章，写着写着就把背下的一些精彩语句融入了我的作文中。

简而言之，模仿成熟课程，主要是出于以下三个原因：

（1）风险低

一个新人涉足新的课程，这个风险是最高的，因为新的课程需要市场去检验，在检验的过程中很多人是受不了这个打击，也耗不起这个时间的。成熟课程一切都是现成的，市场已经能接受，模仿这样的课程就好比师傅带着新人一样，可以降低新人因为没有经验、没有成绩带来的自卑感，通过专业的课程内容来重塑信心，来真正帮助学员解决问题。在整个商业企业培训的环节中，最重要的还是课程的研发，而讲授的人只要具备基本的表达能力，就不可能把一个很优质的课程讲得很差。

（2）能赢得更多授课机会

新人最怕的就是没有授课机会，有了授课机会就有了一切可能。就好比移动互联网时代，流量为王，有了流量就有了一切营销的可能。对于培训师新人来说，选择模仿成熟的课程可以获得足够多的授课机会。比如一门情境领导力的课程，在一线城市已经很成熟了，那么直接模仿，然后讲给二线城市、三线城市、四线城市的客户来听，他们听了以后肯定会觉得很有收获；再或者超大型、大型企业经常采购的成熟课程，进行模仿后直接讲给中小型企业去听，他们肯定也是很有收获的。

新人只要课程讲得多了，就会在授课过程中因为学员的反馈，自身的感悟，而对课程进行一定的修改调整，使课程进一步创新，直至成为自己独有的特色品牌课程。比如一门课程讲了上百次，那么课中的内容自然是熟记于心，这时就可以以此为内容基础，完全打磨出另一门新课程。

基于很多企业采购培训首选的是课程，其次才是考虑培训师。因为有了这样一个大前提，就会给新人带来很多机会。在我从业的这十多年，很少有企业先选培训师再选课程的，往往都是先选课程，再看培训师。

（3）为自己积累经验

正因为没有经验，没有成绩，所以才来模仿市场成熟的课程。但这一步绝对不是最终的目的，这只是权宜之计，不是长久之计。而通过成熟课程为自己积累的培训经验、口碑、客户群体，都是为了给未来自己的特色课程打下基础。更何况，有了授课所带来的收入，再想去学一些自己感兴趣的课程，想沉下心来研发自己的独有课程，也更具有可行性。

选择市场接受度高的课程，选择成熟的课程，可以把试错成本降到最低，对于一个培训师新人来说，选择新课程、冷门课程，风险是极大的。并不是说这些课程不行，而是代价太大，往往转型路上很多人掉头往回走，并不是市场不接受他们，而是自己等不起、耗不起，最终磨灭了最初的雄心壮志，而初心早就丢失了。

3. 对成熟课程进行创新的方法

对成熟课程进行创新，这可以提高课程的生命力。而对于新人来说，这更利于打开市场，因为融入了新元素，而不是如复读机一样只会典型的照搬。成熟的课程对于那些已经采购过此类课程的企业来说，才有吸引力。那么我们又该如何对课程进行创新呢？在实际运用中，课程重新包装、内容创新、培训形式创新这三种方法较为常用。

（1）对课程进行重新包装

之前遇到一个品牌营销专家跟我说过，要想让产品长久地被市场所接受，就需要不断地迭代产品，其实有时产品还是之前的，只不过是换了不同的名字，对功能做了不一样的表达，包装上也采用新的，这样看起来就是全新的一款产品。

对于成熟课程来说，自然听的人也多，若要让已经听过的人去采购，那就需要做适当的创新，否则对方就会有先入为主的想法：课程我们已经听过了。所以需要像升级更新产品一样，课程也需要进行重新包装，一般是从三个方面去着手包装升级：

①更新课程名字

之前有一朋友要求我们推荐一些适合他们提升行动力的课程，我刚开始推荐了"执行力"，可他一看名字就说多年前公司已经开展过此类培训，要求发一些新的课程，后面发了一个"升级执行力"课程，这次他一看就有感觉了，因为光从题目看就比传统的执行力课程要更有新意。至于如何更新课程名字，有几个参考思路：

a. 重新提炼课程核心点来作为课程名字。比如一门普通的团队建设的课程，然后将其调整为"打造高绩效团队"，把所有的点集中在"绩效"上面来。

b. 结合最新的社会热点热词。比如前几年最热门的是"智能化"，所以很多课程就加上了"智能化"这一前缀词；流行"赋能"二字时，很多课程就在课程名字后面加上了"赋能"这个后缀词。如何获取这些热点热词？最简单的方法就是到培训网上去看目前市面上最火的公开课是哪些，然后从中找到规律即可。

c. 结合时代特性。比如之前有一个管理课程叫"80 后管理"，后面又出现了"8090 后管理"，再到"90 后管理"，后面"90 后"也成为中坚力量了，"00 后"

成为主流，所以很多课程又叫"新生代的员工管理"。

③更新课程的介绍

对于企业来说，最先看到的就是课程介绍，里面涵盖了课程的卖点、特色、培训形式和培训大纲。所以课程名字在重新调整后，课程的介绍也需要有所调整，对课程的卖点进行重新表述，对大纲也重新优化。这样别人一看，才觉得这个课程跟之前的不一样，有了新的元素。

（2）对课程内容进行创新

内容没有创新的课程，其他方面再包装新名词，懂行的人一看还是会觉得这是一门老的课程。唯有内容上的改变，才能给人耳目一新的感觉。

①对内容进行优化重组

比如之前给全员讲的一门课程，现在把适合全员的那部分内容给删除了，然后重新进行优化，对其中一些一级、二级标题进行了更改，这样看起来就是一门新的管理课程了。

②加入一些新的内容

这是创新最常用的一招，那就是在现有的基础上重新增加一些新内容，有的是直接加入大的模块，有的是直接就增加一些新的知识点，有的是增加一些视频、案例等内容。

③更新案例、视频等内容

案例、视频往往是课程里最常用的内容，若课程需要创新，把之前的案例、视频等换成现在更接地气且最新的即可，比如给地产行业做培训，之前的案例是一个通用管理的案例，如今换成了房地产行业的管理案例；之前的视频片段来源于《亮剑》，现在的视频来源于《山海情》。

在实际操作中，以上几种方法都是可以组合起来进行使用的，内容越能及时地创新，就越能获得市场的认可。在培训这件事上，同样适用。

（3）融入一些新的培训形式

培训形式的改变，往往能带给别人课程创新的直观感受。比如之前培训是在室内进行，如今是室内室外相结合。在培训形式上进行创新，是最容易操作且反馈效果最明显的。

①培训场地的调整

场地上可以考虑从之前单一的室内培训调整为室内室外相结合，线上线下相结合，培训室与培训实地（比如门店、厂房、文化室等）相结合。现在我们组织一些战训训练营的培训，都把培训场地直接改成了客户所在地，比如小区、商业中心等。

②培训组织形式上的调整

从单一的培训形式到多样化的培训形式。比如可以考虑沙盘模拟、世界咖啡、案例讨论会等形式的培训学习形式。现在像很多销售培训，都是直接把培训调整为培训＋实地营销＋复盘总结的形式，培训中直接出业绩，这种形式越来越深受企业的青睐。

③培训手段上的创新

企业培训越来越聚焦于效果，没有效果的培训都逐渐被市场淘汰掉了，成熟课程的一些方法也只适合某一阶段，要想让培训真正达到效果，在手段上必须与时俱进。

a. 从单纯的培训调整为培训＋轻咨询。培训要想让效果最大化，就必须在训前对学员的情况有了解，甚至在了解后还要企业有配套的政策跟上，有时并不是培训不到位，而是政策缺乏导致培训落不了地。训后还需要进行辅导，为学员的落地执行提供支撑。就这一点便是很大的卖点，很多企业会很乐于接受的。

b. 融入一些新的培训手段。如今像社群的概念、打卡的模式、直播录播等培训的手段已经广泛运用到培训中来了。比如"执行力"课程，现在融入了打卡群的培训手段，也就是培训一共分三个阶段：第一阶段是两天集训；第二阶段是 21 天打卡活动；第三阶段是 0.5 天的复盘总结。

一个人没有经验，不代表永远没有经验；一个人有经验，不代表永远可以拿来用，因为经验也会有落伍失效的时刻，唯有学习可以让一个人永远不落伍，通过学以致用可以源源不断的获得新的经验。只要从当下开始，选择一个领域，日积月累，也能积累丰富的经验。

成绩是对过去的证明，但我们不能总活在过去，只有着眼当下，布局未来，我们才能去创造新的成绩。

只要成为培训师的意愿足够强烈，强烈到让人可以马上付出行动，那么哪怕现在没有经验，没有成绩，也一样有成为培训师的潜质，因为行动才是成为培训师的独门秘籍。

第四节　赢得培训师职位的技巧

对于喜欢培训授课的人来说，获得一份培训师职位的工作，那是一件非常幸福的事情。可如何获得这样的工作有些人就犯难了，不知道从何处做起。

◎案例

一位非常用心的培训师

有一次，应合作单位的邀请，去面试来应聘的兼职商业讲师，其中有一位给我留下了非常深刻的印象。

她在整个 20 分钟的试讲环节中，虽然其内容这块印象并不深刻，但有两个地方让我感觉这个老师可以考虑进行深度合作。

首先，她态度很积极。为了能够获得这一次试讲的机会，在没有回复的情况下，自己主动打电话来争取。我觉得作为一个商业讲师，态度非常的重要，有一颗主动积极的心态，本身就能够影响到学员。试讲后不到两小时，她又对本次的试讲写了 1000 多字归纳总结，对我们的点评给予了感谢，这种操作我之前从没有遇到过。

我觉得一个培训师有如此用心的这种态度，还有什么事情不能做好呢？尤其是进行深度合作的培训师，在整个合作的过程中有大量的工作，可能并不一定马上出经济效益。态度好的，在做这些事情的时候，可以不问收益依旧能高效高质量地完成。如果态度不好，总感觉做这样的事情是无用功或耽误时间，那么难免就会产生懈怠这种情绪，影响到整个工作的推进。

其次，因为她的经历。作为一名心理学领域的培训师，她本身有十多年在医院的经历，再加上也接触过心理学系统的专业培训，也有相应的商业培训经验，我觉得这个经历难能可贵。对于深度合作的培训师来说，过往的经历我们无法把控，但授课技巧这一块则可以通过后期的培养，使其变得越来越专业。

总结：要想面试成功，必须要有至少一个点能打动面试官，倘若给人感觉如一杯白开水，那面试成功的概率就会很小。每个人都是独一无二的，学会巧妙呈现自己的优势，是面试成功的不二法门。

一、什么单位会招聘培训师

知道哪些单位招聘培训师，奋斗才有方向，避免无效的尝试。

1. 先弄懂培训师这个职业

培训师根据性质来分，可分为企业培训师和商业讲师。

企业培训师就是在企业里工作，每个月拿工资。

商业讲师一般以自由职业者为主，以课酬作为收入主要来源。

当然，企业培训师也分专职和兼职之分，因为企业培训师还是有个专业的称呼，就是叫内训师。

商业讲师也分兼职和专职之分，兼职就是本身有工作，利用业余时间出来讲课；专职就是全身心投入到这个职业中来。

专职企业培训师一般会肩负两项工作，即培训和培训组织管理两项。很难只做培训，在很大程度上还会涉足培训的各项管理工作，各大企业关于这个职位只不过是两项工作的比例不同罢了，比如有的培训量大的单位，培训会占到80%，还有20%就是培训管理的工作。甚至有的单位除了培训管理，还会涉足其他比如企业文化、招聘方面等工作。

专职商业讲师，一般分两种，独家和自由培训师。独家的一般是签约到某培训机构，只为这个机构的客户进行培训，这种独家的一般培训需求量大，当然因为量大所以课酬单价远远低于市场价。自由培训师就是跟各大机构合作，也可以直接对接各大企业。

2. 什么单位会需要培训师

空有一肚子理想，连个招聘需求都找不到，这就是当下诸多想转型做培训师的人，普遍遇到的一个问题。所以说，要想获得一份培训师工作，首先得了解什么单位有招聘需求。

对于绝大多数企业来说都是招聘培训管理员和培训主管。一个设立了培训师岗位的单位，一般有如下几个特点：

（1）企业设立了专门的人才培养机构

企业有专门的人才培养机构，比如能力发展中心、人才发展中心、学堂、学习中心等。这些机构有专门的培训团队，由于课量大，所以就需要有专职培训师来授课。

（2）企业的业绩主要通过培训达成

对于将培训作为业绩支撑的企业来说，培训就是创造利润的重要手段。比如直销、保险、保健品等行业，培训就是营销，所以在这样的单位，培训师是需要到处进行会销讲课的。

除此之外，还包括专业的培训、咨询机构。对于这些机构来说，往往以招聘兼职培训师为主，那些招聘全职的一般都是业务量比较大且业务稳定的机构，否则没有机构愿意花高成本来养专职的培训师。

（3）企业的服务主要通过培训实现

有的企业需要派出专业的培训师进行技术指导培训，比如我们曾经的一个客户单位购买了一套软件，当时软件服务商就派了专业的培训师过来做培训。

现在很多人找培训师工作，就只是单纯的到网上去搜，要知道还有很多单位的招聘并不一定公布在招聘网站上，这种找法无异于大海捞针。明白了哪些单位有招聘需求后，就能有的放矢地去应聘面试了。

二、获得培训师面试机会的两招

要想获得培训师工作，必须每个环节都做好功课。缺少任何一个环节，哪怕再优秀都可能错失机会。只有好好了解这个职业，选择好自己的方向，知道方向后再好好准备自己的简历，找到有需求的单位，通过多种途径才能获得面试机会。

1. 量身制作专属简历

简历最好是量身定做，不能千篇一律。

我看过不少求职者的简历，可一看压根就没有任何亮点，简历上所写的经历跟培训师关系不大，涉及培训师课程研发和培训授课这两个核心模块的内容过少。来找培训师工作，简历又体现不出培训师的专业经历，让面试官如何说服自己邀请你来面试呢？

作为一份具有专业培训师元素的简历，可以带来更多的机会。一般来说，简历中最好要有如下三个核心内容点：

（1）亮点成绩

在过去取得哪些优秀的成绩，最好要能用数字进行描述，成绩描述的越到位，对面试官的吸引力就越大。比如曾经连续三年获得销冠，获得三年优秀内训师荣誉称号等。成绩一定要跟培训师相关，跟自己授课的方向相关。

（2）专业经历

最主要就是体现课程研发经历、培训授课的经历，这是最核心的内容。关于这部分内容最好的一种呈现方式就是列表呈现，这样比较有视觉冲击力。

（3）案例佐证

空口无凭，最好在简历上有比如培训现场相片、课件部分截图的体现，也可以通过链接授课视频来呈现自己的授课水平。我们目前在选择培训师时都会看视频。在视频里可以看出一个培训师的风格、语言表达能力和专业度等。

制作简历时，还要注意根据企业的需求进行调整。不要使用一份固定的简历投递给所有企业，这样会降低你被通知面试的概率。如果若应聘的岗位有一部分涉及培训管理，那就务必在简历中加入培训管理经历，而不仅仅只写课程研发和授课经历。最后，根据招聘方对岗位职责和要求的描述，适当调整和优化简历。

2. 多渠道获得面试机会

要找到真正有招聘培训师需求的单位，单纯靠看人才网的招聘信息自然是不够的。更何况有些招聘信息，属于隐形需求，可招可不招。所以在这种情况下，要跟与培训师打交道比较多的单位交流。像这些单位，他们手中有大量的资源，也知道哪些单位有招聘需求。只要跟这些单位搭上关系，就离成为培训师更近了一步。比如可以通过如下五个渠道获得面试机会：

（1）猎头公司

准备好简历后可以毛遂自荐，让其帮忙物色适合的单位。对于猎头公司来说，有优秀的候选人也是求之不得的，因为候选人就是猎头公司收入的保障。

（2）培训机构

培训机构因为跟甲方常年打交道，知道哪些单位有企业培训师的需求，所以让他们帮忙留意也是一个不错的选择。对于不少培训机构，他们也需要储备兼职培训师，哪怕暂时没有适合的企业培训师需求，也可以自我推销，说不定能签约成为兼职培训师或全职培训师。

（3）培训相关媒体

比如《培训》杂志这类的专业培训媒体，跟各大企业都有很好的关系，因此他们也会有此类的培训师需求信息，公众号上也会定期公布各大单位培训相关岗位的招聘信息。

（4）培训师

培训师由于常年做培训，尤其是商业讲师，跟企业打交道多，获取招聘信息的渠道也多，所以说跟培训师去寻求帮助，若能获得他们的直接推荐，那面试成功的机会也会大大增加。

（5）人力资源、培训相关社群

目前有很多人力资源、培训相关的 QC 群、微信群，这里面也是蕴含了很多就业机会的，需要毛遂自荐或通过群主、朋友帮忙推荐，说不定有单位正在招聘。

三、面试前准备

这是整个面试最重要的一步，关键在于做好以下四方面的准备：

1. 深入了解所投递简历的公司

看看他们的介绍，主要通过公司的网站、公众号、视频号或其他新媒体账号来获取信息。可通过分析网站上的相关报道来判断他们是否重视培训，但这并不能作为硬性规定，因为某些公司喜欢行动而不喜欢宣传。所以，必须对公司进行深入的了解，观察他们的业务和过往的培训新闻。了解更多，会使你在面试中更加从容。除了研究公司，也可以考虑研究行业的信息。最后归纳关键信息，甚至背诵下来，比如企业文化口号等。

2. 面试问题的准备

对面试官可能会提的问题进行预先练习。由于培训师分为内训师和商业讲师，所以在面试培训时要看是面试内训师还是商业讲师，不同的类别问题的侧重点不一样。下面罗列常用的面试问题做参考：

◎案例

一、面试内训师

针对内训师的面试，首先要考虑公司对这一岗位的定位，赋予什么样的工作职责，以哪方面工作为核心，再来决定面试的关键问题。就我们目前了解到的内训师，一般来说分为两种，不同的工作侧重点也不一样：

1. 只讲课的内训师

一般比较大的公司才会设立单纯只讲课的内训师，或者说做营销宣讲的公司（比如经常做招商会议、营销宣讲会等类似的公司，直销、保险等以会务营销为主的公司等都将培训师视为核心骨干，因为直接影响公司的业绩）。像这一类型的内训师，面试时会问的关键问题有：

（1）您为什么离开以前的单位，可以谈谈你们之前的单位吗？

此问题重点考验应聘者的离职原因及心态：

A. 如果对方离职的原因刚好是公司也存在的，那么这样的问题基本上就可以判定此人不适合了，后续无须问更多问题，因为可以节约彼此时间。但如果觉得此人非常优秀，公司可以因为这个人而改变现有的一些规定，那另当别论了。

B. 如果对方评价之前的单位全是负面的，那么这样的人是要慎重的，一个看不到公司好的的人，这样的负面心态自然也会带到新的单位来，这种人心态负能量比较多，是不合适干培训师的。

（2）您最近一次讲课的主题是什么？面向什么人群？有多少人来参加培训？多长时间？在哪里讲？可以给我分享一段您觉得课程里最精彩的部分吗？

通过这一连串的提问来测试对方是否经常讲课，是否真讲过课。同时也可以考察应聘者的应变能力。如果这个问题很多都回答不上来，那么可能碰到了一个"水货"。

（3）您去年读了一些什么书？分享一下，印象最深刻的一本书，为什么印象深刻？您最近一次参加学习是什么时候？主题是什么？你平常是怎么学习的？

通过这个问题来了解应聘者的学习，如果一个内训师自己都不爱好学习，那么这样的人进取心不强。一个给他人经常讲课的人，不定期去吸收新东西，那么迟早会有掏空的一天。

（4）您授课中常用的方式有哪些？您觉得自己的授课特色是什么？您觉得自己跟其他培训师比，有什么不一样？

通过这个问题了解其授课的风格、优势、特色。

（5）如果让您把原本一天的课程内容用两个小时上完，您会如何应对？

通过该问题看应聘者如何去处理这些棘手的事情，看其课程设计的思路和框架。因为这样的事情在诸多单位出现的频率并不低。

（6）这里有一份材料，请您思考三分钟，谈谈打算如何来把这个内容讲好？

通过这个问题主要是考验应聘者的随机应变的能力，也可以了解其专业功底。一个经过专业训练的人，一个经常讲课的人，在面对此类似的问题时，是可以很快拿出自己的解决对策来的。

（7）请您现场给我们讲5至10分钟的课程，课题您可以自行选择。

通过这个问题可以现场看一个人的授课能力，这也是最核心的一项能力。如果单位给的待遇足够好，那么可以考虑让应聘者单独来设置一门课程，然后讲10至30分钟，这样可以考验应聘者的课程设计和授课能力。

（8）您是如何看待内训师这一岗位的？未来自己有什么样的打算？

通过这个问题可以了解应聘者的职业规划，对内训师的态度，但凡真心喜欢这一职位的人一般内驱力都会比较强。

（9）假使说课程讲砸了，您打算怎么应对？

通过这个问题可以了解应聘者的危机应变能力如何，看处理问题的逻辑思路。

2. 讲课 + 课程设计 + 培训管理

这类岗位定位的在企业也比比皆是，如果是这样的岗位职责，那么除了问如上的九个问题外，还可以再加上几个其他问题：

（1）平常课程设计是怎么做的？会用到哪些工具？

通过这个问题可以了解应聘者的课程设计思路，了解掌握了哪些工具（比如图片处理、视频处理、微课制作工具等）。

（2）如果让您设计招商课程（或新员工课程、管理干部课程、储备管理干部课程、营销课程），您会怎么来设计课程体系？为什么会这样做？

通过这个问题了解应聘者的课程设计的专业功底。

（3）如果让您来做下一年度的培训计划，您打算怎么做？

通过这个问题了解其培训专业功底，了解其整体规划的能力。

（4）请谈谈如何搭建培训体系？

通过这个问题了解其整体的培训综合能力，了解其解决问题的思路。

二、面试商业讲师

在面试商业讲师时（一般是兼职），我们经常会关注以下几个核心问题：

1. 您讲得最多的一门课程是什么？现在总共讲了多少场？您觉得自己这门课程为何会讲这么多？

通过这个问题了解商业讲师的王牌课程。擅长的课程和讲得最多的课程有时是不一致的，我们一般更加关注对方上过什么课程，而不关心其擅长，因为我们要的是商业价值，课程上的越多，证明课程受欢迎度越高，也证明该课程讲得最好。

2. 如果安排您，什么时间安排最合适？您如何来确保时间？

通过这个问题了解商业讲师的时间，如果时间上不充裕的，那么这类基本上可以不考虑。

3. 您的课程最大的卖点是什么？您跟其他培训师比，有什么不一样？

通过这个问题可以了解商业讲师的课程特色和个人授课风格等。

4. 您如何确保课程的效果？

通过这个问题可以了解商业讲师是如何安排自己课程的，又是如何做准备的。

5. 您现在有哪些资质证书？

通过这个问题了解商业讲师的资质，最好看到实物。

6. 您之前给其他单位培训是怎么收费的？对课酬有什么样的要求？

通过这个问题了解商业讲师对课酬的期望，这也是最核心的一个问题。

3. 准备一堂试讲课

可以准备 15 分钟到半小时的试讲，然后告诉面试官。如果可能，你可以直接讲一段，让他们感受一下。面试试讲应考虑与自己擅长的领域和公司需要的领域相结合的主题。在试讲时，无论下面是否有听众，都必须将它视为一场正常的培训。即使只有面试官在场，也不应有试讲的感觉。这样，面试官才会感觉你的讲课经验丰富，控场能力强。

4. 做好专业的形象展示准备

培训师的形象是极为专业的，所以在面试时要穿着职业装，提前赶到并计划路线。过往的培训经历也可整理成网页形式，放到新媒体账号中，做成专栏，便于面试官了解你。

如此准备，将大大提高获得内部培训师职位的概率。关键在于，是否愿意付出辛勤的前期准备工作。只要用心准备，就有很大的概率获得这份工作。但是如果只是想尝试，却没有付诸实际行动，那可能会很难。

四、面试试讲技巧

每一个想从事培训师职业的人不管是竞聘公司的内训师，还是应聘成为商业讲师，其中有很重要的一个环节，那就是试讲。

对于面试官来说，培训师在试讲的时候，主要进行哪些方面的考察呢？结合过往的经验来看，无外乎考察如下四个方面：

1. 培训师的形象气质

培训师因工作的属性决定了经常要抛头露面，那么第一印象非常的重要。如果在试讲的时候，培训师给人一种邋遢随便的印象，那么就会造成给人一种不专业的感觉，无形中就会影响到面试官对接下来课程内容的评判。

讲台是一个很神圣的地方，不管是正式授课还是试讲，培训师都应该重视。首先要从自己的穿着打扮着手，让自己看起来是一个很专业的培训师。试讲时穿着职业装的培训师会给人留下专业的印象。女性除了穿着之外，还需要化淡妆，男性则需要打理好头发，保持面部清洁。

一个人穿着随意就上台授课，其实从根本上来说，那就是对培训还不够重视。因为授课是一个非常正式的场合。单纯从穿着打扮就能看出一个试讲者是否专业。

2. 课程 PPT

PPT 作为课程内容的载体，直接反映了一个人的专业度。PPT 是否专业主要就是看色彩是否协调、版面布局是否合理、文字处理是否到位、是否有视觉冲击感等，比如 PPT 里面全是整版的文字，就会给人很压抑，直接给面试官留下一个不专业的感觉。

3. 试讲的内容

一般试讲的话，10 分钟到 30 分钟。在这样一个短的时间之内，很难去讲很多内容。

我曾经看到过很多培训师总是想在短时间去讲非常多的内容，最后给人一种都是蜻蜓点水的感觉，并没有因为内容多就留下好印象。因此试讲时，课程内容尽量做到简单，围绕一两个知识点进行重点分享就可以了，不要贪多求全。

面试官听课的时候，在内容方面更多的是看以下的这两点：

（1）内容新颖及实操

课程是否有创新，是否具有实操性。所以在内容构架时要考虑到结合当下的情况，不能还老用之前的理论，这样会让人感觉很老土。

（2）逻辑性

课程内容是否层层递进，具有较强的逻辑性。能达到这点的，都会给面试官留下非常好的印象。培训师最怕的就是内容设计的不科学、不严谨。

4. 培训授课技巧

授课技巧非常考验一个人的功底，但凡授课厉害的人在这一方面都能很好地打动面试官。那么授课技巧指的是哪些方面呢？

从授课的流程上来说，首先看培训师的开场是否有吸引力，能否尽快破冰，让学员融入课程中去，优秀的培训师总习惯通过游戏、故事、视频、案例等形式来进行开场；其次看课程中途是否有精彩的内容；最后就是看课程的总结归纳是否到位。

从授课的专业度来看，主要是看五个方面，分别是：

（1）看是否有课程互动，互动是否多

如果有互动，则证明这个老师上课的时候有这种互动的意识，那么就能够确保整个课程现场的氛围活跃。如果在整个试讲过程中没有任何互动，那么就会给面试官留下一个氛围沉闷的印象。尽管下面是坐的是面试官，但一定也要想象下面坐满了学员，如果自己不能够把心态放开，那么就会很拘谨。

（2）看讲课是否有抑扬顿挫的感觉

只有抑扬顿挫的讲授法才能最大限度地吸引台下人员的关注。

（3）看是否对内容及时进行总结提炼

一个善于提炼总结的培训师，会让学员听起课来感觉轻松。

（4）看肢体语言是否丰富

丰富的肢体语言更能有效地掌控培训现场，吸引学员的关注。

（5）看课程是否流畅，表述是否清晰

尽管试讲时间不长，但却是考察培训师的试金石，一场培训即可窥一斑而知全豹。一个状态好的培训师一定是给人自信、有气质、专业的感觉。作为一名培训师不能完全只想着如何把课程讲好，还要考虑面试官想听什么、想考察什么，只有换位思考，才能真正抓住面试官的心，从而为自己赢得机会。

面试是进入培训师职业的敲门砖，不管是应聘公司内部的内训师，还是去一个新的单位应聘做内训师、商业讲师，都需要我们去用心准备。不仅要内容上做准备，还需要在心态、形象方面做准备。能否打动面试官 80% 取决于课前准备，20% 才是临场发挥。当足够重视时，很多问题就迎刃而解了。当作好了准备就能给人十足的信心，从而顺利通过面试，获得机会。